THE FOURTH PLACE

第四空间

王春雷　著

本书受上海对外经贸大学高原学科建设计划资助

——如何为公众创造更好的微目的地

中国旅游出版社

前　言

1989 年，美国社会学家雷·奥尔登堡（Ray Oldenburg）在《绝好的地方》（The Great Good Place：Cafes，Coffee Shops，Bookstores，Bars，Hair Salons，and Other Hangouts at the Heart of a Community）一书中从城市及社会生活的角度提出了"第三空间"的概念。他把人们居住和工作的地方之外的非正式公共聚集场所称为"第三空间"，强调了场所的社交作用，如咖啡馆、书店、酒吧、社区中心等。地平线书店（Horizon Books）的创始人维克多·赫尔曼（Victor W. Herman）对该书做出了这样的评价：《绝好的地方》用语言表达了我一生所做的事情，从孩提时代记得的理发店到现在拥有的书店。Horizon Books 的目标就是为人们提供可以"闲逛"的第三空间。雷·奥尔登堡对这些好地方做出了定义，并界定了它们所需要的神奇元素。

"第三空间"的概念及相关思想惠及了许多商业领域的企业，其中最大的受益者之一就是星巴克。20 世纪 90 年代，星巴克前 CEO 霍华德·舒尔茨（Howard Schultz）率先将"第三空间"的概念引入咖啡馆的经营中，以这种既不是家又不是办公室的中间状态迅速抢占了市场定位（图 1）。

然而，随着现代生活节奏的加快，人们在各个空间的行为转换变得愈加频繁、多样，单一功能的空间已不能满足复合需要对环境的要求。2019 年 3 月 20 日，星巴克举办了公司历史上规模最大的一次股东大会，与会人数超过 4000 人。这次会议最核心的信息是公司高层在会上首次明确提出要开始"重新构想星巴克的第三空间文化（Reimagining the third place）"。正如星巴克 CEO 罗兹·布鲁尔（Roz Brewer）在会上所强调的，即使顾客和公司已经发生了巨大变化，人们的生活更加繁忙，星巴克的菜单更加丰富，但"第三空间比以往任何时候都更加重要"。基于此，她提出，"在今天重新构想'第三空间',意味着专注于'3C',即以下三大特性:便利性、舒适性和连接性(convenience,comfort and connection)"。她甚至表示,"星巴克与顾客的关系始于他们想到我们的那一刻,他们通过咖啡师、饮品品质而与我们建立连接。""无论何地,他们的第三空间就是手中拿着星巴克的杯子"。

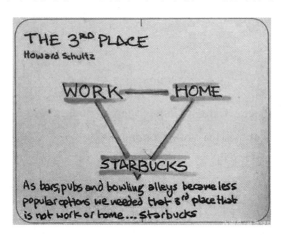

图 1 霍华德·舒尔茨(Howard Schultz)的"第三空间"设想

为此,星巴克打算采取分阶段的方法,在所有与顾客的接触点(touch points)实现"顾客体验的现代化"。2018 年 8 月 2 日,星巴克咖啡公司与阿里巴巴集团在上海宣布达成新零售全面战略合作,此次合作将全面打通生活空间—工作学习空间—线下零售门店—线上零售平台的所有限制。星巴克中国 CEO 王静瑛曾经表示,"我们将'在线点,到店取'服务取名为'啡快'(Starbucks Now),寓意着星巴克在咖啡等饮品品质与服务速度上的双重品牌承诺。'啡快'将为我们的顾客进一步深化数字化领域'第四空间'的星巴克体验"。但我个人并不认同把"第四空间"等同于 App 等线上零售平台的观点,因为既然是第四空间,它一定是第三空间的升级,甚至是革命性的变化。这和会展行业讨论线上和线下融合是一样的道理。

我比较赞同"咖啡通"(coffeetoken)在一篇推文《重构"第三空间"核心竞争力是星巴克的唯一出路》中的观点:我相信凭借星巴克经验丰富的市场营销团队,一定会推出"星巴克 + 茑屋"的业态,至少星巴克会有越来越多的臻选咖啡门店采用这种模式,而普通门店也将通过插件方式在关键接触点上提升，如提高舒适座椅的比例，店员的微笑沟通，增加亲子区、优选图书区等，甚至有一天星巴克的店员会指导你家的孩子做家庭作业。我认为这才是真正的第四空间。

图2　相关文章中所认为的星巴克对"第四空间"的理解

那么，与第三空间相比，除了"顾客体验的现代化"所要求的"便利性、舒适性和连接性"之外，第四空间还应该具备哪些特质？在现实商业和生活世界，是否已经有一些比较接近的范例？这些正是本书要回答的问题。

全书共分为3个部分，基础理论篇从梳理不同视角下的空间发展入手，围绕"从空间里的消费到对空间的消费"和"从第三空间到第四空间"两条线索，分析了消费视角下的空间内涵，提出了第四空间的构成体系——C-SPACE IDEA；专题分析篇按照上述框架，从文化意涵、场景设计等10个方面，系统分析了第四空间的内涵和具体策略；案例研究篇结合书店、图书馆、博物馆、咖啡馆、购物中心、酒店、会议、展览会、会所和俱乐部9种最常见的空间类型，对言几又IFS旗舰店等9个典型案例进行了深入研究，以期为对不同业态感兴趣的读者特别是空间经营管理者提供直接的启示。

在本书即将付梓之际，我想借此机会向家人和朋友们致以衷心的感谢。首先是家人和挚友，在过去几年，正是你们的陪伴，我得以体验和考察许多富有创意、具有第四空间部分特质的空间。有时还会有高质量的讨论，给我很大启发。在撰写本书过程中还得到了很多同人的支持和帮助，特别是月星集团文化、旅游与娱乐事业部总经理陈震，言几又文化集团总裁及联合创始人刘嘉、公共事务部总监周娟以及31研究院副院长楚有才等会展人读书会的各位书友。浙江越秀外国语学院酒店管理学院的谢雅妮老师帮助撰写了第7章（第四空间的舒适物设施安排）的初稿。中国旅游出版社的段向民、武洋等老师高效、专业的工作，使得本书得以以最快的速度和读者见面。在此一并表示衷心的感谢。

在案例研究部分，以下团队成员撰写了案例的初稿，具体分工如下：
言几又IFS旗舰店　言几又文化集团公共事务部总监周娟
大都会艺术博物馆　上海对外经贸大学会展经济与管理专业2019级硕士研究生王畅
星巴克臻选上海烘焙工坊　上海对外经贸大学会展经济与管理专业2019级硕士研究生施怡晨
上海长风大悦城　上海对外经贸大学会展经济与管理专业2018级硕士研究生王强、2019级硕士研究生李文静
亚朵酒店　上海对外经贸大学会展经济与管理专业2019级硕士研究生牛永飚、旅游管理专业2020级硕士研究生徐宇倩
TED大会　上海对外经贸大学会展经济与管理专业2019级硕士研究生涂天慧
亚洲宠物展　上海对外经贸大学会展经济与管理专业2018级硕士研究生杨宇晨
FC Club财富关系俱乐部　上海对外经贸大学会展经济与管理专业2019级硕士研究生潘田、旅游管理专业2020级硕士研究生张倚瑄
另外，我还要特别感谢本书的插图作者，上海旅游高等专科学校杨荫稚老师。杨老师退休后坚持练习书法和绘画，并成效显著，这种对学习的热情和对兴趣的坚持让人感受到无形的力量，值得我辈学习。能邀请杨老师为全书画插图，于我也是一种全新的创作体验。

我将本书称为"活动四部曲"之二（第一本是《活动与生活——当我们谈论活动时我们在谈论什么》），因为读者朋友们会发现，接待和策划丰富多

彩的特殊活动是我所界定的第四空间区别于第三空间的重要方面。《第四空间——如何为公众创造更好的微目的地》是我关于公共和商业空间的初步探索，因为在这方面积累较少，而且近年来行政事务也占用了很多时间，在写作过程中遇到了不少困难和挑战。但好在求真之心不变，已经迈出的脚步，会一路向前。

最后，衷心地祝愿各位读者"第四空间"之旅有所收获！同时也诚挚地欢迎大家多提宝贵意见和建议，或者与我进行相关探讨，我的邮箱：wangcl@suibe.edu.cn。

2020 年 12 月 3 日

CONTENTS

目 录

专题研究篇

案例分析篇

引　言

———— ❦ ————

　　活动、事件、作用力、情境、电闪雷鸣、鱼死、水流、爱人争吵、蛋糕烹制、猫相互嬉戏、蜂鸟落在窗外、朋友经过、汽车发生故障、爱人重新和好、婴儿降生、祖父破产……我们的生活就是由像这样的事件组成的。每个人、动物、植物、创造物的生活是由相似的一系列事件组成的。一个地方的特征则是由发生在那里的事件所赋予的。

　　这是 20 世纪国际最有影响的建筑师之一克里斯托弗·亚历山大（Christopher Alexander）在其代表作《建筑的永恒之道》中的句子（Alexander 著，赵冰译，2002，P.50）。他提出，"空间中的每一种关系模式都是和某一特殊的事件模式相适应的"，"我们需要一个理论，以清楚明确的方式指出空间和事件的相互作用"。尽管亚历山大笔下的"事件"（event）比我们所讲的"特殊活动"（special event）要宽泛得多，但对于研究活动与空间特别是消费空间的关系有直接的指导意义。

　　《第四空间——如何为公众创造更好的微目的地》是我对"活动观是一种世界观"的进一步思考和演绎。如果您读过我的《活动与生活——当我们谈论活动时我们在谈论什么》，就能更容易理解为什么一位主要研究活动管理、目的地营销和会展业发展的学者会写一本关于空间的书，这不是研究建筑、城市规划或景观设计的学者们的领域吗？在希腊语里，"topica"意为"讨论的场所"，而 topica 正是英语"topic（话题）"一词的词源。为促进各种知识和资源的汇集、整合，可能有两种最重要的途径，一是组织研讨会、会谈等各类活动来促进沟通与合作，二是设置各种不同的能引发创新的场所。在我即将构建的第四空间的体系中，"场所 + 活动"正是第四空间区别于第三空间的重要表现之一。

当打开"引言"的文件夹准备正式启动本书的写作时，我的思绪飞到了远方。

那是一个阳光明媚的周六上午，我和往常一样坐在了一家英语培训机构的家长休息区。我拿出已经读了三分之一的《建筑的永恒之道》，在接下来的两个小时，我会一直坐在这里看书，课间休息时，Helen会过来喝水和吃零食。我观察了一下周边，这天似乎陪读的年轻家长居多，有几位家长已经开始断断续续地聊天。

我不禁思考起一个问题：培训机构或者所在的购物中心，是否能面向这些家长提供更好的服务。除了咖啡、书吧甚至简餐之类的，能否同期组织一些面向家长的活动，适当收费就行。兴许在这些家长中有趁机学习插花、瑜伽或一门乐器的需要，或者这些家长之间还有不少有共同的兴趣爱好，甚至有商业上的合作可能。我想，曾经送小孩上过培训课的家长们都会有类似的经历。大家需要一个更好的集合空间。

在日常生活中，还有很多时候我会想到这个类似的话题。从市区到我的工作地——松江大学城，如果步行＋地铁大约需要一个半小时，所以每逢有课我都会起得很早。尽管挤地铁的感觉比较难受，但想到在终点有一件很惬意的事，心情就会好很多。那便是赶在9点之前坐在位于地铁站附近的星巴克里喝上一杯热咖啡。在咖啡厅里，可能很多人会遇到这样的情景——你独自坐在某处，隔壁桌上有好几个人在大谈你感兴趣的话题，这时你是多么希望能加入到谈话中去啊。这其中是否有社会资本的流失？

这让我联想到了早期的车库咖啡。车库咖啡于2011年4月7日开始试营业，注册名称是"北京创业之路咖啡有限公司"，它是全球第一家以创业和投资为主题的咖啡厅，致力于为早期的创业团队提供价廉的办公环境和畅通的交流合作平台，创业者只需每人每天点一杯咖啡就可以在这里享受一天的免费开放式办公环境，同时还可能获得相关创业支持。我想这就是共享和社群的魅力。

最早的创业孵化器纯粹是一些聚集创业者和投资人的服务场所，因而策划、组织或承接培训、路演（项目秀）等各类丰富多彩的活动必不可少。在车库咖啡的官方网站上，我们可以看到"活动"是核心板块（图1）。

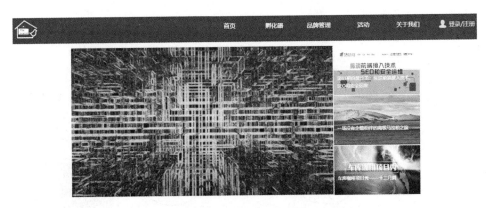

图 1　车库咖啡官方网站上的"活动"板块

2018 年 8 月，应湖北大学校友、言几又总裁刘嘉女士邀请，我到言几又总部做了一次内部分享，分享的题目是"从空间到内容——活动观视角下的书店革命"。为了准备这次分享，除了实地考察言几又、西西弗在上海的几个门店（注：之前也在言几又上海虹桥天地店和长宁来福士广场店做过几场线下活动），我还深度研读了《东京本屋》《小小巴黎书店》等著作。在读完《东京本屋》后，我就书店的经营策略得出了几点初步想法：

（1）首先要有鲜明的个性（定位）、温馨的场景（环境）和优质的服务（员工）；

（2）选择合适的商业模式；

（3）善于利用各种活动来增强黏性，促进销售；

（4）利用符号化来宣传品牌、传播故事；

（5）书店经营的最高境界——以书（包括电子书）为纽带，连接作者、读者和社区。

在分享的第二部分，我详细解释了目的地管理与营销以及活动管理的理念，在此基础上提出了我所理解的书店革命之路（图 2）。按照这个路径，未来的书店其实是以"内容 +"为核心的微型目的地或生活方式集合体。我十分欣喜地发现，从 2019 年年初开始，除了继续扩展新店之外，言几又在会员管理系统和活动组织两个方面有了明显的改进，显而易见，一个更好的生态体系正在言几又逐渐形成。

我所理解的书店革命

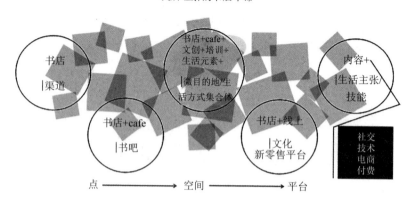

图 2　书店的演进之路

说到微型目的地，又让我想起家附近的四个购物中心——环球港、长风大悦城、中山公园龙之梦购物公园和长宁来福士广场。在过去几年，我亲眼见证并亲身体会了这四个购物中心在场景设计、商业结构、活动安排等方面的变化。以长风大悦城为例，其前称是长风景畔广场，2016 年 11 月，大悦城地产全资收购长风景畔广场，历经一年多的改造全新亮相，并联合长风板块的优质文旅资源，推出了"城市微度假区"的概念（图 3）。

图 3　长风大悦城领衔推出"城市微度假区"的概念

　　改造后的长风大悦城延续"年轻、时尚、潮流、品位"的品牌个性，重点面向周边地区的白领女性和亲子客群，打造富有特色的购物环境，凸显女性、亲子和运动三大元素。为了满足都市人群对健康生活的追求，长风大悦城在屋顶运动街区和部分公共区域设计了智能运动体验功能，并在原有的会员智慧购物体系基础上打造了国内购物中心首个"运动云"。基于运动云，线下消费、运动和线上积分可以实现无缝衔接。

　　长风大悦城还新建了国内首个购物中心屋顶综合性潮流运动空间——高登公园（Gordon Park），该公园是一个全新的时尚运动社交主场，这里有粉红色的凌空跑道，湖景和城市天际线交相辉映的空中花园。最符合18~35岁女王们心意的当数2~4层的上海首个艺术暖心体验街区——女王小径（Queen's Lane），沿路集聚了富有上海小资情调的各类业态和网红爆品，为女性消费者提供艺术、音乐、文创、美体、轻食等全方位的选择（图4）。

图4　傍晚时分的长风大悦城俯瞰图

　　细心的读者已经发现，上文谈到了培训机构、咖啡馆、书店、购物中心等几种常见的城市空间。其中，有的长于产品，有的注重设计，有的强调场景，有的关注体验。按照我个人的心愿，它们最好都是某种意义上的微目的地（micro destination）的元素。记得在读本科时，讲授《酒店经营与管理》课程的魏卫教授说酒店就是要为客人创造一个"家外之家"（a home away from home)。不是家却有家的温馨与便利，甚至有更多在家里享受不到的服务，有在家里见不到的朋友，不就是微型目的地的追求吗？然而，是不是上述几个方面都做到了就可以被称为"第四空间"？

所谓目的地，顾名思义就是"想要到达的地方"，从旅游的角度来讲就是位于某一特殊地理区域的综合体。从内容上看，传统观点认为，每个目的地都拥有4个基本组成部分，即吸引物、专业接待设施、交通和基础设施。从该概念延伸出去，微目的地就是位于某一特殊地理区域的微型综合体。显而易见，第四空间还要在微目的地的基础上加许多限定词，否则就没有讨论第四空间的必要，因为标榜自己是××综合体的购物中心、书店、博物馆、会展中心、图书馆等已经多如牛毛。

随着现代生活节奏的加快，人们在各个空间的行为转换变得愈加频繁、多样，单一功能的空间已不能满足多行为对环境的要求。针对现代人对旅行、居住、办公、社交、购物等多重生活行为的需要，亚朵酒店提倡人文、温暖、有趣的"在路上"第四空间生活方式，致力于向新中产消费者提供优质的酒店服务和生活方式产品。亚朵提出，如果说家是第一空间，办公室是第二空间，那么亚朵酒店所用心营造的第四空间则融合了在路上、家、办公、社交4大功能空间。

还有人在"第三空间"的基础上来理解第四空间，认为"第四空间"关键是要更深层次地进入大众的生活，特别是这几年兴起的外卖行业。国际著名华人地理学家段义孚先生在《空间与地方》一书中有这样一段精彩的话：人们之所以会出现潜意识性质的却深沉的依恋是因为熟悉和放心，是因为抚育和安全的保证，是因为对声音和味道的记忆，是因为对随时间积累起来的公共活动和家庭欢乐的记忆（Tuan，2017）。这段精辟的论述是从人们对故乡的依恋角度来讲的，但同样适用于场所或地方。

那么，更多的问题来了——能满足人们多重生活需要，有人文关怀、温暖、有趣且值得人们依恋的微型目的地，是否就是我们要研究的"第四空间"？和"第三空间"相比，"第四空间"在本质上有什么不同？如何打造"第四空间"，其管理的真谛在哪里？是否有成功的案例可供借鉴？

无论全球化、新技术和消费社会发展何去何从，我们应该关注人的行为，而不是物。带着上述疑惑，我们即将开始有趣而富有挑战的第四空间之旅。

基础理论篇

第1章

从厕所到
微目的地

　　空间和地方是生活世界（live world）的基本组成部分，因而绝大多数人会对其习以为常，然而，当我们认真思考它们的时候，它们可能具有非同寻常的意义，并且可能产生我们从未想过要问的一些问题（段义孚，1977）。如果没有目标或者地方，那么空间和距离都是没有意义的概念。反之，当一个空间或社区变成一种场景时，它可以成为一处培养各类精神的地方。

江西省大余县丫山风景区 A 哆森林厕所 （插图：杨荫稚）

　　只要精心设计，厕所也能成为一道亮丽的风景线。在江西省大余县丫山风景区内有围溷 3A 级生态景观厕所、A 哆森林巴士厕所、粮仓生态文化景观厕所、轮胎乐园创意厕所、酒友文化创意厕所等许多既充满文化创意，又能满足游客使用需求、体现生态文明的景观厕所。

我们每个人都生活在各种不同的空间（space）中，同时也希望自己有许多熟悉的地方或场所（place）。"空间""地方""场所""地点"都是人们用于表达自身或共同经验时的常用词语。然而，空间作为一个抽象的概念，必须在加入个人经验后才能成为地方或场所。每一座已建成的建筑或空间都是人类开展相互交往、进行交易、举行仪式、举办比赛或观看表演等活动的场所（埃克斯纳、普雷塞尔，2009）。

一、从厕所的演变看空间消费

一谈到空间，大多数人会立刻想到建筑，它可能是过去皇帝们住的宫殿，也可能是自己的温馨住所，或者昨天刚去过的购物中心或美术馆，但我想先说说厕所——因为厕所是人类必需的生活空间。据世界卫生组织（WHO）统计，人的一生中平均大约有 3 年时间花在厕所里，但厕所却总是被人们忽视，更鲜有设计师关注与反思厕所的设计。

厕所的演变是文化与社会变迁的一个缩影。在古罗马时期，公共厕所是当时市民们重要的社交空间。人们在如厕时，随意坐下与旁边的厕友闲聊的情形不足为奇。较为先进的排水设施、墙上的装饰壁画，甚至还设有专门的地方供奉一种厕神，这些都证明了当时繁荣的厕所文化（图 1-1）。土耳其以弗所的古罗马男厕，至今已有 2000 多年的历史。

图 1-1 古罗马时期的公厕

　　除了利用排污系统冲走粪便之外，古罗马人还会用一种名叫"Tersorium"的马桶刷来清洁屁股。所谓马桶刷，就是把一块天然海绵或丝织物绑在一根棍子末端。罗马人会把这根长棍放在高浓度盐水的桶或水槽里事先消毒，然后再使用，完事后用流水、盐水甚至醋等液体把它冲洗干净，留给下一个人用。虽然现代人很难想象和认同当时的厕所卫生情况，但我个人觉得，在没有抽水马桶、没有卫生纸（注：直到1857年，厕纸才在美国问世）的环境下，古罗马人在如厕这件事上已经达到了很高的境界。再后来，很多修道院把厕所建在溪流上或岸边，让流水把废物带走，修士们甚至用旧羊毛或破布作手纸，这一点要比罗马人进步。例如，英国坎特伯雷的基督堂修道院早在12世纪就拥有了一套比较完善的供水和排污系统，可以用水流来冲刷集体厕所。

　　在人类厕所发展史上有一项伟大的发明不得不提，那就是抽水马桶，它解决了人自身吃喝拉撒的进出问题。1596年，英国贵族约翰·哈灵顿发明了第一个实用的马桶——一个有水箱和冲水阀门的木制座位。1861年，英国管道工托马斯·克莱帕发明了一套先进的节水冲洗系统，废物排放开始进入现代化时期。如今的马桶科学设计更为人性化，出现了很多式样和功能。

　　中国的厕所文化博大精深，但古往今来似乎都存在一个问题——厕所文化的现状落后于社会的物质水平。19世纪60年代，抽水马桶开始在欧美盛行，后来传到日本、韩国等亚洲国家。20世纪80年代初，即使在北京、上海等大城市，许多普通家庭都没有条件安装抽水马桶，但今天城市和许多农村里的千家万户都用上了它。

　　进入21世纪后，中国城乡"如厕难，难于上青天"的状况已基本解决。根据国家卫计委统计，截至2018年，我国卫生厕所普及率已从1993的7.5%提高到了80.4%。以前，人们外出旅游，常常会用尽可能短的时间上厕所，特别是使用公路边的厕所时，那简直是要人的命。近几年，由旅游系统率先发起的"厕所革命"受到广大群众和游客的普遍欢迎，许多厕所甚至成了吸引眼球的景点。习近平总书记先后数次专门就农村厕所建设、厕所革命和文明旅游做出重要批示，要求从小处着眼不断提升居民生活质量和旅游品质。从这一点上来讲，我们应该为出生在这个伟大的时代感到庆幸。

　　在过去，"厕所环境"是城乡差距中最直观的表现之一，因为除了抽水马桶之外，厕所建设还涉及下水道设施建设、污水处理系统以及整个生产方式。2018 年 11 月，盖茨基金会水源、卫生与清洁项目部副主任杜拉叶·克乃在"新世代厕所博览会"媒体预热会上表示，"即使居民和家庭愿意付费，如果整个硬件基建设施不足，卫生系统和设施缺乏安全性，还是会缺少合适的卫生解决方案"。

　　厕所是最不起眼的空间，却是最能体现品质感的小空间，如果每个厕所都变得更加干净和智能，就意味着民众消费理念的大幅度提升。无论如何，从全球范围来看，厕所设计的总体发展趋势是景观化、复合化、生态化和智能化，这反映了人们对厕所这一日常生活中的必需品的新要求。可以这么说，厕所革命的本质是人们生活方式的变革，以及消费观念与消费心理的转变。

　　例如，在欧洲第二高楼伦敦碎片大厦（The Shard）的 68 层，有几个特别设计的"观景厕位"，坐在马桶上可以俯瞰泰晤士河和伦敦全景。在我国江西省大余县丫山风景区，有圁溷 3A 级生态景观厕所、A 哆森林巴士厕所、粮仓生态文化景观厕所、轮胎乐园创意厕所、酒友文化创意厕所等许多既充满文化创意，又能满足游客使用需求、体现生态文明的景观厕所。例如，位于 A 哆乡村轮胎乐园的轮胎乐园创意厕所与轮胎乐园的风格一脉相承，采用废旧的汽车轮胎、油桶、加油枪等设施改造成厕所的化妆镜、梳妆台、水龙头……如图 1-2 所示：

图 1-2　伦敦碎片大厦的景观厕所和江西丫山风景区的轮胎乐园创意厕所

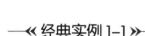

——《经典实例1-1》————————

国内首个新型公厕样板——第5空间

2015年11月19日，首个新型公厕样板——"第5空间"在北京市房山区建成并投入使用（图1-3）。这栋新建成的蓝色建筑格外引人注目，建筑门口不见常见的"WC"标志，而是标有醒目的"第5空间"几个大字。外墙上挂有公厕、ATM、无线局域网和电动汽车充电桩等多个图标，外面有ATM机的棚子、电动汽车充电桩、饮料瓶纸张智能回收机等设施。北京环卫集团副总经理、新闻发言人罗伟表示，"希望这里能够成为继家庭空间、工作空间、社交空间和虚拟空间之后的第5空间"。

图1-3 北京市首个新型公厕样板——"第5空间"的外观

坐轮椅可以从缓坡自由出入第5空间。右手边的房间是宽敞明亮的综合服务区和电商终端，两台自动售卖机挨着墙壁摆在一侧，一台机器中售卖各种冷热饮料，而另一台则出售各种小食品，用现金、支付宝、微信都可以支付。

窗户边还挂着一台自助缴费机，供暖费、电费、电话费、水费、燃气费和歌华有线的费用都能在这台机器上自助缴纳。把电话听筒摘下来，插入电话卡，还能打电话。

进入单独的厕位隔间，墙壁上安装有平板显示器，正在循环播放环保宣传片。洁净的马桶被分成了前、后两部分，中间被一个隔断隔开。墙上有两个闪着绿光的电动按钮，分别写着"大""小"二字。轻轻扭动"小"按钮，马桶前部立刻有小股水流冲出，可以将尿液冲刷得干干净净。公厕原本的化粪池已经拆除，在 40 平方米左右的设备间配备了一套全球先进的循环处理设备。按动墙上的不同按钮，可以选择单独冲尿液或是单独冲粪便，尿液与粪便将被分类回收，分别转化为尿素和有机肥料进行再利用。

在第 5 空间里还新增了第三卫生间，是专为残障人士和有特殊需求的人群设置的，里面有不同高度的大小马桶、婴儿安全座椅和专门为婴儿更换尿布的尿布台等设施。

资料来源：王斌. 第三卫生间满足如厕特殊需求［N］.北京青年报，2015-11-20.

在中世纪的欧洲，还有一种公共空间非常受欢迎，那便是公共浴室。据记载，当时仅有 7 万市民的巴黎就拥有 26 家公共浴室，既有热水浴，又有蒸汽浴。在苏黎世近郊有名的疗养地巴登，拥有露天浴场和室内浴室 30 多个，其中有两个是四处没遮拦的浴场，专供下层平民使用。 到了中世纪晚期，许多公共浴室开始多元化经营，顾客可以在这里吃饭、喝酒、理发、修面，公共浴室成了人们一个休闲娱乐的好去处。

图 1-4 的油画生动描绘了一个典型的浴室场景：在狭小的浴室里，男女不仅在同一个大浴桶里泡澡，而且"坦诚相待"。上方有由猩红色高级织物制成的华盖罩住保暖，男性仅头部覆盖着圆形的浴帽，女性则佩戴着华丽的首饰和项链，薄薄的轻纱遮掩一部分头发。在大号的双人浴桶上有一块铺有洁白桌布的搁板，上面摆放着丰盛的饭菜，当时的人们喜欢饮用葡萄佳酿以增加体力。有位艺人正在为宾客们弹奏乐曲，还有穿着华美服饰的侍女殷勤地端菜送酒[1]。

---

① 资料来源：浴室日报.浴室视野：中世纪人怎样洗澡［EB/OL］. http://blog.sina.com.cn/s/blog_153228c400102wuie.html，2016-12-05.

图 1-4　油画中的中世纪欧洲公共浴室

当时，公共浴室基本是男女混浴的，因此娼妓业很快在公共浴室中发展起来。对于这种现象，虔诚的基督教教徒斥之为罪恶之源。因为对道德的明显败坏，男女混浴遭到立法禁止，在 15、16 世纪开始慢慢消失，许多浴室采取了男女错开使用和男女浴室分开的办法。15 世纪末，梅毒侵入欧洲并很快蔓延，公共浴室作为梅毒传播源成为众矢之的。16 世纪初，各国纷纷下令关闭公共浴室。例如，亨利八世下令关闭英国的公共浴室，1538 年，弗朗西斯一世命令摧毁法国所有的浴室。在整个欧洲，公共浴室纷纷关门歇业。

让我们再回到厕所的话题上来，抛开实际效果和运营管理不谈，我个人非常赞同北京市公厕改革的理念——把公共厕所打造成家庭空间、工作空间、社交空间、虚拟空间外的"第 5 空间"。其实，作为一种新型的城乡公共卫生综合体，第 5 空间的"厕所"功能会越来越弱化，其他功能会越来越复合，这是消费升级对公厕发展提出的必然要求。我同意格林沃德景观设计公司的判断——未来，公共厕所或许将被视作一个系统、一个平台，一个根据当地社会、经济、环境、文化需求而搭建的社区枢纽或服务中心，能给不同利益相关人带来更多商机与美好体验。

二、不同视角下的空间

概括而言，空间主要有 3 种不同的定义。一是指物质存在的广延性，即任何物体都有大小、形状和长宽高的不同，它反映的是物体自身的与物体不可分离的空间特性，是属性论的经验来源；二是指虚空经验，反映的是某种独立于物之外的存在，是空间实体论的经验来源；三是指事物在什么地方，它反映的是物与物之间的关系，是关系论的经验来源（吴国盛，1992）。从空间概念的提出到认知空间、表征空间、创造空间，不同学科对空间给出了五彩斑斓却又似乎殊途同归的解释。

（一）哲学视角的空间

人类对空间及空间里各种关系的认识经历了漫长的演进过程，并在人文和自然科学相关领域中建立起各种关于空间的理论和学说，但真正开始把"空间"作为一个独立概念进行研究的学科是哲学。"空间"一词源自拉丁文"Spatium"，德语中的"空间"（Raum）不仅指物质的围合，本身还是一个哲学概念。

从古希腊开始，西方哲学家们就已经把空间作为一个重要的研究对象。古希腊伟大的唯物主义哲学家德谟克利特（Democritus，约前 460—前 370）较早提出了具有独立意义的空间概念——虚空，这也是西方哲学史上首次出现"空间"这种理论范畴的萌芽。他认为，万物的本原是原子和虚空（注："原子"在希腊语中的意思是不可分割性），原子是由无空隙的、紧密的、坚固的物质组成的，万物都是由原子构成的；原子之间存在着虚空，虚空是原子存在的容器和原子运动的前提。

亚里士多德（Aristotle，前 384—前 322）反对虚空说。他认为存在的事物总是存在于某处，占有一定的空间，离开空间，任何事物都不能存在，所以空间是一切物体赖以存在的形式。亚里士多德还对空间进行了严格的定义：（1）空间是某一事物的直接包围者，而又不是该事物的部分；（2）直接空间既不大于也不小于内容物；（3）空间可以在内容物离开以后留下来，因而是可分离的；（4）整个空间有上和下之分，每一种元素按本性都趋向他们各自特有的空间并在那里留下来，空间就是根据这个分上下的。

在之后的近 2000 年里，哲学家们对空间的探讨一直此起彼伏，并波及物理学、数学、天文学等学科。例如，欧几里得（Euclid of Alexandria，约前 330—约前 275）提出了欧几里得空间的本质（即平面性）。牛顿（Isaac Newton，1642—1727）提出"我们可以通过绝对空间与物体的相对位置感知它，并且通常把它当作是不可移动的空间"。莱布尼茨（Gottfried Wilhelm Von Leibniz，1646—1716）认为"空间是事物之间的关系，而不是独立存在的实体"。康德（Immanuel Kant，1724—1804）提出"空间是外感官的形式，一切来自于外界的感觉都存在于空间里"。黑格尔（Georg Wilhelm Friedrich Hegel，1770—1831）认为"空间总是充实的空间，决不能和充实于其中的东西分离开"。爱因斯坦（Albert Einstein，1879—1955）在狭义相对论中否定了牛顿的绝对时空概念，认为空间和时间是相对的，物体是四维的，即"时空连续统一体"（Space-Time Continuum），在广义相对论中，提出"物体 A 的空间是物体 A 和所有延伸的总和"，等等。

总的来说，传统哲学所探讨的空间概念几乎没有与日常生活发生直接的联系。随着哲学的发展，越来越多的哲学家开始关注人与空间的关系，并从主体意识和身体感知两方面来探索空间问题。

其实，在 17 世纪，笛卡尔（Rene Descartes，1596—1650）就提出了"我思故我在"的著名论断。后来，以洛克（John Locke，1632—1704）、贝克莱（George Berkeley，1685—1753）和休谟（David Hume，1711—1776）为代表的英国经验哲学家对感知的探索为空间研究提供了新的视角。例如，休谟认为，空间观念的形成取决于印象，而印象是人通过视觉、触觉感知客体而投射在心中的经验。之后，叔本华（Arthur Schopenhauer，1788—1860）、尼采（Friedrich Wilhelm Nietzsche，1844—1900）、梅洛 - 庞蒂（Maurice Merleau-Ponty，1908—1961）等哲学家围绕主体、身体与空间的关系做了进一步探索。海德格尔（Martin Heidegger，1889—1976）从现象学的角度创立了存在主义的空间理论。他在前期把时间看成存在，后期则把空间看成与栖居一体相关的问题，有学者称之为从"存在与时间"到"栖居与空间"的转移（赵奎英，2009）。其中，所谓栖居，"乃是终有一死的人在大地上存在的方式""终有一死的人通过栖居而在天、地、神、人四重整体中存在。但栖居的基本特征乃是保护。终有一死者把四重整体保护在其本质之中，由此而栖居"。

进入 20 世纪，心理学特别是认知心理学把人对环境的体验作为重要问题提出来，从人的心理、行为、情感等方面对空间进行研究。瑞士心理学家皮亚杰（Jean Piaget，1896—1980）提出，人们的空间意识是基于操作的图式（scheme），也是基于事物的体验。例如，他研究发现，儿童空间认知能力的发展要经历 4 种形式：空间知觉能力、空间表征能力、空间想象能力、空间思维能力。1936 年，美籍德裔心理学家库尔特·勒温（Kurt Lewin，1890—1947）用场、力、区域、边界、向量等拓扑学和物理学的概念，描述了人在周围环境中的行为。他认为，生活空间（life space）可以分成若干区域，各区域之间都有边界阻隔。个体的发展总是在一定的心理生活空间中随着目标有方向地从一个区域向另一个区域移动。

20 世纪后半期，西方人文社会科学界出现了影响深远的"空间转向"。法国文化地理学家、哲学家亨利·列斐伏尔（Henri Lefebvre，1901—1991）和米歇尔·福柯（Michel Foucault，1926—1984）是重要先驱人物。20 世纪 70 年代前后，列斐伏尔撰写了一系列关于空间与城市问题的著作。其中，出版于 1974 年的《空间的生产》（The Production of Space）集中了列斐伏尔对都市和空间问题的最重要的思考，堪称其空间研究的集大成之作。他把空间作为日常生活批判的核心概念，提出了"社会空间"（social space）的概念，进而提出了三元组合概念，即空间实践、空间的呈现和呈现的空间。福柯则进一步提出了"空间权力"和"差异空间"的思想，认为空间是一切社会生活形式的基础。总之，在空间转向运动后，后现代哲学在空间研究领域有了更广阔的视野与范式。

（二）社会学视角的空间

空间没有独立的逻辑，空间的逻辑就是社会的逻辑，上文所提到的"空间转向"其实就是空间研究的社会转向。正如列斐伏尔所言（1979），"空间充满了社会关系，它不仅得到社会关系的支持，而且还能够生产社会关系，并被其所生产"。对于所有的动物而言，空间是一种生物需要；对于人类而言，空间是一种心理需要，是一种社会特权，甚至是一种精神属性（Tuan，2017）。

　　早期的社会学家并非没有就空间提出一些富有启发意义的理论，只不过他们关于空间的敏锐洞见往往被社会学的后继者们所忽视了（郑震，2010）。马克思主要将空间视为一个物理的情境，是生产场所的总和（Soja，1989：803）。涂尔干（Émile Durkheim，1858—1917）从社会决定论的视角出发，为我们展现了一种全新的空间理论。他提出，"空间本没有左右、上下、南北之分。很显然，所有这些区别都来源于这个事实——各个地区具有不同的情感价值。既然单一文明中的所有人都以同样的方式来表现空间，那么显而易见，这种划分形式及其所依据的情感价值也必然是同样普遍的，这在很大程度上意味着它们起源于社会"（涂尔干，1999，P.12）。

　　"二战"后，西方国家大力推进城市的大规模改造和重建，在这一阶段，理性主义占据主导地位，规划师们普遍更加注重空间的物质属性，而忽略空间的社会属性。20世纪60年代，著名社会活动家简·雅各布斯（Jane Jacobs，1916—2006）对现代主义运动进行了反思，并提出许多引人深思的观点。例如，"公园绿地和城市开放空间并不是当然的活力场所，孤立偏僻的公园和广场反而是危险的场所，周边应与其他功能设施相结合才能发挥其公共场所的价值""购物可以维持都市性并产生一种'城市的解药'，可以成为一种复兴美国衰败市区的模式"（Chung 等，2001）。雅各布斯强调，城市规划必须以理解城市为基础，从城市居民的生活体验出发，实现多种功用的混合，并为各种功能提供足够的空间。

　　直到20世纪70年代，在列斐伏尔、福柯、吉登斯、哈维等一批社会理论家的共同推动下，空间才成为西方主流社会学所关注的核心问题。例如，法国社会学家布尔迪厄（Pierre Bourdieu，1930—2002）擅长用场域理论来分析社会问题，他所关注的场域并不是实体性的具象空间，而是由空间认识论转向空间生产论、空间权力论，而且尤为注重对空间的开放性和关系性的研究。他认为，"一个场就是一个有结构的社会空间，一个实力场有统治者和被统治者，有在此空间起作用的恒定、持久的不平等的关系，同时也是一个为改变或保存这一实力场而进行斗争的战场"（布尔迪厄，2000）。齐美尔等社会学家（Simmel et al.，1997）从心灵与互动的角度带来了全新的空间思想。他们认为，"相互作用使此前空虚的和无价值的空间变为某种对我们来说是某种实在的东西"。对齐美尔而言，他真正关心的是对心灵划界的空间化。

尽管当代社会理论和社会学的空间转向具有诸多积极意义，但在方法论层面，依然不同程度地困扰于笛卡尔的主客体二元论的思路。虽然像哈维和卡斯特这样的理论家与列斐伏尔一样强调必须从社会实践的角度来理解空间，但他们并没有给出解决空间的结构与行动的二元论的明晰方案（郑震，2010）。2001 年，德国当代著名社会学家 Martina Löw 在代表作《空间社会学：物质性、社会结构与行动》（The Sociology of Space：Materiality，Social Structures，and Action）一书中对空间的动态二元性做了系统分析。她提出，"所有空间，包括建筑空间、城市空间、区域、民族、国家、卧室、休闲公园、河流等，都是社会生产的结果""在行动层次上，空间由间隔（spacing）和综合的运作（operation of synthesis）两个独特的过程组成，其中，间隔是指物品、人与信息的安置（placement），综合的运作是指通过想象、感知和记忆，把象征性的空间要素联系为统一的空间。在结构层次上，社会结构由上述空间组成生产和再生产"。

（三）建筑学视角的空间

空间是建筑师最重要的思维概念，但纵观学科发展历史，传统建筑学与消费发展之间存在较大的隔阂。从 19 世纪末开始，三位划时代的建筑设计师丹尼尔·伯纳姆（Daniel Burnham）、维克多·格伦（Victor Gruen）和乔恩·捷得（Jon Jerde）在商业空间设计方面做了卓越的探索。19 世纪末 20 世纪初，伯纳姆领衔掀起了"城市美化运动"，主要内容是在大城市建设一批"标志性建筑"，如市政中心、文化中心、城市广场等。他为芝加哥等城市设计了数个立方体式的百货商场与摩天大楼，可以算是现代新商业空间的雏形。

"二战"结束后不久，格伦创造了有史以来最具影响力的消费空间形态——购物中心，并提出了购物中心规划设计的基本原则：保护周边环境，以防衰败；向最大的步行交通敞开零售设施；区分各种机械化的交通模式，并与步行道路相分离；为购物者和销售商提供最大化的舒适与便利；做到整洁、一致和优美（Gruen、Smith，1960）。格伦甚至认为，购物中心可以等同于城市中心，而且是城市规划的基本核心单元（季松、段进，2012）。

自 20 世纪 70 年代起，捷得开始重塑购物中心的场所体验，其代表性作品

21

包括日本福冈的博多运河城（Canal City HAKATA）、大阪的难波公园（Namba Parks），美国洛杉矶的环球影城步行街（Universal CityWalk），圣地亚哥的赫顿广场（Horton Plaza）等。他认为，零售店和购物中心应该是一种具有城市经验和符合大众品位的公共设施，因此，他的作品特别强调空间的体验感、主题化与戏剧性，以及多元文化的融合。例如，博多运河城是日本最成功的大型商业中心之一，体现了日本文化与国际设计的结合，它开创了日本综合购物中心的全新理念和商业形态，为日本大型综合商业设施的开发与发展提供了里程碑式的借鉴模板（图1-5）。

图1-5 日本福冈博多运河城的内景一角

20世纪60年代，在美国和西欧出现了反对或修正现代主义建筑的思潮。1966年，美国建筑师罗伯特·文丘里（Robert Venturi）在《建筑的复杂性和矛盾性》一书中提出了一套与现代主义建筑针锋相对的建筑理论和主张，在建筑界特别是年轻建筑师和建筑系学生中引起了震动和响应。文丘里认为，民众不懂现代主义建筑语言，他们喜欢的建筑往往形式平凡但活泼，装饰性强又具有隐喻性（戴佳音，2008）。

后来文丘里又与其妻丹尼斯·布朗（Denise S. Brown）及史蒂文·艾泽努尔（Steven Izenour）合著了《向拉斯维加斯学习》一书。他们认为，赌城拉斯维加斯的面貌，包括商业街、商场、赌场、娱乐城、霓虹灯、广告牌、快餐馆等商标式的造型，正好反映了大众的喜好，因此，他们呼吁建筑师要向拉斯维加斯学习，和大众对话，接受大众的兴趣和价值观。在实践中，他们将商业建筑中常见的而被正统建筑师所回避的许多材料和形象，如铝板、有纹理的砖、广告牌、电视天线等放在设计内。

其实，后现代主义建筑本身包含了许多建筑风格，并不是一个具有统一的理论、方法和观点的学派。但这些不同风格的建筑都有一个总的倾向，就是对现代主义的建筑观、美学观、价值观及其建筑形式与效果提出挑战，并在理论和实践上进行种种不同的尝试。在后现代主义建筑思潮和消费文化的推动下，个性化和创新的风格开始在建筑设计行业流行，建筑形式随之出现了娱乐化和追求视觉冲击的倾向，越来越多的后现代建筑成为城市中重要的商业化景观。早期有代表性的建筑如俄亥俄州奥柏林学院爱伦美术馆（1976 年扩建）、美国纽约世界贸易中心（1976 年建成）、美国俄勒冈州波特兰市政大楼（1982 年建成）、美国电话电报大楼（1984 年建成）等。

进入 20 世纪 80 年代中期，后现代主义的先锋性为时髦特征所取代，几乎所有的后现代主义风格建筑都是精美漂亮、令人愉悦，甚至是奢华的。出于标新立异的需要，不少后现代主义作品还表现出玩世不恭和颓废的倾向。总体来说，建筑设计出现了风格化、表皮化和奇观化的倾向。

关于建筑与城市规划面临的新情形，哈贝马斯提出要注意三大挑战：对建筑设计品质上的新需求、新的材料与施工技术、建筑要顺应新的功能（主要是经济）需求。对于现代建筑来说，幸运的时刻是：建构主义的内在美学逻辑与功能主义周密的功能导向相遇，并自然结合（汪明安、郭晓彦，2019）。无独有偶，挪威著名建筑理论家诺伯格·舒尔茨（Norberg Schulz）通过"回到事物自身"（return to things）来讨论建筑的本质，他将场所精神归结为建筑现象学的核心内容，从而揭示人的存在与建筑空间创造的本质关系。他认为，"场所"不是抽象的地点，而是由具体事物组成的整体，事物的集合决定了"环境特征"（包亚明，2017）。

RCR 建筑事务所凭借其根植于本土并结合国际的创作，为重拾"场所精神"提供了建筑师视角的解决方案，从而获得了 2017 年的普里兹克建筑奖。RCR 的三位创始人拉斐尔·阿兰达（Rafael Aranda）、卡莫·皮格姆（Carme Pigem）和拉蒙·比拉尔塔（Ramón Vilalta）在面对不同场所特质时，有一套将空间与场所进行对话的操作手法，主要包括提取场所意象、结合环境特质、引入行为体验、实现空间场所感营造（赵小刚、孙晓东，2019）。

正如阿兰达所言，"建筑像音乐，却更长久；像诗歌，但更质朴。这一切都是我们想要感受，也渴望让他人感受的，我们生命中最好的决定就是在一起分享建筑，让其作为一种体验来被理解"。虽然他谈的是建筑，但同样适合泛意上的空间。

（四）体验视角的空间

一个空间或场所的氛围很难在细节上进行描述，因为人们往往不会单独感知和分析个别因素，正是多种因素组合在一起才给人留下整体印象。换句话说，"人们并不需要认知空间的个别特征，完全可以通过对感知和信息的处理，很快就可以判断出空间是否舒适，是封闭恐怖的还是开放安全的"（Exner、Pressel，2009）。我们都有过类似的感受，当我们一进入某个餐厅或咖啡厅，马上就能判断自己是否喜欢这个空间。这或许源于该空间的一种"无名特质"。

一般情况下，味觉、嗅觉和皮肤敏感性不能单独使我们意识到一个充满了物体的、广阔的外部世界，甚至它们组合在一起也不能，因而需要与视觉、触觉、听觉的空间化能力结合在一起（Tuan，1977）。这也符合从多感营销角度对空间的理解和要求。

形状、颜色、大小等通常通过特殊的视角由视觉接受；虽然触觉作用往往很少具有空间意义，但触摸物体的人不仅会感觉到物体的结构，还会感受到它在尺寸、形状等方面的几何特征；声音虽然通常只能被模糊地定位，但却能传递一种强烈的距离感和尺寸感。另外，声音本身能唤起对空间的印象，譬如，来自远处教堂的钟声增大了空间，而突然听到一阵窃窃窣窣或耳语的声音表明正在发生的事情就在附近。相比之下，味觉、嗅觉和皮肤敏感性对空间的感知能力要弱一些。

总之，不同的感官所感知的空间基本上没有相似之处。例如，视觉空间具有生动性和尺寸感，听觉空间具有扩散性，触觉空间具有运动性。

从叙事的角度讲，因为记忆和想象这两种最重要的创作心理均具有明显的空间特性，创作时以记忆或想象的方式来选择并组织事件而写成的叙事虚构作品，就必然具有某种空间性的特征，只不过这种特征是作者或叙述者（narrator）调动了所有感官并经过了大脑的积极反思的结果。与此同时，由于不能从外部审视或者基于自身的经验来反思，不同的读者或受众对空间性特征的感知也有所差异，甚至大相径庭。深入领会体验视角下的空间特征，有助于我们更好地理解空间的立体性，文学作品里的空间或某个地方的含义，以及商业领域的品牌传达等工作。

（五）叙事学视角的空间

叙事是具体时空中的现象，所以，空间在叙事学研究中具有毋庸置疑的重要性，任何叙事作品都必然涉及某一段具体的时间和某一个或几个具体的空间。在某些后现代主义理论家看来，"无视空间向度紧迫性的任何当代叙事都是不完整的，其结果就是导致对一个故事的性质的过分简单化"（Soja，2004）。

叙事学或小说等文学作品里所说的"空间"并不一定是人们日常生活经验中具体的物件或场所那样的空间，更多时候是一种抽象空间、知觉空间、虚幻空间。行动者（actor）、事件（event）、时间和地点一起组成素材，而事件总要在"某个地方"出现，它可以是在一个实际存在的地方，也可以在一个想象的地方。

空间在故事中主要以两种方式起作用：一是因为不同的描述所产生的某一空间的具象与抽象程度不同的画面，此时，空间是一个"发生行动的地点 / 地方"（the place of action）；二是在许多情况下，空间会被"主题化"，即空间成为被描述的对象本身。此时，空间就成了一个"行动着的地方"（the acting place）。"事情发生在这里"和"事情在这里的存在方式"同样重要，后者使这些事情得以发生。在上述两种情况下，空间可以静态或动态地起作用。对于静态空间，事情在其中发生，而一个起动态作用的空间成为允许人物行动的要素（米克·巴尔，2015）。

对一个空间的描述越精确，在一般性中所增加的独特性就越多。在叙事策略上，人物的运动可以构成从一个空间到另一个空间的过渡。米克·巴尔（Mieke Bal）在《叙事学：叙事理论导论》一书中有这样一段话：在中世纪文学中，爱情场面常常发生在一个特殊的空间，与事件十分贴合，这就是所谓的

"locus amoems"（拉丁文，意为"迷人的地方"），由一块草地、一棵树或一条流动的小溪组成。这样一种固定的组合被称为"场地"（topos）（米克·巴尔著，谭君强译，P.133）。

例如，在迪士尼动画片《白雪公主》中有一段很唯美的画面——受皇后的指使，猎人把白雪公主带到了森林中，准备杀了她。可是猎人下不了手，他放走了白雪公主，杀了一只小野猪，取了它的心带回了皇宫。白雪公主在被好心的猎人放了后，吓得在森林里狂奔，又累又饿，昏了过去，醒来后与小动物们对话，讲述了自己的遭遇。小动物们带着白雪公主来到七个小矮人的木屋中，又累又饿的白雪公主吃了些东西就睡着了……这段影片从一个空间过渡到另一个空间，推动着故事情节前进（图1-6）。

图1-6　迪士尼动画片《白雪公主》中白雪公主与小动物们对话的画面

其实，为了深入理解空间，有必要了解的学科还有不少，特别是地理学、美学、景观生态学以及消费者行为学等。

三、地方（场所）

首先需要说明的是，"地方"和"场所"对应的英文都是"place"。为了表述方便，除了特别说明，本书将根据语境交替使用"地方"和"场所"。和"地方"意思相近的还有一个词——地点（site 或 location），顾名思义，"地点"就是"所在的地方"。一般情况下，地方是概词，地点有确切的指向，再具体就是"位置"了。

　　根据具体语境，"地方"（place）可以和不同的词通用，如"场所""场地""本地""场合""位置"等，其中，"场所"常常用来表示特定的环境地点。从这个概念出发，"场所"主要包括 3 方面的含义：一是"空间"，它是多种元素在特定地点中的三维构成；二是"环境"，它是一种关于环境的具体描述；三是"特性"，空间通过特性就会转化为场所（舒尔茨，1995）。20 世纪 70 年代，舒尔茨提出了"场所精神"的概念，强调环境的特殊性和重要性。海德格尔认为建筑的意义在于"富有诗意地栖居"，因而需要在"营造"中感受诗意，而舒尔茨提出建筑的意义在于"氛围"，所以人们应在事物的集合体中寻找一贯熟悉的氛围，这种氛围给人的感受被定义为"精神意识共同体"（Schulz，1979）。总之，地方和场所是人之存在不可或缺的一部分，如果不考虑"地方性"或离开了"地点性"，任何行为和事件的发生都是没有意义的（詹和平，2011）。

　　场所是运动中的"暂停"，包括人类在内的动物会停留在一个能满足某些生物需求的地方，从这个意义上说，"停顿"使一个地方有可能成为感受价值的中心。作为具体存在的具有社会性的人，我们需要一些赖以养育和支撑并感到亲切的地方，如家、邻里和社区。"每一次亲切的交流都有一个场所，人们可能在这样的场所不期而遇……它们可能铭刻在人们的记忆深处，每当回想起它们的时候人们就会获得强力的满足感"（Tuan，2017）。每当我们走过记忆拥抱的某个地方，一股莫名的亲切感会扑面而来，即使之前经过时并没有感觉到欣喜。

　　一旦空间获得了界定和意义，就变成了场所，因为地方和场所是具有特性和氛围的（图 1-7）。正如舒尔茨（施植明译，1995）所言，场所的意义就在于"它是由具有物质的本质、形态、质感和色彩的具体的物所组成的一个整体。这些物的总和决定了一种环境的特性，亦即场所的本质。……因而地方（场所）是定性的、整体的现象"。换句话说，场所的意义就在于能够通过隐约和微妙的改造，在某些物质环境中营造出一种特定的感觉，这种场所的建立可能是不完美的，但是需要有创造力的思考以及对场所的深刻理解。

图 1-7　空间与地方 / 场所的关系

在生活世界，空间的意义经常与场所的意义交织在一起，最初无差异的空间可能会变成人们逐渐熟识并赋予其价值的地方（Tuan，2017）。当然，空间作为一个抽象的概念，"只有通过身体的参与和世界产生经验性关系"，才会变为地方。例如，对于家乡，任何人都投注过成长和情感经验，对他或她来说，家乡便是一个地方，如果他或她邀请朋友来游览或拜访，那么对这位朋友来说，这个家乡仅仅是空间，而不是地方。

根据段义孚教授的观点，空间和地方的主要区别如表 1-1 所示：

表 1-1　空间和场所的基本特征比较

空间	地方 / 场所
作为物体或地方的相对位置（具体或抽象）	作为人们感受价值的中心
往往意味着开放、自由、冒险	往往意味着安全、稳定、依恋
允许运动	鼓励暂停
具有无形性，表现为更加抽象	具有物理性，表现为更加具体

参考资料：Tuan，Y.F. Space and Place：The Perspective of Experience. Minneapolis：The University of Minnesota Press，1977.

四、微目的地

在过去十几年，目的地管理特别是目的地营销一直是我的研究方向之一，但提出微目的地（micro destination）的概念，或多或少是受了家附近 4 个购物中心的启发。2016 年 11 月，改造后的长风大悦城以"城市微度假区"的形象全新亮相；2013 年 9 月开业的上海环球港目的是打造融"商业、旅游、文化"为一体的时尚购物休闲中心；2017 年 4 月，中山公园龙之梦购物中心更名为"龙之梦购物公园"，并侧重在座椅、绿植、灯光等方面做了全面改造。城、港、公园，都在一定程度上体现了目的地的思维。正因为如此，在地产行业还出现过"目的地商业（中心）"的概念，即伴随房地产业与零售业、娱乐业以及城市更新等多种因素的相互融合，以市民文化设施、书店、博物馆、美术馆、餐馆、特色零售店、健身俱乐部和多媒体设施等为代表的休闲文化娱乐设施与餐饮、购物相结合，创造了一种具有协同效应的休闲目的地。然而，如果仅仅关注商业中心，未免缩小了目的地的内涵。

所谓"目的地"，顾名思义就是"想要达到的地方"。所谓"微"，有三层含义：一是微型，即比同类东西或事物小的或短的；二是微妙或奥妙，在形容空间时，有点像 C. 亚历山大在《建筑的永恒之道》一书中所讲的"无名特质"（The quality without a name）；三是在互联网世界的引申义，表示随时随地，犹如微博、微信一样。也正因为如此，本书所提的"微目的地"和"微型旅游目的地"不完全等同。主要区别既体现在"微"上，也表现在"旅游"二字上，前者的规模不一定很小，而是一个相对概念，而且目标对象不一定是旅游者，而是想要去某个地方的所有人。他可能是为了喝一杯咖啡，或买一本书，也可能是为了买一件衣服，或吃一顿饭……

在旅游行业，微型旅游目的地最早是由从事非标住宿和民宿的专业人士提出来的，这些住宿地不仅居住功能齐全，而且设计新颖、体验感强。微型旅游目的地不是单一的产品，而是由很多要素组成，可能包括传统的食、住、行、游、购、娱以及商、养、学、闲、情、奇新六要素或者其组合。

如果要将旅游产品打造成"微目的地"，还需要从选址、建设、运营等多个方面进行综合考虑。在选址方面，有专家提出"五有"原则和"四美"支撑，"五有"就是有人气、有风景、有指标、有活动、有适游，"四美"包括美景、美宿、美食和美事。在运营方面，打造"微目的地"要克服三大困难：（1）人力成本过高，本地化招募成为关键。（2）因为微目的地的客房少，所以采购成本高，因而适合采取共创共建的方式。（3）获客成本高，需要依靠社群化运营找突破（孙胤睿，2017）。

本书要讨论的"第四空间"是一种微目的地，也就是那些有着无名特质、吸引着特定人群的地方，但重点将探讨人们日常生活中的各种消费空间。那么，什么是消费空间？在消费社会和移动互联时代，消费正在发生哪些变化？消费空间应该采取怎样的策略？请继续阅览下一章——从空间里的消费到对空间的消费。

参考文献

［1］Goffman，E. The presentation of self in everyday life［J］. Three Penny Review，1958，21（3）：655.

［2］Grove，S.J.，Fisk，R.P.，Bitner，M.J. Dramatizing the service experience：A managerial approach［J］. Advances in Services Marketing and Management，1992，1：91–121.

［3］Löw，M. The Sociology of Space：Materiality，Social Structures，and Action［M］. New York：Palgrave Macmillan，2016.

［4］Norberg–Schulz，C. Genius Loci：Towards a Phenomenology of Architecture［M］. New York：Rizzoli，1979.

［5］Simmel，G.，Frisby，D.and Featherstone，M.Simmel on Culture：Selected Writings［M］. Thousand Oaks，Calif.：Sage Publications，1997.

［6］Soja，E.W. Postmodern Geographies：The Reassertion of Space in Critical Social Theory［J］. Geographical Review，1989，18（5）：803–805.

［7］Tuan，Y.F. Space and Place：The Perspective of Experience［M］. Minneapolis：The University of Minnesota Press，1977.

［8］［德］欧利奇·埃克斯纳，迪特里·希普雷塞尔.空间设计［M］.董慰，张宇，译.北京：中国建筑工业出版社，2009.

［9］［法］皮埃尔·布尔迪厄.关于电视［M］.许钧，译，沈阳：辽宁教育出版社，2000.

［10］［荷］米克·巴尔.叙述学：叙事理论导论［M］.谭君强，译.北京：北京师范大学出版社，2015.

［11］［美］爱德华·W.苏贾.后现代地理学——重申社会理论中的空间［M］.王文斌，译.北京：商务印书馆，2004.

［12］［美］C.亚历山大.建筑的永恒之道［M］.赵冰，译.北京：知识产权出版社，2002.

［13］［挪］诺伯格·舒尔兹.场所精神［M］.施植明，译.台北：田园城

市文化事业有限公司，1995.

［14］包亚明．场所精神与城市文化地理学［N］．文汇报，2017–10–20.

［15］戴佳音．谈文丘里的建筑理论思想发展的关联性——从《建筑的复杂性与矛盾性》到《向拉斯维加斯学习》［J］．艺术与设计，2008（5）：59-60.

［16］董春阳．厕所文化的探寻与创新［R］．庆阳一中研究性学习成果报告，2017.

［17］季松，段进．空间的消费：消费文化视野下城市发展新图景［M］．南京：东南大学出版社，2012.

［18］孙胤睿．当"旅游产品"成为"旅游目的地"——"旅游微目的地"打造实操经验分享［EB/OL］．http://www.sohu.com/a/156319581_173336，2017–07–11.

［19］詹和平．空间（第 2 版）［M］．南京：东南大学出版社，2011.

［20］赵奎英．从"存在与时间"到"栖居与空间"——海德格尔后期哲学的空间化转向及其生态美学意义［J］．厦门大学学报（哲学社会科学版），2009（2）：20–26.

［21］赵小刚，孙晓东．对话场所的空间营造——RCR 建筑事务所设计理念与实践策略探究［J］．河北工业大学学报，2019，11（2）：1–11.

［22］郑震．空间：一个社会学的概念［J］．社会学研究，2010（5）：167–191.

第 2 章

从空间里的消费到对空间的消费

为了改变生活，必须首先改变空间，创造出新的空间形态。理想的消费空间不仅仅是使消费机会最大化，它们为人们提供了与消费社会协商自身的象征性关系（symbolic relationship）的空间。换句话说，消费空间实际上是人们在消费社会背景下的情感、梦想和创伤得以发泄的场所，其魅力在于它代表了一种思维方式的物理表现，在这种思维方式中，消费者未实现的欲望决定了当代消费社会中结构与能动关系的本质（Miles，2012）。

日本大阪难波公园 （插图：杨荫稚）

难波公园主要由空中花园、购物中心、写字楼和公寓等构成，彰显了一种自然的生活方式，在这里人们可以欣赏成群的大树、岩石、悬崖、草坪、溪流、瀑布、池塘及露台。在"峡谷"设计概念的引导下，难波公园为消费者带来了丰富的体验要素：溪水、山石、植物、岩洞、阳光等，它们共同构成了独特的空间序列。

消费给我们对城市和更广泛的公民身份的体验带来的影响如此之大，以至于我们对日常生活尤其是对公共生活的体验被深刻地改变了。似乎有这样一个观点被广泛认同：城市作为公共领域（public realm）的角色在某种程度上受到占主导地位的消费的威胁，从而影响了城市决策者如何看待所管理的城市，这最终导致大部分消费空间具有社会权力，但缺乏社会责任感。这个过程的最终产物是一个个空间，在这些空间里，我们只是消费场所，而不是与之互动（Miles，2012）。

然而，在基本生活品极易获得的今天，消费早已超越了一般的生理需求甚至是社交需求，其作为一种自我实现手段的功能变得越来越重要。

一、关于消费社会的主要理论

从 14 世纪的欧洲文艺复兴到 19 世纪中期属于资本主义的积累和迅速发展阶段，这一时期消费思想的共同点是：注重资本积累，强调财富增长以及提倡节俭型消费。随着资本主义不断发展，经济结构的中心逐渐由生产转向消费，消费理论开始研究理性消费者如何在收入的约束下达到效用最大化。在 20 世纪 30 年代，西方资本主义国家爆发了大规模的经济危机，社会出现了产品过剩、需求不足的问题，凯恩斯的有效需求理论应运而生。

1936 年，约翰·凯恩斯（John M. Keynes）在《就业、利息和货币通论》中首次提出了消费的绝对收入理论，由此拉开了经济问题中有关消费研究的序幕。在经济学领域，消费理论的发展历程可划分为传统消费理论和现代消费理论两大类，前者如凯恩斯（1936）的绝对收入假说，杜森贝里（1949）的相对收入假说，莫迪利安尼、布伦博格和安多（1954）的生命周期假说以及弗里德曼（1957）的持久收入假说，后者以自 20 世纪 70 年代兴起的理性预期革命为开端，将消费研究从确定性领域引入不确定性领域，包括随机游走假说、预防性储蓄假说、流动性约束假说、习惯形成理论等。

与之相应，19 世纪的社会学家普遍认为，消费是理所当然的，但相对于生产和社会生活的其他方面，他们不重视消费，而且总体上持负面态度。自20 世纪 80 年代以来，随着西方社会由生产主导型社会（production-oriented society）向消费主导型社会（consumption-oriented society）转变，消费问题越来越受到学界的关注。例如，鲍德里亚的符号消费理论深受马克思的影响，指明了当代资本主义由生产社会向消费社会转变的总趋势。鲍德里亚早期的消费社会理论认为，消费的实质就是在消费一个个象征性的符号，并通过符号的力量，实现对主体的区分和对社会的控制（郑楠，2019）。从商品拜物教批判转向符号拜物教批判，既是一种政治经济学批判意义上的延续，也是对人的存在论意义上的自我反思的进一步深入（张健丰、徐示奥，2019）。

从 19 世纪末到 20 世纪末，在消费文化领域，西方社会出现了一批有代表性的学者和理论，如表 2-1 所示：

表 2-1　19 世纪晚期至 20 世纪末消费文化领域的代表性理论

主要理论流派	代表性学者	相关核心观点	贡献或实际应用
生产—消费理论	卡尔·马克思（Karl Marx）[代表作 *Capital: A Critique of Political Economy (Volume II)*，译作《资本论（第二卷）》，1885]	社会经济运行的 4 个环节即生产、分配、交换和消费是密切联系、相互制约的，生活消费与生产是辩证统一的	将个人消费引入经济学的研究范围，确立了宏观消费理论的基本范畴和主要内容
	约翰·凯恩斯（John M. Keynes）[代表作 *The General Theory of Employment, Interest, and Money*，译作《就业、利息和货币通论》，1936]	消费乃是一切经济活动之唯一目的、唯一对象，刺激消费是促进经济增长的有效手段	为西方大众消费社会的到来打下了基础
炫耀性消费理论	托斯丹·邦德·凡勃伦（Thorstein B. Veblen）[代表作 *The Theory of the Leisure Class*，译作《有闲阶级论》，1899]	人们的消费行为与其说是追求效用最大化的结果，不如说是效仿其他社会成员进行消费的产物，消费成为当时美国"有闲阶级"巩固和展示其社会地位的一种方式	使消费理论向"人本主义回归"，为后来消费社会学的兴起开启了一扇大门
时尚消费理论	格奥尔格·齐美尔（Georg Simmel）[代表作 *Philosophie der Mode*，译作《时尚的哲学》，1905]	人的本性驱使人们同时追求个性与共性，时尚正好能满足这种心理需求；时尚的应运而生为生命的进化提供模板，同时也是一种阶层划分的产物	促进了大众消费的发展

续表

主要理论流派	代表性学者	相关核心观点	贡献或实际应用
符号消费理论	让·鲍德里亚（Jean Baudrillard）［代表作 *The Consumer Society: Myths and Structures*, 译作《消费社会》，1970］	消费是一种符号的系统化操控活动，要成为消费的对象，物品必须变成符号。这样，才能够走出传统经济学以"经济人"为基本假设的需求消费理论的逻辑困境	在当代社会，人们消费的主要目的不是获得商品的实际功用，而是通过符合价值的消费来获得某种文化资本和生活品位
文化批判理论	法兰克福学派，代表人物有瓦尔特·本杰明（Walter Benjamin）、马克斯·霍克海默（Max Horkheimer）、狄奥多·阿多诺（Theodor L.W. Adorno）、尤尔根·哈贝马斯（Jürgen Habermas）等	资本家为了追逐更大的利润，使大众文化产品成为一种赚钱的工具，并通过广告宣传等各种手段诱导消费者，使消费者成为消费的奴隶；文化消费和文艺欣赏变成大众的日常活动，这造成了大众文化和流行文化消费的兴起	从文化批判的视角，拓宽了消费社会和资本主义社会研究的思路，同时提醒人们保持主体性和自我意识，以反思、批判的眼光审视大众文化
图像消费理论	居伊·德波（Guy Debord）［代表作 *The Society of the Spectacle*, 译作《景观社会》，1967］	当前社会已经是"视觉成为社会现实主导形式"的"景观社会"	提醒人们要注意消费文化的蔓延以及丧失自我的风险
	让·鲍德里亚（Jean Baudrillard）［代表作 *Simulacra and Simulation*, 译作《仿相与仿真》，1981］	图像消费建立在符号系统之上，超真实的"拟像"成为消费社会的重要特征	警醒人们"在后现代社会，符号并不一定反映真实"
消费社会学理论	马克斯·韦伯（Max Weber）［代表作 *Economy and Society*, 译作《经济与社会》，1978］	在任何社会，对物品消费的占有和掌控能力标志着相应的社会地位	将消费实践和生活方式纳入社会学的研究范畴
	皮埃尔·布尔迪厄（Pierre Bourdieu）［代表作 *Distinction: A Social Critique of the Judgement of Taste*, 译作《区隔：对趣味判断的社会批判》，1984］	消费趣味与习性是社会群体进行区分或认同的重要标准，品位、生活方式、消费模式、时尚等通常被视为"纯粹"的文化现象与权力的运作有着密不可分的联系	促进了消费社会学的发展

续表

主要理论流派	代表性学者	相关核心观点	贡献或实际应用
消费体验理论	莫里斯·霍尔布鲁克（Morris B. Holbrook），伊丽莎白·赫希曼（Elizabeth C. Hirschman）［The Experiential Aspects of Consumption：Consumer Fantasies，Feelings，and Fun，译作《消费的体验视角：消费的幻想、感觉与娱乐》，1982］	尽管各种消费行为都能创造价值，营销者应注意体验型消费中的幻想、感觉与娱乐元素（简称"3F"）；相比传统的理性功能型消费，感性体验型消费将走上历史舞台	标志着消费体验研究进入营销理论研究的视野
	约瑟夫·派恩II（B. Joseph Pine II），詹姆斯·吉尔摩（James H. Gilmore）［The Experience Economy：Work is Theatre & Every Business a Stage，译作《体验经济》，1999］	体验可满足人的审美需求、沉浸需求、教育需求和娱乐需求，体验经济（Experience Economy）是通过满足人们的各种体验的一种全新的经济形态	为产品经济和服务经济下一步的发展指明了方向，并将消费社会理论研究带入一个新的阶段

资料来源：笔者整理。

　　自20世纪末被提出，"体验经济"（Experience Economy）的概念在全球迅速普及，如今，体验经济不仅形成了相对独立的经济形态，而且正在逐步改造传统的经济模式。消费者的参与和体验受到广泛关注，并得到了理论研究上的有力支持。例如，2002年诺贝尔经济学奖的得主之一丹尼尔·卡尼曼（Daniel Kahneman）提出并发展了"预期理论"（Prospect Theory）[1]，他认为体验效用可以被测度，并把心理学研究和经济学研究有效结合起来，揭示了在不确定性条件下的决策机制，从而开拓了一个全新的研究领域。的确，在现实生活中，大多数消费者并非完全的理性经济人，而是理智和情感并存的，情感因素会让消费者关注市场交易过程中的非货币因素，如诚实、互助、包容等。

　　总体来讲，消费社会充满了各式各样的符号和概念（瑞泽尔，2003），在消费文化的主导下，消费者的个性和态度充斥着我们的生活世界。而且，在全球范围内，消费文化正在发生明显的转型。例如，在消费动机上，正由生产者

_____

① 1979年，卡尼曼与阿莫斯·特沃斯基（Amos Tversky）在《计量经济学》上合作发表论文《预期理论：风险下的决策分析》（Prospect Theory：An Analysis of Decision under Risk），标志着行为经济学的兴起。特维斯基于1996年离世，他对行为经济学的贡献可与卡尼曼比肩。

主导转向消费者主导，无论是资本逐利等外因还是消费心理等内因都在促使人们以各种形式参与到消费活动中来；在消费对象上，正由商品和服务的使用价值转向符号和情感价值；在消费过程中，正由目的性消费向时间性消费转变。如表 2-2 所示：

表 2-2　消费文化发展的总体趋势

消费主体	大众化、有限的个性化	个性化、社群化
消费过程	目的性（消费者有预先设定的目的作指导）	时间性（尽可能延长消费者在商业设施的停留时间）
消费内容	传统商品和服务	多样化消费（包括娱乐、休闲、体育、文化艺术等）
信息传播	传统的音、视频及文字	社交平台、短视频
消费地点	销售场所	线上、线下融合；线上购物

回到空间的话题上来，广义的空间消费是人与空间在互动中彼此影响、改变的体验过程及结果，因而势必受到社会文化特别是主流消费文化的影响。社会文化是城市空间的主要决定因素之一，相应地，各类空间的规划建设及经营管理也被打上了消费文化的印记。

此外，虽然消费空间为有意义的社会交往提供了有限的机会，但维持消费水平意味着人们实际上不得不花费越来越多的时间在工作场所，以支付他们所购买的商品和服务。正如 Hopper（1997）所言，"后现代正在以一种深刻的方式有效地破坏现有的社会结构，从而鼓励更大的个人主义（individualism）。而且，在市场驱动的环境中，人们的行为变得越来越精打细算，每一个决定都显得成败在此一举"。

二、消费的含义与变革

所谓消费（consumption），即政府、企业和个人利用社会产品来满足人们各种需要的过程，其中，个人消费是指人们把生产出来的物质资料和精神产品用于满足个人生活需要的行为和过程。早期的"消费"概念是指人们对产品和服务的最终消耗，但随着社会经济的发展，消费的含义在不断演进。在消费社会，"消费是在具有某种程度连贯性的话语中所呈现的所有物品和信息的真实总体性。有意义的消费被定义为一种系统化的符号操纵行为"（鲍德里亚，1981）。时至今天，大众参与消费及符号消费成为消费时代最显著的标志（季松、段进，2012）。

另外，消费社会正呈现出一些新的特点。例如，消费者更注重产品和服务品质以及体验质量，追求个性化、多样化、参与化和体验式消费。在市场交易中，社会网络、规范和习俗的作用更加明显；在购买和消费中，人们更加注重社交互动（social interaction），甚至会表现出互惠、公平和利他等社会偏好。需要注意的是，在这个过程中，必须时刻警惕消费社会可能存在的弊端，包括：消费社会制造出"丰盛的假象"，实际上却是结构性匮乏的表现；消费社会的增长并不意味着社会平等和同质化；消费可以先行于生产，而非仅仅是生产决定消费，等等。

在我国，受全球化和本土文化因素的双重影响，消费社会呈现出多元文化并存的复杂特质。一方面，以跨国企业及其品牌产品为先导的西方消费文化迅速渗透；另一方面，传统的习俗、价值观、生活方式和国内的法规制度等对西方消费文化又起到一定的抵制作用，甚至产生反向影响。全球领先的独立市场研究咨询公司英敏特（Mintel）发布的《2019中国消费者》报告显示，当下的中国消费者渴望多元体验和品质生活，与此同时，正在形成自己的消费价值观。高达91%的被访中国消费者认为，购物时质量比价格更重要；81%的消费者表示比起一成不变，他们更喜欢冒险尝鲜，譬如购买新产品、去没有去过的地方旅游等。

借鉴丹麦著名城市设计专家扬·盖尔（Jan Gehl）在《交往与空间》（Life Between Buildings：Using Public Space）一书中的观点，可以根据人们的需求层次、参与度和主动性，将户外活动分为4个层次：必要性活动、自发性活动、社交性活动和复合性活动（Gehl，1992）[①]。其中，日常工作和生活事务属于必要性活动，当户外空间的质量不理想时，就只能发生这一类型的活动；大部分宜于在户外举行的娱乐消遣活动属于自发性活动的范畴，而且这些活动只

---

① 注：原书中将户外活动分为必要性活动、自发性/选择性活动、社交性活动3个层次。其中，必要性活动是指人们在日常生活或工作中必须参与的活动，如上学、上班、购物、出差等；自发性活动更加注重精神上的满足，一般指休闲、娱乐等活动；社交性活动是指以自我价值的实现和认同为主要目的的主动的社交活动。

有在外部条件适宜、天气和场所具有吸引力时才会发生；社交性活动指在公共空间中有赖于他人参与的各种活动，包括儿童游戏、交谈、各类公共活动等。只要改善公共空间中必要性活动和自发性活动的条件，就会间接地促成社交性活动。

由此可以初步判断，随着社会经济的发展和城市化进程的推进，中国国民消费行为呈现出"在消费功能上强化、在消费层次上提升、在消费类型上多样、在消费空间上拓展"的总体趋势（图2-1）。例如，复合性消费活动可以体现为王宁教授（2001）所说的"逛"。在各种"逛"的过程中，人们即使不购买任何东西，也是一种消费活动——对形象、符号和景观的视觉消费，同时也是一种时间的消费，即对体验、休闲和快乐时光的消费。这便要求公共空间和商业设施必须创造一系列吸引人们聚集、观赏与被观赏的空间。

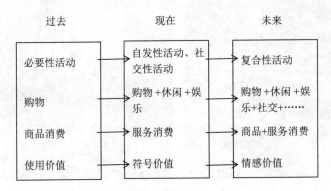

图2-1　中国国民消费行为的演变路线

──《**经典实例 2-1**》───────────────────

日本城市综合体建设的杰作——难波公园

被誉为城市空中花园的大阪难波公园（Nambo Parks）其实是一处位于传统商业区的现代综合建筑群，原址是一座棒球馆。难波公园邻近火车站，离机场一站之遥，将城际列车、地铁等交通枢纽功能与办公、酒店、住宅结合，层层反反、绿树成荫，仿似游离于城市之上的一片绿洲，与周围线形建筑的冷酷风格形成强烈对比。

难波公园主要由空中花园、购物中心、写字楼和公寓等构成，彰显了一种自然的生活方式，在这里人们可以欣赏成群的大树、岩石、悬崖、草坪、溪流、瀑布池塘及露台。在"峡谷"设计概念的引导下，难波公园为消费者带来了丰富的体验要素：溪水、山石、植物、岩洞、山间的阳光等，从而形成了独特的空间序列。从远处看去，公园呈斜坡的样式，从街道地平面逐渐上升至 8 层楼的高度，层层推进、错落有致。公园的中心区域是三层的"购物广场"，内部质感华美、店面错落有致，并饰有草木植被和水景，让人仿佛置身于一片森林之中，而不是在钢筋混凝土建成的商场。如图 2-2 所示：

图 2-2　大阪难波公园的俯视图

概括而言，从外部看，难波公园具有整体环境统一协调、功能复合、可达性好等特点，其中，可达性是指公园位于交通网络发达、城市功能相对集中的区域，拥有与外界联系紧密的交通和信息网络。从内部来看，难波公园主要有大空间尺度、景观丰富宜人、交通体系完善、配套设施科技含量高等特征，其中，在景观上，通过标志物、建筑小品、街道家具、绿植、铺装、照明等创意设计形成丰富的景观与宜人的环境。这样的"体验式"场所是人们期待的精神向往之处。

在不同的社会发展阶段，有对应的消费层次及主要消费场所，同时呈现出不同的消费特点。在界定进入消费社会的时间和标志等问题上，学术界存在不同的看法。例如，美国物理学家、数学家和未来学家赫尔曼·卡恩（Herman Kahn）从经济史的角度把人类社会发展分为五个阶段，即前农业社会、农业社会、工业社会、超工业社会、后工业社会。多数学者以是否进入大规模消费阶段（年人均 GDP 超过 1500 美元，对应卡恩所提的超工业社会）作为消费社会出现的标准，即在 20 世纪 20 年代左右，以美国为代表的西方国家开始陆续进入消费社会。

进入工业社会，产品日益充沛起来，人们的金钱和闲暇时间也变得更多，进而对非必需品的消费明显增加，同时开始追求消费环境的品质和消费的舒适、愉悦。到了大规模消费社会，人们主动的社交性消费需求明显增多，并开始追求个性、时尚与自我认同，由此也对消费空间提出更高的要求。此时，消费空间的直接吸引力在于它们提供给消费者的体验，特别是刺激感官的方式，进而构成了所谓的"第三空间"，它们不同于家庭和工作场所，而是让人们聚集在一起进行社交活动或开展其他形式的社会联系（social contact）（Mullins et al.，1999）。进入后工业社会，人们消费的重点逐渐转向文化和精神享受，追求全面生活质量和自我实现，所对应的消费层次更加综合，对消费空间的价值功能提出新的要求。如表 2-3 所示：

表 2-3　不同社会阶段与消费层次的演变

社会阶段	对应的消费层次	消费的本质	消费的主要特点	消费场所
前工业社会	必要性活动	使用价值	生理需要占主导地位，具有很强的目的性，追求便捷和性价比	第一、第二空间
工业社会	自发性活动	交换价值	对非必需品的消费明显增加，注重消费环境的品质，追求舒适、品位和愉悦	第一、第二空间
大规模消费社会/先进工业社会	社交性活动	符号和意义价值	主动的社交性消费增多，追求个性、时尚与自我认同	第三空间

续表

社会阶段	对应的消费层次	消费的本质	消费的主要特点	消费场所
后工业社会	复合性活动	情感价值	消费的重点转向文化和精神享受，追求全面生活质量和自我实现	第四空间

季松，段进. 空间的消费：消费文化视野下城市发展新图景［M］. 南京：东南大学出版社，2012；
Gehl J.Life between Buildings［M］. Copenhagen:Danish Architectural Press，1971.

以购物中心为例，20 世纪 80 年代，在美国、英国等国家开始出现集文化、娱乐、休闲、运动等消费功能于一体的新型复合型购物中心，同时也产生了强调主题性与故事性的主题购物中心。"通过这种方式，购物中心就像一座城市一样运作，在这里，人们的消费梦想几乎涉及各个方面，这样，在保留城市生活表面特征的同时，也消除了公共表达和社会凝聚力的可能性"（Backes，1997）。此时，理解购物中心的一种方式就是把它作为一个填补家庭和公共空间之间空白的空间（Miles，2012）。

三、消费视角下的空间

1.空间的生产

20 世纪 70 年代，法国著名思想家亨利·列斐伏尔（Henri Lefebvre）在《空间的生产》一书中提出"空间是社会的产物，空间在社会中形成，同时空间被社会形构"。在这种视野下，作为容器的、中性的、静止的空间概念已无法成立，相反，空间成为各种矛盾与力量介入其中的生产过程。

概括而言，列斐伏尔的空间理论有三个要点：整体论（unitary theory）视野中的空间三元组合概念、马克思主义式的空间历史叙事、空间"层面"（levels）分析。其中，整体论试图将不同类型的空间整合在单一的理论中，其关注重心从空间中的物转向空间的生产自身，从而将一个背景性概念变成一种实体范畴。空间三元组合概念从空间实践（spatial practice）、空间的再现（representations of space，又译作"空间的表征"）以及再现的空间（space of representation / representational space，又译作"表征的空间"）3 个层面来解析空间生产问题，如表 2-4 所示：

表 2-4　列斐伏尔的空间三元组合概念

	性质	含义	举例
空间实践	感知层面	人们通过创造性或常规性的行动进行空间的生产与再生产，进而形成生活惯例、行为共识与社会结构	高山、丘陵、平原、湖泊、学校、公园等
空间再现	构想层面	规划师和政客等对知识、权力的分配空间，等同于将可感的地景转换成符号化的空间形态	地图、山水画、建筑物、室内设计、田园造景
再现空间	生活经历层面	被支配的日常生活空间，即将人们所意识的空间形态透过特定方式表现出来	家居要温暖舒适，典礼要庄严隆重，舞会要活泼欢快

　　列斐伏尔从空间生产的角度揭示了西方社会的发展过程是从绝对空间（absolute space）到历史性空间，再到抽象空间（abstract space）以及差异空间（differential space）这样几个阶段。其中，抽象空间是"从空间中的'物的生产'到空间的生产"，它是普遍存在的，并已经成为当下社会空间、日常生活以及生产关系生产和再生产的"主体"；差异空间是瞬间的、诗学的、差异性的未来空间，但它也存在于抽象空间中。既然生产方式及社会的转变就意味着新空间的产生，那么，在不同的生产方式下就会有不同的空间。

　　马克思主义式的空间叙事提出了历史的辩证动力，在全球化时代为空间批评保留了历史的远景，并激励人们想象更完善的乌托邦空间形式。例如，哈维沿着列菲伏尔空间生产的思路，提出特定的人类实践如何生产并使用特定的空间的问题。他认为，空间是资本作用的产物，并以资本主义城市空间为例分析了其生产过程——资本三级循环过程。卡斯泰尔从"消费—集体消费—政府干预"这一逻辑链条展开了对空间生产的分析。总之，在新马克思主义看来，城市空间是各种力量较量、平衡的产物，其中主要包括资本的力量、政府的干预以及城市社会运动的影响（高峰，2009）。

　　2. 对空间的消费

　　列斐伏尔（1974）呼吁，"我们再也不能把空间构想成某种消极被动的东西或空洞无物了，也不能把它构想成类似'产品'那样的现有之物……空间这个概念不能被孤立起来或处于静止状态"。他认为，空间的生产主要表现在具有一定历史性的城市的急速扩张、社会的普遍都市化以及空间性组织的问题等各方面。今天,对生产的分析显示我们已经由"空间中事物的生产"(production in space)转向"空间本身的生产"(production of space)。因此,"为了改变生活,必须首先改变空间,创造出新的空间形态"。

为什么消费空间能够吸引个人消费者,从而提供一种新的消费者驱动的归属感?许多学者试图解释消费是如何让消费者聚在一起的。例如,Arnould 和 Price(1993)讨论了"社群"(communitas)在消费者之间的演变,提出这是一种集体奉献精神——消费者对他们共同的经历会产生情感上的依恋。尽管批评家们关于消费对当代文化产生的影响有诸多不满,但它确实为广大消费者提供了一种明确自我的途径。消费空间面向未来,同时为个人在不确定的当下提供了立足点。

另外,作为一种复杂的实体,今天的消费空间似乎最大化了个人对消费体验的控制,同时也在更一般的意义上减少了个体对空间和地方的依赖。也就是说,消费空间超越了公共和私人的概念,为个体提供了一种自主和控制的感觉。

理想的消费空间不仅仅是使消费机会最大化,它们为人们提供了与消费社会协商自身的象征性关系(symbolic relationship)的可能和物理场所。换句话说,消费空间实际上是人们在消费社会背景下的情感、梦想和创伤得以发泄的场所,其魅力在于它代表了一种思维方式的物理表现,在这种思维方式中,消费者未实现的欲望决定了当代消费社会中结构与能动关系的本质(Miles,2012)。

≪经典实例 2-2≫

代官山茑屋书店——生活方式提案型书店的典范

茑屋书店(TSUTAYA BOOKS)是日本最大的连锁书店运营商 Culture Convenience Club 的旗下品牌。关于店名,一种说法是取自江户时代日本知名出版人茑屋重三郎,还有一个说法是因为茑屋的创立者增田宗昭的祖父曾经经营的店铺屋号叫"茑屋"。其中,位于东京代官山的茑屋书店(Daikanyama T-Site)于 2011 年开业,是 CCC 推出的第一家"生活方式提案型书店",它集合了书籍、电影、音乐、文具、咖啡和休闲设施等各类要素,一经推出便成为市民和众多旅游者的打卡之地。

作为美国网站 Flavorwire.com 评出的世界最美的 20 家书店之一，代官山茑屋书店设计感十足，如同森林中的图书馆一般，毫无违和感地存在于代官山的高档住宅区之间。整个书店一共 3 栋建筑，中间以天桥相连。外墙主体由白色字母"T"交错编织而成，远望去就有一股清新的文艺范儿。步入店内，较低的吊顶能为顾客提供更为私密的氛围，建筑的每一面都装有玻璃，使得室内外的边界变得模糊，并很好地解决了采光问题。店内所有的座位都被安排在窗户旁边，顾客可以坐在窗边阅读、听音乐、冥想抑或发呆。除了琳琅满目的书籍之外，店内还有 CD/DVD、文创产品、咖啡等丰富多样的产品。当然，也有不少顾客会带上电脑、文件夹，在这里安静地办一会儿公。周边地区还有宠物美容、照相机专卖店、餐厅、公园绿地等众多设施，为东京营造了一处复合式的高品质文化生活空间。

茑屋书店的经营宗旨是通过打造拥有舒适氛围的空间，为新的生活方式提案。正如增田宗昭在接受一次采访中所言，"代官山茑屋书店的零售坪效是普通郊区书店的 3 倍。300 坪（约合 992 平方米）的书店空间并不大，但这间书店图书的月销售额可以达到 1 亿日元。很多人去茑屋书店并不会带着目的。想买书的话，网上查询一下即可，去茑屋书店是一个发现的过程"（图 2-3）。

图 2-3 代官山茑屋书店的室内外场景一角

资料来源：华丽志．日本茑屋书店创始人增田宗昭谈实体零售：做亚马逊做不到的事［EB/OL］．https://www.huxiu.com/article/201957.html，2017-06-28.

参考文献

［1］Arnould, E.J. & Price, L.L. River magic：extraordinary experience and the extended service encounter.Journal of Consumer Research［J］, 1993, 20（1）:24-45.

［2］Backes N . Reading the shopping mall city［J］. Journal of Popular Culture, 1997, 31（3）：1-17.

［3］Baudrillard, J. The Consumer Society：Myths and Structures［M］. London：Sage Publications, 1970.

［4］Bourdieu, P. Distinction：A Social Critique of the Judgement of Taste［M］. Cambridge/Mass：Harvard University Press, 1984.

［5］Debord, G. La Société du Spectacle［M］. Paris：Buchet-Chastel, 1967.

［6］Douglas, M. & Isherwood, B. The World of Goods：Towards an Anthropology of Consumption［M］.London：Allen Lane, 1979.

［7］Gehl J. Life between Buildings［M］. Copenhagen:Danish Architectural Press, 1971.

［8］Holbrook, M.B. & Hirschman, E.C.The Experiential Aspects of Consumption：Consumer Fantasies, Feelings, and Fun［J］. Journal of Consumer Research, 1982（9）:132-140.

［9］Hopper, E. Traumatic Experience in the Unconscious Life of Groups：A Fourth Basic Assumption［J］. Group Analysis, 1997, 30（4）:439-70.

［10］Horowitz, D.The Morality of Spending［M］. Baltimore and London：Johns Hopkins University Press, 1988：154.

［11］Lefebvre, H. The Production of Space［M］. Translated by Donald Nicholson- Smith. Maiden, MA：Blackwell Publishing, 1991.

［12］Miles, S. Spaces for Consumption：Pleasure and Placelessness in the Post-Industrial City［M］. London：SAGE Publications Ltd, 2012.

［13］Veblen, T. The Theory of the Leisure Class［M］.New York：Dover

Publications，1994.

　［14］Weber，M. Economy and Society［M］.Los Angeles：University of California Press，1978.

　［15］陈硕 . 列斐伏尔《空间的生产》导读抽象空间成为统治（下）［EB/OL］. https://site.douban.com/227344/widget/notes/193585759/note/659029570，2018–03–01.

　［16］高峰 . 城市空间生产的运作逻辑——基于新马克思主义空间理论的分析［J］.学习与探索，2010（1）：9–14.

　［17］季松，段进 . 空间的消费：消费文化视野下城市发展新图景［M］.南京：东南大学出版社，2012.

　［18］张健丰，徐示奥 . 消费的符号之网的洞悉与拆解——鲍德里亚消费社会理论的剖析与启示［J］.西南石油大学学报（社会科学版），2019（6）：47–51.

　［19］郑楠 . 被消费社会捕获的"锦鲤"符号——浅析"转发锦鲤"的网络热潮［J］. 戏剧之家，2019（20）：234.

第 3 章

从第三空间
到第四空间

世界各地的城市和社区正在迅速变化，其中最引人注目的是消费的巨大转变。越来越多的城市中心是由它们所提供的消费机会的数量和范围来定义的。以前不怎么显眼的地方，现在已被各种各样的舒适物（amenities）设施与活动所占据。比如，餐馆、酒吧、咖啡馆、画廊、公园、博物馆、俱乐部、沙龙……这些舒适物并不是孤立的原子化存在，而是以组合的形式，共同创造独特的场景，这些场景赋予城市生活以意义、体验和情感共鸣。（Silvers、Clark，2016）

位于美国西雅图的全球第一家星巴克店　（插图：杨荫稚）

　　从 20 世纪 90 年代起，星巴克的门店设计就开始为营造"第三空间"的氛围服务，并有意打造星巴克自己的社区文化，这也让星巴克的门店设计成为零售业的经典案例。馥郁的咖啡香气、舒缓的音乐、柔和的灯光、舒服的沙发、热情的店员……构成了早期星巴克"第三空间"的形象。

众所周知,"第三空间"的理念在很大程度上成就了星巴克的传奇。它具备几个基本特点:(1)作为第三方,具有中立属性;(2)空间是公共性的,各个社会阶层的人都受欢迎;(3)主要活动为交流、聚会与信息共享;(4)具有较高的可达性,没有物理、政策或货币壁垒;(5)拥有很多常客。其实,"第三空间"的思想并不稀奇,从古至今,人们都不断在喧嚣中寻找一方宁静之地,据史书记载,中国的茶馆在唐开元年间(713—741)甚至在两晋时期就有了。不仅如此,国内甚至出现了"第五空间"的提法。北京市公厕革命的新品牌名称是"第 5 空间";前 4 个空间分别为家庭空间、工作空间、社交空间和虚拟空间;马克华菲打造的体验店也叫"第五空间"。

分析"第三空间"的提出、应用及其向第四空间的转变,有助于我们理解在互联网时代下空间消费与经营策略的变革。

一、从咖啡馆说起

16 世纪,土耳其人占领也门,随着宗教的传播,最早的咖啡馆出现在麦加,名为"Kaveh Kanes"(意思是可以获得咖啡的地方)。尽管最初是因为宗教目的而诞生,但很快咖啡馆就成了人们闲聊、下棋、唱歌、跳舞和欣赏音乐的中心。然后从麦加开始,咖啡馆迅速遍及亚丁(Aden)、梅迪纳(Medina)和开罗(Cairo)。欧洲的第一家咖啡馆于 1650 年在牛津大学开设,咖啡馆随之在伦敦风起云涌,很快便成了"公开的思想交流地"。

关于咖啡馆的使命,有很多著名的精彩论述。德国著名哲学家、社会学家尤尔根·哈贝马斯(Jurgen Habermas)指出,咖啡馆不仅是提供咖啡和食物的地方,而且是创造丰富文化意义的公共空间,绅士们往往会为了参与新形式的批判性对话而在这里聚会。在 17、18 世纪,欧洲的咖啡馆盛传各种新闻和小道消息,以至于《经济学人》杂志称他们为"启蒙时代的互联网"。在 18 世纪的伦敦,有只需要花 1 便士就可以进入的咖啡馆,不同阶层和社会背景的人在这里了解时政、交流信息,因此咖啡馆也被称为"便士大学"。可以说,在现代印刷业大发展之前,咖啡馆在一定程度上起到了媒体沙龙的作用。

其实,咖啡馆作为人们的社交聚集地的传统由来已久,尤其是在有着"欧洲咖啡之都"美誉的巴黎。"星巴克之父"霍华德·舒尔茨(Howard

Schultz)[①] 在自传《将心注入》中写道，"在欧洲，同样也在美国，咖啡和咖啡屋成为社会生活有意义的组成部分已经有几个世纪了。在威尼斯、巴黎和柏林，咖啡馆是和政治风潮、文学运动以及知识分子的辩论联系在一起的"。例如，著名的花神咖啡馆以古罗马女神 Flore 命名，自 1887 年创立至今，这座位于巴黎左岸的咖啡馆见证了历史上很多重要的时刻——它是"存在主义"的启蒙地，它是超现实主义的诞生地。

≪经典实例 3-1≫

巴赫咖啡馆存在的意义

日本精品咖啡协会会长、巴赫咖啡馆创始人田口护在《持守小而美的一间咖啡馆》一书中讲述了自己五十年如一日开一间安静的咖啡小店并不断琢磨和精进的心路历程。关于开咖啡馆的意义，网友"吃土少女丽贝卡"（2018）在豆瓣读书上做了精妙的概括：

（1）要做一杯风味均衡的咖啡，让更多的人爱上咖啡。这是咖啡馆的（首要）责任。

（2）要成为一家能够让人度过愉快时光的小店，不仅能接纳喝咖啡的客人，也得迎向想和咖啡控聚在一起的小孩子、老人家，即使他们爱喝果汁或茶。

（3）要和当地的每一个人缔结缘分，成为连接他们的纽带，成为他们的信息中心、闲叙场所、归乡探亲时可以坐一坐的地方（图 3-1）。

（4）要传播善意，为临时雇工提供申请租金便宜的住宅等各种帮助，为需要帮助的人募集善款。

（5）要成为文艺地标、思想的桥头堡，常常举办画展、音乐会、竖琴教室、文化沙龙……

（6）他似乎什么都做了。

---

① 1982 年，霍华德·舒尔茨加入星巴克，担任市场和零售营运总监。1987 年，舒尔茨收购星巴克，并开出了第一家销售滴滤咖啡和浓缩咖啡饮料的门店。2016 年年底，舒尔茨宣布将辞去 CEO 职务，由该公司首席运营官凯文·约翰逊（Kevin Johnson）接替。

图 3-1　巴赫咖啡馆门前冒雨排队的顾客

田口护先生真诚地给出了自己的答案：（1）他的初心是开一家小店，既作为自己生存生活之所需，也可以培育人与人之间的微妙而丰富的关系，给予客人惊喜与感动，感受对方的喜悦与苦恼。所以，巴赫咖啡馆的责任是将咖啡的真味与内涵传达给更多的人，希望咖啡能够丰富每个人的生活，同时构筑一种相互给予的"微妙而丰富的联结"。（2）咖啡馆的使命在于成就文化沙龙、音乐沙龙和版画课等活动。正如他在书中所言，"我的确非常崇拜音乐家巴赫，更想以他之名，坚定自己为了咖啡、咖啡馆、山谷里的人们乃至更多同好，不断努力的决心。如果我只顾追求咖啡美味，对咖啡馆的其他事务置之不理，就如同一味沉溺在音乐中不肯旁顾"。

作为一种历史悠久的公共空间，咖啡馆发展到今天，早已成为人们进行日常休闲、朋友聚会和商务交流的场所，消费者对咖啡馆也提出了更多的需求。以前是"人们需要独处，还希望四周能有人陪，咖啡店就是这样一种好去处"，现在是除了要有好喝的咖啡、舒适的环境，还要求有富有魅力的场景、丰富多彩的活动，甚至是有机会邂逅有着共同兴趣或话题的陌生人……

二、第三空间及其发展

1. 社会学视角的第三空间

早期的第三空间是与第三部门（Third Sector）[①]、非营利性组织、民间社团、志愿行动等相提并论的。1986 年，美国学者萨拉·埃文斯（Sara Evans）和哈里·博伊特（Harry Boyte）提出了"自由空间"（Free Spaces）的概念——连接私人生活、普通公民和严格意义上的企业、政府和家庭空间的地带。她们认为，"自由空间是社会成员能够建立新的自尊、更加深入和自信的群体认同，掌握公关技能与合作以及公民道德价值观的地方……那里主要有一些具有相对开放和参与性特点的自愿结成的社团——很多宗教组织、俱乐部、自助和互助会以及许多其他社区生活基层团体"。

沿着第三部门的思想脉络，2000 年，美国罗格斯大学城市研究与社区规划专业教授乔恩·范·泰尔（Jon Van Til）在《民间社团发展：从非营利部门到第三空间》一书中提出了"PECTS"模式，以解释哪些力量在社会中发挥了怎样的作用。其中，"P"表示各级政府和大量通过公共行动筹集资金的非政府特许组织；"E"主要指企业以及大学、博物馆、非营利医院等主要靠收费来提供服务的非营利性机构；"C"是指那些代表着社会基本结构的组织，如家庭、亲友、街坊邻居、教会、学校网络等；"TS"表示位于政治、经济和社会文化空隙中的社会第三空间。

范·泰尔所讨论的"第三空间""不是企业和经济利益大行其道的空间或者政府权威及机构高高在上的官僚化空间，当然也不是大多数成员践行其重要人际关系的家庭的社会空间"（沈国华，2018），而是"一个介于社会特大组织与家庭生活小岛之间的场所，一个联络、网络化和沟通的场所，一个体现现代生活把个人与影响他们日常生活的更大系统联系在一起的场所"（范·泰尔，2018）。

1996 年，美国学者爱德华·W. 索亚（Edward W. Soja，又译作苏贾）在《第三空间：去往洛杉矶和其他真实和想象地方的旅程》一书中提出了"第三

[①] 由从事服务、慈善和参与性活动的个人和团队构成的巨大网络（范·泰尔著，沈国华译，2018，P.3）。

空间"的概念，深化了此前他在空间、城市、区域、民族等方面的分析。在苏贾看来，它是"一个有意识的灵活的尝试性术语，力求抓住观念、事件、外观和意义的实施上不断在变化位移的社会背景"，这样的空间介于真实与想象之间，是可以感知与体验到的第一空间和可以表征意义的第二空间的本体论前提（刘拥华，2008）。正如苏贾所言，"如果说'第一空间'首先是它在顺畅可读的文本和语境中得到探索，'第二空间'是它在流行不衰的表征话语中被人探讨，那么'第三空间'的探究，就必须额外引导某种具有解释潜能的'奖励'形式，引导有意识（有意识空间化）的努力，以鼓励将知识转化为行动，在有尊严的方式中改善世界"。

显然，苏贾受到了列斐伏尔和福柯的直接启发和影响。在他看来，以"1968 年 5 月"为象征的那场西方文化危机中，列斐伏尔和福柯平行地发现了"第三空间"，不过二者一隐一显。

尽管上述几位学者讨论的都是社会第三空间，但都涉及了下文将要讲述的地理、消费等视角下的第三空间的诸多特点，譬如个人与他人的互动、共同的目标、倡导社会变革、相互关爱、定期或不定期聚集等。正如范·泰尔所言，"关于第三空间，最重要的并不是它位于什么地方，而是人们如何为了他们共同的事业决定聚集在一起。在第三空间得以建立并维系下去的地方，民众就有机会以小规模但意义重大，有时甚至以大规模、意义深远的方式聚集在一起"。在这一点上，苏贾与范·泰尔的观点可谓有异曲同工之处，他强调："在第三空间里，一切都汇集在一起：主体性与客体性、抽象与具象、真实与想象、可知与不可知、重复与差异、精神与肉体、意识与无意识、科学与跨学科，等等，不一而足。"（刘拥华，2008）

2. 物理意义上的第三空间

范·泰尔还从"场所"的角度做过分析，他认为，如果第三空间是社会成员聚集在一起解决共同问题的场所，那么第一空间可被视为家庭、亲友和邻里等的私人领域，第二空间被政府和企业机构以及其他许多大型非营利性组织所占据，第三空间的不同之处并不是它的组织特点，而是它实现自身抱负的过程和范围（沈国华译，2018）。

其实，物理意义上的"第三空间"（third places）的概念最早是由美国社会学家奥登伯格（Ray Oldenburg）于 1989 年在《绝好的地方》（The Great Good Place：Cafes，Coffee Shops，Bookstores，Bars，Hair Salons，and Other Hangouts at the Heart of a Community）一书中明确提出的。他认为，人类的日常生活主要分布于三个空间：第一空间是家庭居住空间，第二空间是工作空间，第三空间是休闲娱乐空间，在那里会见朋友、开怀畅饮、谈天说地，享受人际交往的乐趣。典型的第三空间是咖啡馆、书店、酒吧、美发店、博物馆、图书馆、公园、露天啤酒店、杂货店、桌球房、俱乐部等地方。

奥登伯格认为，人的生活质量与这三个空间都相关，其中，第三空间的质量以及人们在其中逗留时间的长短决定了生活是否丰富多彩。同样，一个城市最能体现多样性和活力的地方也是第三空间。可以说，人们可以在舒适、便利的环境中聚会交友或自由地释放自我是第三空间的主要特征。

3. 消费文化视角的第三空间

随着消费时代来临，人们深切体验到日常生活的物象化，于是波普艺术应运而生[1]，新写实主义甚至十分夸张地展示着物象的逼真感（冯雷，2017）。波普艺术的出现不但破坏了艺术一向遵循的高雅与低俗之分，还使得艺术创作的走向发生了质的变化，其特征是直接借用产生于商业社会的文化符号，进而从中升华出艺术的主题。以现代娱乐空间为例，它们与波普艺术有许多相似之处，其诞生和发展的根本原因是社会经济不断发展，大众的消费水平和购买力不断提高。在这种背景下，现代娱乐空间设计必然与流行的、大众化的艺术形式相融合，从而使空间转变为与文化、艺术相结合的多功能空间。

20 世纪 90 年代，星巴克率先将第三空间的概念引入咖啡店中，类似这种非家非工作地点的中间状态抢占了消费者除家和办公室之外的空间。因为具有吸引人气和积聚资源的功能，同时也是受星巴克在全球范围内获得巨大成功的影响，"第三空间"逐渐演绎成为现代商业业态的战略规划和核心定位之所在。许多人把咖啡厅、图书馆、茶馆等第三空间作为家和办公室之外的最佳休闲去处，或是和朋友交流、聚会的据点。

---

[1] 20 世纪 50 年代中后期，波普艺术首先在英国由一群自称为"独立团体"（Independent Group）的艺术家、批评家和建筑师发起，他们对新兴的都市大众文化十分感兴趣，并以各种大众消费品进行创作。波普艺术试图推翻抽象艺术并转向符号、商标等具象的大众文化主题。

然而，时至场景消费盛行的今天，"第三空间"的内涵早已悄然发生变化。如果沿着"生活空间—工作学习空间—线下零售门店—线上零售平台"的思路来理解第四空间，星巴克与瑞幸咖啡存在着较高的重合性。在外卖模式下，除了咖啡本身之外，顾客与星巴克的情感连接将被大幅切断，转而由 APP 的界面作为承接。若真的回到咖啡本身，众所周知，这又并不是星巴克的强项。

换句话说，"第三空间 + 线上零售平台"就是第四空间吗？答案显然不是。如果不走类似瑞幸咖啡的路线，星巴克似乎需要引入"第四空间"的理念与元素，其核心是人、舒适物设施、文化意涵和活动等要素的有机融合。

——《经典实例 3-2》————————————————————

星巴克的变革

1982 年，不到 30 岁的舒尔茨从一家经营家庭辅助用品的公司离职，加入当时只有 4 家咖啡、茶和香料专卖店的星巴克。他在自传中回忆了第一次走进派克市场星巴克的感受："推门的一瞬间，一股咖啡香味向外飘溢而出，把我吸引了过去。我走进去，看见那里面似乎是个膜拜咖啡的殿堂。在磨损的柜台后面放着一罐罐来自世界各地的咖啡豆：苏门答腊、埃塞俄比亚、哥斯达黎加。请记住，当时大多数人还以为咖啡是罐装的粉末，而不是用咖啡豆磨出来的。这个店卖的是用咖啡豆磨出来的咖啡粉。"

入职后不久舒尔茨便意识到，喝咖啡应该体现一种文化感和社交场景，因此，咖啡店不应该只出售咖啡豆。但这样的想法并不被当时的星巴克老板认同，无奈之下，舒尔茨于 1985 年离开星巴克，开创了自己的咖啡品牌——天天咖啡。1987 年，他说服投资人，斥资 380 万美元收购了经营不善的星巴克，而微软联合创始人比尔·盖茨的父亲正是这次收购业务的律师。

众所周知，"第三空间"是星巴克起家的根本，其本意指的是人们需要有一个工作 / 学习与家庭之外的非正式公开场合，可以将忧虑丢到一边，享受社交乐趣。"第三空间"的概念并非舒尔茨首创，其理论来源是马克思主义理论家列斐伏尔（H. Lefebvre），随后，社会学教授雷·奥登伯格（Ray Oldenburg）提出了更为直观的概念——第三空间 / 场所（third places）。但在星巴克不断发展的过程中，舒尔茨发现了咖啡厅有成为"第三空间"的潜力，

正如他自己所言，"这不是一家简单的咖啡馆，而是通过咖啡这种社会黏合剂，为人们提供聚会场所的第三空间"。

从 20 世纪 90 年代起，星巴克的门店设计就开始为营造"第三空间"的氛围服务，并有意打造星巴克自己的社区文化，这也让星巴克的门店设计成为零售业的经典案例。馥郁的咖啡香气、舒缓的音乐、柔和的灯光、舒服的沙发……构成了早期星巴克"第三空间"的形象（图 3-2）。鼓励顾客与顾客之间、顾客与伙伴之间产生更多连接，是星巴克试图围绕社交建立的社区文化。人们在星巴克消费的其实不是咖啡，而是空间。舒尔茨曾表示："我们并不是在从事咖啡业，而是在为顾客提供服务。我们是在经营顾客的生活，咖啡馆只是提供服务而已。"

图 3-2 位于美国西雅图的全球第一家星巴克店

2018 年 8 月 2 日，星巴克宣布和阿里巴巴达成新零售全面战略合作，各城市先后在饿了么上线"专星送"。短短两个月内，合作进一步落地，阿里巴巴和星巴克的会员体系全面打通，媒体报道的统一口径是"星巴克推出线上新零售智慧门店"。2018 年 10 月，星巴克官方线上订餐平台专星送 TM 正式上线（图 3-3）。

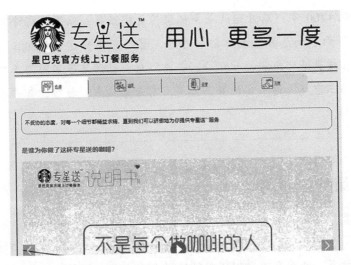

图 3-3 专星送™ 线上订餐平台

对星巴克来说，开展外卖业务的最大挑战是如何保证和优化线上体验。在专星送™ 平台上，顾客在点单时，能像在店面点单一样在 App 界面上进行客制化操作。无论是杯型、温度、浓度、浓缩咖啡、牛奶类型等，都能自主选择。为了在排出蒸汽的同时不让液体流出，星巴克专门研发了一种拥有圆弧形回流槽的专利杯盖。单是研究这个杯盖，就花了一年多时间。除此之外，还有很多特别设计：食品包装中的隔层、包装上的贴纸、冷饮的不完整切口……其目的都是为了让外卖顾客得到与店内一样的体验。2019 年，星巴克"在线点到店取"服务——"啡快™ Starbucks Now"全新上线。

与此同时，为了挽回"第三空间"逐渐消失导致的口碑下降，星巴克采取了开设臻选店的方式进行缓解。2017 年，星巴克亚洲首家全沉浸式咖啡体验门店——星巴克臻选® 上海烘焙工坊开业。2019 年 5 月，星巴克中国首家手语门店在广州开业，该店从门店设计到点单系统，包括点单双面显示屏、手写板和手持菜单牌，都是根据听障人士的实际需求来设计的。听障消费者可以在最安静的星巴克，分享咖啡与爱。

舒尔茨曾经自信地表示：星巴克能抵御电商侵袭，因为在互联网上无法复制一杯咖啡和一块羊角面包在手的体验。如今，电子商务推动着星巴克不断前进，许多做法已经和"第三空间"毫无关系。其实，2015 年时，星巴克就在美国的 1200 家门店开始试点手机预约自提服务，结果使得许多店大排长龙，明显影响了到店顾客的体验。另外，星巴克希望通过烘焙工坊（reserve roastery）、臻选店（reserve store）、普通门店、社区店等不同门店形态的组合来稳住"第三空间"这一定位并不容易。有专家指出，数字化正在加速"第三空间"的解体。

三、第四空间的提出

以列斐伏尔的"空间差异性"和福柯的"他者的空间"理论为基础，苏贾提出了一个重要的跨学科批评概念——异质空间，也称"第三空间"（Third Space），这是一种在真实和想象之外又融合了真实和想象的"第三化"和"他者化"的空间。在苏贾的研究中，女权主义者、诗人、艺术家、电影批评家、摄影家、哲学家等群体都在积极参与对第三空间的建构，形成了丰富的空间资源，对深化理解当代社会不可或缺。

究竟是谁最先提出"第四空间"的概念，很难考证出一个令各方面都满意的答案，甚至有人把它和思维空间相提并论。但不争的事实是，随着经营和消费的同步升级，咖啡馆、酒店、商场甚至汽车制造商等不同行业的企业从各自的角度先后提出了不同的"第四空间"概念（表 3-1）。2008 年，星巴克在推进数字化转型时提出"第四空间"的概念是一个里程碑事件，尽管其定义与本书要讨论的"第四空间"存在很大差异。

表 3-1　部分领域对"第四空间"的解释

具体指向	提出者	含义
线上零售平台	星巴克	通过手机 App、微博、微信等各种社交媒体和移动端与消费者进行连接，为消费者提供随时、随地、随心的新零售生活体验
新能源车 Redspace	著名设计师克里斯·班戈（Chris Bangle）和中国恒天集团	创造梦幻的智能移动空间，赋予造型和功能更多情感，实现了从"汽车生活"向"生活汽车"的进化

续表

具体指向	提出者	含义
虚拟会议室	全时公司	通过蜜蜂团队、全时手账／日历等工具，促进客户的会议协作与信息共享
购物、娱乐、体验和社交第四空间	大悦城	执行 Experience（体验式消费）、Electronic（电子化应用）、Efficient（高效化管理）的理念，打造真正智能与舒适的综合性体验空间
"在路上"第四空间	亚朵酒店	通过设施细致化、服务产品化、体验定制化的思路完善体验场景，利用"社群＋场景"的模式跨界品牌，打造 IP 酒店，将品牌内核延伸至用户生活

资料来源：笔者根据各品牌官方网站和相关新闻整理。

星巴克所提的"第四空间"是指在第三空间的基础上，实现线上和线下体验的融合，打通从第一空间到第四空间（生活空间—工作空间—零售门店—线上平台）的限制。但营创实验室认为，亚朵的第四空间才是真正延续了星巴克的第三空间，它更加强调物理场景的重构和生活方式的探寻。

2016 年，亚朵酒店创始人耶律胤提出第四空间的概念，他认为，住宿是第一空间，办公是第二空间，社交是第三空间，而第四空间是前三者的融合，是一种"在路上"的全新生活方式。亚朵一开始便选择了属地摄影和阅读两个主题。在亚朵酒店，每个房间都有以当地特色景点、标志性建筑为主题的摄影作品，亚朵由此而成了摄影作品的展示平台。在亚朵旗下所有酒店的走廊、床头柜等区域，都摆放着经过专业团队精心挑选的图书。

另外，亚朵通过与 IP 的广泛合作，把酒店打造成一个更具包容性、更有广度的多维度沉浸式体验空间。与吴晓波合作的"吴酒店"是亚朵的第一家 IP 酒店，消费者可以在那里看吴晓波的书、品巴九灵茶、喝吴酒。如今，亚朵希望把第四空间打造成更具开放性的生活方式社区（亢樱青，2017）。

第四空间的出现不是偶然。随着社会消费需求的变化，零售业正从"交易导向"向"体验导向"转变，产品所蕴藏的文化及带来的体验都将在以第四空间为代表的新场景中实现价值提升。概括而言，第三空间和第四空间的比较如表 3-2 所示：

表 3-2　第三空间和第四空间的比较

维度	第三空间	第四空间
经营理念	消费体验至上	主题文化引领
主导功能	生活、工作/学习之外的休闲社交功能	生活、工作/学习、休闲社交和精神生活的功能整合
场景设计	强调线下物理空间，打造轻松愉悦且有较强设计感的氛围	强调线下、线上融合，增设新的消费场景道具
经营载体	产品与服务	空间与内容，包括生活方式
硬件设施	强调舒适和实用价值	注重细节和美学意义
消费对象	以个体为中心：消费者站在自己的角度主动寻求，实现自我满足和自我呵护	以社群为中心：空间站在社会的角度积极给予，促进资源整合和人际互动
活动类型	打造个人聚会休闲的场所，提升消费体验	定期策划和组织社群活动，增强客户黏性

四、第四空间的构成

上文提到的乔恩·范·泰尔（Jon Van Til）的"PECTS"模式，该框架提供了一种理解哪些力量在社会中发挥作用的简单方法。他认为，每个社会组织，如果想取得成功甚或存续下去，就必须解决设定目标、吸引资源、意义共享和团结一致 4 个问题（沈国华译，2018）。同样，为获得商业或社会意义上的成功，空间运营者需要从目标出发，以主题文化为引领，整合设施、产品和服务、活动等各类资源，服务并依托社群，打造有吸引力的场景和良好的体验。

—《 经典实例 3-3 》——————————————————

TED 大会：一个虚拟的媒体生态系统的物理枢纽

在思考第四空间的构成时，我一直试图在不同领域寻找范本。长风大悦城、亚朵酒店、美国大都会博物馆（MET）、言几又书店、TED 大会、亚洲宠物展览会（Pet Asia）等都算是自身领域的佼佼者。其中，我个人首推 TED 大会。

众所周知，TED 是美国的一家私有非营利机构，由它创办的 TED 大会为参会者提供了一个充满魅力的第四空间。TED 是三个英文单词的缩写：T 代表技术（technology），E 代表娱乐（entertainment），D 代表设计（design）。这三个内涵宽广的领域共同塑造着我们的未来。时至今日，人们最爱谈的不是自由、平等和博爱，而是技术、娱乐和设计，它们几乎是个人消费领域最重要的三个词。"在 20 世纪 80 年代初，技术、娱乐和设计领域发生着巨大变化，不是很多人能看到这一点，我看到了，并且认为这是一个机会。"理查德·索·乌曼（Richard Saul Wurman）在 1984 年意识到了这一点，并创办了 TED 大会。2001年，媒体大亨克里斯·安德森（Chris Anderson）买下了 TED，并将 TED 演讲者的领域从原先的技术、娱乐和设计三个领域扩展到了各行各业，同时也邀请科学家、哲学家、艺术家、探险家、心理学家、语言学家、宗教领袖、慈善家等各个领域的知名人士加入，致力于使 TED 成为超越会议性质的世界品牌。

有人说 TED 大会是全球最潮的灵感大会，除了奉献思想盛宴之外，还能带给与会者非同凡响的五感体验。例如，2019 年 TED 大会采用插图设计风格，运用多样性的色彩学和不同的形状，将屏幕内容与视觉效果完美融合，给现场观众带来了触动人心的沉浸式体验（图 3-4）。据说，这次 TED 大会的舞台设计和视觉设计由温哥华当地的一家设计公司完成，由 13 人组成的团队花费了750 小时才将设想变为现实。

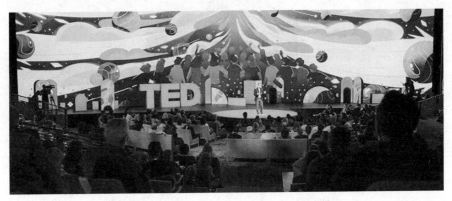

图 3-4　2019 年 TED 大会的一种舞台设计

若借鉴 TED 大会的理念（关于 TED 大会，将在第三篇做专题案例研究），并补充空间消费的核心——体验，第四空间要有必要的科技感、设计感、体验感和娱乐感。结合对TED大会的分析，并根据表3-2中的主要衡量维度，可以将第四空间的构成分为3个部分：第一层次是文化意涵（culture），它应该统领和贯穿微目的地的所有元素，是核心驱动力；中间层次是主体部分，包括场景（scene）、产品（product）、舒适物设施（amenities）、社群（community）和特殊活动（events）；第三层次是基础要求，包括科技感（对于空间，主要是指智能化特别是线上、线下融合，因而可以对应英文 intelligence）、设计感（design）、体验感（experience）和娱乐感（amusement）。

概括而言，本书所探讨的第四空间是一种文化引领的，以科技感、设计感、体验感和娱乐感为基本环境特质，通过对场景、产品、舒适物设施、社群和活动的整合，为人们提供多元化生活方式体验的微目的地[①]，英文缩写为"C-SPACE IDEA"，如图3-5所示：

图 3-5　第四空间的内涵（C-SPACE　IDEA）

---

①　英文表述为：A kind of culture-led micro destination with four senses of hi-tech/intelligence, design, experience and amusement as the basic environmental characteristics, aiming to provide people with diversified lifestyle experiences through the integration of scenes, products, amenities, communities and special events.

1. 文化意涵（Cultural Implications）

文化由共同或共享的意志、态度、价值观、目标、实践和习惯等组成，它定义一个组织或群体。文化推进希望和信念，希望和信念促进行动，行动推进习惯，习惯塑造未来（楚有才，2019）。文化的概念虽然异常复杂，但仍然存在基本的策略，即通过选择文化的代表性项目而组合成一个整体，以确证特定社群或民族的独特性，由此构成文化的代表性意涵。它既是社群、民族在文化上的独特性得到承认的依据，也是社群、民族之间的文化共享得以落实的理由（高丙中，2017）。

对于空间，首先要体现出特定文化的代表性意涵，尤其是面向特定人群的价值观、目标和态度。很多时候，这种代表性意涵能成为某个空间的核心竞争力和吸引力。其次，空间的文化意涵可以通过主体层的所有要素来表现，尤其是相对直观的场景和设施。

2. 场景（Scene）

按字面意思，"场景"有两层基本含义，一是指戏剧、电影等艺术作品中的场面，二是泛指情景。在商业领域，场景的本意是行为场合和形态，一个场合和形态能否成为有效的场景，主要取决于顾客的价值体验，这也是营销渠道和营销场景的主要区别。场景不再是一个简单的名词，它是重构人与商业之间连接的载体。

从构成的角度来看，场景主要包括景观、建筑、道具、装饰等物质要素，外形、颜色、声音和光影等效果，以及标志、文字等符号。从空间的角度，场景可分为物理空间和心理空间，其中，后者是指实际不存在但又能被感受到的空间。例如，高而直的空间给人以向上延伸、升腾、神圣的感觉，大而宽的空间给人以敞阔、稳定、博大的感觉。对于空间运营者，构建场景的底层逻辑是用户思维，即站在使用者的角度来考虑问题，替用户设计解决方案，给予他们新奇有趣且多元立体的体验，从而促进消费者对空间的选择、对品牌的好感以及在空间里的消费行为。正所谓"爱屋及乌"。

此外，场景往往是整合设施、服务等多种要素的结果。每个场景都包含不同的活动和体验，这些体验反过来通过对各种舒适物设施及活动的有效使用而得到促进。这意味着场景的特征不是固定存在于任何单一的舒适物中的，我们经常不得不用集合和混合的观点来解读不同场景之间的区别（Silver & Clark，2016）。

3. 产品（Product）

虽然在移动互联时代，相比产品（包括无形的服务）本身，人们更喜欢产品所处的场景以及在场景中自己所投入的情感或所浸润的体验，但产品仍占有重要的地位。例如，一家餐厅场景设计得再好，如果食物和服务很糟糕，即使能红极一时，经营也不会长久。对于一个产品或服务来说，用户需求是产品或服务存在的唯一价值，其他价值都不过是在满足用户核心需求时产生的附加产品。

对于空间里的消费，产品和服务是核心内容，因而必须是高品质的。对于空间消费，空间本身就是一件产品。关于产品和服务设计，第四空间的运营者要秉持如下理念：（1）用户至上，从客户和消费者的角度来思考一切问题，包括空间的设计、建造、内容管理、运营和服务等。（2）有机融合商业目标和产品价值，在消费者满意的基础上实现企业利润。（3）赋予产品人格气质，统一传达对外形象。（4）不断发现并清楚地描述新问题，在此基础上提出解决方案。

4. 舒适物设施（Amenities）

Silver 和 Clark（2016）在《场景：空间品质如何塑造社会生活》一书中提出，"舒适物（amenities）一词源于经济学，是一个比较难界定的术语。它与消费有关，通常是指使用或享受相关商品和服务时所带来的愉悦，但又很难量化的东西。……舒适物以及与其相关的商业、组织与服务等不但能够提供愉悦，而且还具有很高的市场价值"。对于本书所讨论的"第四空间"，《朗文当代高级英语辞典》中对"amenity"的解释更加适用，即"使一个地方舒适或易于居住的东西"（something that makes a place comfortable or easy to live in）。

对于第四空间，"舒适物设施"是指人性化、智能化，从而能带给消费者良好体验的便利设施。例如，如果打开亚朵酒店的官网（http://www.yaduo.com/channel/space_four.html），可以看到在"第四空间"导航栏下有竹居、属地摄影和活动 3 个栏目（图 3-6）。竹居是每家亚朵酒店都标配的阅读空间，从设立之初便向任何人开放，不过会员有些特权，可以从任何一家亚朵的竹居借走书，然后在任何一家还——即使是在另一个城市。

图 3-6　亚朵酒店官方网站上的"第四空间"导航栏

5. 社群（Community）

Worsley（1987）曾提出社群的广泛含义：可被解释为地区性的社区；用来表示一个有相互关系的网络；社群也可以是一种特殊的社会关系，包括社群精神（community spirit）和社群情感（community feeling）。一般来说，一个社群有如下几个基本特点：有稳定的群体结构和比较一致的群体意识；成员有一致的行为规范、持续的互动关系；成员之间分工协作，具有一致行动的能力。相对互联网等企业而言，长期以来，大部分空间运营者是缺少社群思维的。

自霍华德·舒尔茨接管后，星巴克就被植入了"第三空间"的 DNA，成为人们的临时栖息之地。舒尔茨甚至将其升级为"社区"理念，在他看来，星巴克的业务就是建立人际关系以及在工作和家之间的第三空间创建社区，"社区"正是人们走进星巴克的真正原因，而并非只是为了享用咖啡，如果某一天星巴克失去了作为"第三空间"的特质，它就失去了一个最主要的卖点。

社群思维能在凝聚用户、激励用户和依赖用户等各方面发挥作用，从而让一个空间更有活力。为此，空间运营者需要对消费者进行细分，并为不同群体创造更多有效的社交互动机会，不仅是运用评论、社区、线下活动等手段实现与粉丝之间的交流，而且要系统、一致地持续发声，而不仅仅是推荐产品。因此，社群管理需要有专业的社交媒体人才进行互动体验管理。例如，大悦城主要定位于 18~35 岁的中青年人群，并根据 RFM 模型，即最近一次消费（Recency）、消费频次（Frequency）和消费金额（Monetary），将会员分为 21

个层级。

6. 现场活动（Events）

活动是一种很好的社会黏合剂，对于商业空间，更是引流和创造新消费的法宝。微不足道的活动和事件，总有一天能够构建起一种强烈的地方感。霍华德·舒尔茨提出，"在现代郊区社会，人们的时间主要花在分割的第一（家）和第二（工作）空间。相比之下，第三空间（third places）为社区提供了一个中性的公共空间来连接和建立纽带。第三空间会举办定期的、自愿的、非正式的并有着快乐预期的家庭和工作之外的个人聚会（gatherings of individuals）"。

当下的许多空间有很好的场景设计，线上线下融合也做得不错，但仍然不够进入第四空间行列的标准，主要原因之一可能就是没有活动思维。在现实经营中，受益于特殊活动的商业中心比比皆是。例如，K11 成立有专门的艺术基金会，其核心功能之一是凝聚和服务艺术家，让他们有更大的空间发挥潜能，让观众与艺术家交流互动；位于上海新国际博览中心边上的嘉里城，俨然是一个活动特别是少儿活动的聚集地。

7. 科技感（Intelligence）

我们经常会听到或看到一些评论性的话：这个地方造得很有科技感（sense of technology），这款产品的设计科技感十足。对于一个博物馆或活动舞台，科技感可能寓意着是否采用了全息投影技术（虚拟成像技术）。对于汽车内饰，可能寓意着超大屏幕、多屏融合、智能中控等设计。然而，科技感固然重要，但实用更重要。

对于空间，除了视觉、触觉等方面的感官体验之外，科技感的核心是指智能化，特别是线上、线下融合，因而可以对应英文 intelligence。当然，感官体验本身也可以通过科技手段的应用来实现。例如，在白天，一个露天的会场可能刚才还是亮堂的，但为了配合某位演讲人的演示需要，按一个按钮，顿时就能全部黑下来。2022 年北京冬奥会的国家速滑馆——"冰丝带"号称是全球第一个智慧体育场馆，表现在智通化观赛服务、智能化场馆管理、智慧化赛事组织三个方面。观众可以通过手机实现无纸化入场检票，智能导引至停车位和座席，了解赛事解析和精彩片段回放，这里还有智能化的人脸识别安保门禁以及消防控制、供配电控制等新科技的应用。

概括而言，从消费者体验的角度来讲，空间的科技感主要取决于两个方面：一是科技元素带给人的不同感官体验，包括视觉、听觉、嗅觉、味觉和触觉等。二是在具体使用中科技应用所带来的人性化和便利程度。

8. 设计感（Design）

与科技感一样，设计感的内涵也十分丰富。有设计感的空间，能带给人一种视觉、触觉等多种感官上的美感。对于空间，设计要看整体，功能、材质、颜色、造型等各种因素相互融合，才能营造出最佳效果。以材质为例，从朴实的木纹结构、自然的竹编工艺，同时讲究实用的舒适感与抽象的格调性的棉织物与皮革设计，到讲究品位奢华的石材原创艺术，都能体现设计师对空间品质的思考与探索。在崇尚功能主义的同时又考虑审美艺术，这样的空间设计才能让人们有体验不一样的可能。

例如，墨尔本的 Ivanhoe（在当地是"绿树成荫"的意思）是一栋位于墨尔本最古老的郊区的单层住宅，在入口处设置了一个略微倾斜的阶梯，营造出一种戏剧性的抵达感。设计中最有创意的部分是从室内也能看到庭院中的玻璃游泳池的景色（图 3-7）。

图 3-7　墨尔本 Ivanhoe 的入口与游泳池设计

9. 体验感（Experience）

体验感是产品体验、客户体验和品牌体验的累积和升华（汪吉、汪豪，2019）。在体验经济和社交媒体时代，如果不能打造独特的体验感，企业的品牌和产品将会沦为客户分享与评价的牺牲品。通过对来自 12 个不同行业的

100多家优秀企业样本的研究分析，汪吉和汪豪（2019）在《体验感》一书中总结了打造体验感的三个法则：卓越的产品力、客户关系的强连接、难以复制的商业模式。

如何让一个空间更有体验感？首先，让我们回到体验的定义上来。根据国际标准 ISO 9241-210 的界定，用户体验（User Experience）是一个人对某个产品、系统或服务在使用前、使用时、使用后产生的感受和反响。Ajax 之父杰西·詹姆斯·加勒特（Jesse James Garrett）在《用户体验要素——以用户为中心的产品设计》一书中提出了影响深远的用户体验五要素模型（图3-8）。尽管并非指导产品设计的详细指南，在表现层上的作用也不符合当下的需要，但这个模型为空间体验设计提供了一种清晰的思维框架：从战略目标和需求分析开始，到感官设计成型。

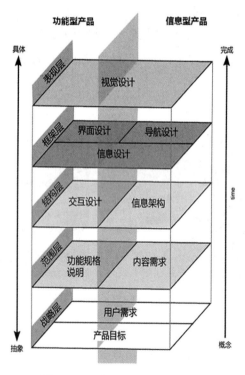

图 3-8　用户体验的五要素模型

以中粮集团打造的大悦城为例，无论是多渠道与消费者个性化沟通，还是与电商平台积极合作，以及每到特定时段就举办主题活动，目的只有一个：让大悦城不仅仅是一个销售渠道，还是一个真正智能与舒适的体验空间。为了达到这个要求，细致的管理、精心的策划以及高效的数据分析平台缺一不可。

10. 娱乐感（Amusement）

宾夕法尼亚大学游戏中心的心理学家研究发现，娱乐的对立面不是工作，而是沮丧，如果一个人对自己的前途目标坚定的话，娱乐就是一种让人欢欣和放松的行为。毋庸置疑，娱乐感已成为工作、企业和个人幸福的关键。丹尼尔·平克（2006）在《全新思维》一书中指出：娱乐感是引领未来的六种能力之一。帕特·凯恩也在《娱乐伦理》一书中提到：在 21 世纪，娱乐将成为我们认知、行动和创造价值的主导方式，就像在过去 300 年的工业社会工作所发挥的作用一样。

丹尼尔·平克认为，娱乐感的三大表现是游戏、幽默和快乐，这对空间运营者打造空间的娱乐感颇有启发。现代娱乐往往被看作一种通过表现喜怒哀乐或自己和他人的技巧而使人获得喜悦、放松，并带有一定启发性的活动，如观看或参加各种比赛和游戏，欣赏音乐、舞蹈和表演等。由此看来，打造空间的娱乐感有诸多着眼点，既包括硬件设施，也可以通过各类文娱活动，如设施先进且价格合理的娱乐场所、参与性强的运动设施、偶尔幽默的场景（例如，洗手间的标志）、寓教于乐的游戏、趣味性的比赛等。

≪经典实例 3-4≫

马克华菲的 FJ 第五空间

"第五空间"不仅是马克华菲旗下男装品牌 FJ 的概念店，更是一个开放的时装艺术实验室和生活艺术化的表达空间。在这个空间里，艺术品随处可见，并与 FJ 男装商品有机结合在一起。作为开放的时装艺术实验室，这里会经常推出丰富的跨界产品，给到访者营造舒适、新奇、有趣的感官效应。

2015 年，马克华菲（上海）商业有限公司 CEO 杨坤田在接受《纺织服装周刊》的采访时表示，FJ"第五空间"是"没有墙的美术馆"，是马克华菲品牌在时装之外将艺术的基因发挥到极致的结果，整体设计是以"艺术家的家"为核心的设计理念（图 3-9）。FJ"第五空间"倡导消费者做"生活的艺术家"，为消费者提供优秀的生活艺术品，同时邀请不同领域的艺术家，为消费者创作跨界艺术品，如软雕艺术家大 D、台湾手工布艺艺术家 NICOLE 等。多元化的商品结构使"第五空间"成为 FJ 男装潮流生活方式的战略落地，以及生活艺术化的表达载体。

图 3-9 马克华菲"第五空间"上海店的外景

"现在，我们共同面临着一个课题：在结合产品展示与销售的前提下，如何与消费者更好地沟通？FJ 男装在刚刚创立时主打印花、牛仔及摇滚元素，表现张扬的个性，但我们现在要转型为打造生活方式的品牌，FJ'第五空间'这样的体验店恰恰可以满足这些需求。这几年，我们一直在思考，时尚本身不应该只局限在时装，而是一门自我发现的艺术。所以，我希望 FJ'第五空间'能以生活艺术化的表达来全新诠释生活与艺术的关系。"

第五空间是什么，其实很难界定，它太难用几个字概括，但是它的起点，是想努力搞清楚"更好的生活"这点事儿，所以，除了消费者能看到的"产品"在兜售之外，它还有更多看不见的"产品"，聆听城市、触摸艺术、呼吸自然、遇见音乐……

正如中国时尚品牌网的编辑所评价的，"时尚女郎、都市白领、设计大咖、广告人、艺术家、编辑等，都是这里的座上客。很多人到访，或许只为一杯好喝不贵的咖啡，一份手工匠心甜点，翻一本好书，听一段静心的旋律……到访的客人常常分不清这是一家咖啡厅、时装店、家居馆，还是文化场所……在第五空间，这里不分流派，只有热爱生活的人"。

资料来源：黄天玉．探索美的第三种方式［J］.纺织服装周刊，2015（12）：70. 第五空间：马克华菲打造的生活概念馆［EB/OL］.http://www.chinasspp.com/News/Detail/2016-6-23/345635.htm，2016-6-23.

参考文献

［1］Evans，S.M. & Boyte，H.C. Free Spaces：The Sources of Democratic Change in America［M］. New York：Harper & Row，1986.

［2］hengyeczj. 关于"空间"［EB/OL］. http://blog.jrj.com.cn/hengyeczj，2536469a.html，2011-05-23.

［3］Lefebvre，H. Trans. Nicholson-Smith，D. The Production of Space［M］. New Jersey：Wiley-Blackwell，1992.

［4］Oldenburg，R. The Great Good Place：Cafes，Coffee Shops，Bookstores，Bars，Hair Salons，and Other Hangouts at the Heart of a Community［M］. New York：Paragon House，1989.

［5］Pink，D.H. A Whole New Mind：Moving from the Information Age to the Conceptual Age［M］. New York：Riverhead Books/Penguin Group，2005.

［6］Silver，A.D.& Clark，T.N. Scenescapes：How Quality of Place Shape Social Life［M］. Chicago：The University of Chicago Press，2016.

［7］Til，V. J. Growing Civil Society：From Nonprofit Sector to Third Space［M］. Bloomington：Indiana University Press，2000.

［8］［美］C.亚历山大（Christopher Alexander）. 建筑的永恒之道［M］. 赵冰，译．北京：知识产权出版社，2004.

［9］［美］丹尼尔·平克．全新思维：未来将属于那些拥有与众不同思维的人［M］. 林娜，译．北京：北京师范大学出版社，2006.

［10］［日］田口护．持守小而美的一间咖啡馆［M］．北京：北京联合出版公司，2017.

［11］吃土少女丽贝卡.《持守小而美的一间咖啡馆》短评．https://book.douban.com/review/9115233，2018-01-31.

［12］邓纯雅．大悦城：缔造社交第四空间［J］．中外管理，2014（7）：48-50.

［13］冯雷．理解空间：20世纪空间观念的激变［M］．北京：中央编译出版社，2017.

［14］高丙中．从文化的代表性意涵理解世界文化遗产［J］．清华大学学报（哲学社会科学版），2017（5）：40-48.

［15］黄远，梁婧，辛雄飞．波普艺术与现代主题性商业空间［J］．山东文学（下半月），2008（12）：205.

［16］杰恩·范泰尔（Jon Van Til）．民间社团发展：从非营利部门到第三空间．沈国华，译．上海：上海财经大学出版社，2018.

［17］亢樱青．城市里的"第四空间"：从住宿到贩卖中产阶级生活方式［J］．商学院，2017（8）：57-59.

［18］唆麻．为什么说星巴克的"第三空间"失灵了［EB/OL］．钛媒体App，2018-12-21.

［19］汪吉，汪豪．体验感［M］．北京：经济管理出版社，2019.

［20］肖明超．场景经济新趋势："第四空间"争夺战｜趋势前瞻［EB/OL］．https://baijiahao.baidu.com/s？id=1637613285463304856&wfr=spider&for=pc，2019-06-28.

［21］叶翔宇．波普艺术在现代娱乐空间中的应用研究［D］．山东建筑大学，2015.

［22］朱羽．列菲弗尔与空间批评［D］．南京大学，2016.

专题研究篇

第 4 章

第四空间的文化表达

"当我向人讲述这一特质时，我首先想到的地方是英国乡村花园的某个角落，一棵桃树正靠着墙生长着。墙自东向西延伸，桃树在南方潮水的冲刷下长得不高。阳光照在树上，也照在树后的砖上，温暖的砖又反照在桃子上，让人感到有点昏昏欲睡。桃树小心地挨着墙生长着，温暖着墙砖；桃子在阳光下成长；野草在泥土、砖墙和树根交会的斜角里，围着树根生长着。这特质是任何东西中最基本的特质。"（Alexander，1979）我个人认为，亚历山大上面的一段话其实讲的是建筑的文化表达。很多时候，这种表达甚至"只能意会，不可言传"（王春雷，2019）。

日本东京巴赫咖啡馆 （插图：杨荫稚）

　　巴赫咖啡馆创始人田口护先生说："要成为一家能够让人们度过快乐时光的小店，不仅能接纳喝咖啡的客人，也要照顾与咖啡爱好者们聚在一起的小孩和老人家，即使他们爱喝果汁或茶。要和当地的每一个人缔结缘分，成为连接他们的纽带，成为他们的信息中心、闲叙场所，或者归乡探亲时可以坐一坐的地方。"

在许多营销专家看来，星巴克的成功得益于它提供了一种"大众化的奢侈"（即以公众付得起的价格提供一种奢侈的味道）和"第三空间"的环境。但霍尔特和卡梅隆（2010）在《文化战略：以创新的意识形态构建独特的文化品牌》一书中提出了不同的观点：星巴克获得成功的关键是无意中利用了因巨大的人口结构变化而产生的意识形态机遇。在 20 世纪 90 年代，在包括美国在内的全球许多国家，出现了一个新的群体——文化资本人群（cultural capital cohort），他们要求能获得比现有市场供给更精致的代表生活方式的商品和服务。而舒尔茨所开发的零售咖啡，注入了一种非常容易被大众理解的文化品位形式。

时至今日，星巴克所遇到的主要竞争除了来自同类产品、电商和相关替代品之外，还有创新的文化表达被复制、文化密码的改良、消费文化的变化以及竞争对手的重新定位等。可以预见，从空间经营的角度来讲，文化意蕴以及基于社会断裂（social disruption）分析和一系列文化表达（culture expression）而构成的创新将成为第四空间的核心竞争力。

一、文化视角下的空间

许多公共和商业空间的成功实践表明，在实体空间的建构中有必要践行"与文化同行、以文化动人"的理念，因为只有这样一个空间才能给人们带来精神牵引和感召。通过实体空间、文化空间和心理空间的打造，能够有效吸引拥有共同信仰的消费者，提升顾客文化消费的内涵（许文谦，2014）。

1. 空间是文化的载体

文化的概念虽然异常复杂，但仍然存在基本的发展策略，即通过选择文化的代表性项目而组合成一个整体，以确证特定社群或民族的独特性，由此构成文化的代表性意涵。它既是社群、民族在文化上的独特性得到承认的依据，也是社群、民族之间的文化共享得以落实的理由（高丙中，2017）。各种各样的"文化"正在以不同形式的空间为依托和载体，影响和改变着我们的城市、乡村与生活。例如，社区里的空地被改造成休闲小公园，兼有移动图书馆和小舞台；城市广场或宽广的街道在周末作为临时的艺术市场；废弃的工厂被艺术家拿来做办公和展览场地，等等（刘泉，2014）。

从广义上讲，文化建筑、购物中心、乡村俱乐部、城市广场、企业展厅等任何类型的空间都是一种文化载体。比如，传统庭院不仅是一种建筑空间，也是一种文化载体，它向人们展示了由庭院空间形式形成的庭院文化的独特魅力与特色（邓寄豫，2010）。而且，文化的载体不仅仅是单独某栋或作为地标而存在的建筑（flagship building），也可以是具有一定面积的区域（刘泉，2014）。例如，城市公共空间是市民日常交往、举行公共活动、开展休闲旅游的开放性场所，如城市广场、公园、社区中心等，在市民日常生活中发挥着重要作用。然而，很多城市公共空间只注重表现形式，缺乏文化内涵，甚至盲目照搬国外的文化元素，或者简单地为了回到过去而建造一些仿古建筑。

概括而言，从文化载体的角度来讲，空间设计要遵循以下基本原则：首先，要明确空间所要蕴含和表达的文化特质，这主要取决于空间定位或品牌形象。其次，要紧密围绕"为谁而设计"来体现特定的消费文化。例如，对于美容美体、SPA 中心等空间，通常使用柔和的曲线、曲面以及在墙面上采用材质肌理呈柔性的装饰，以体现女性的"柔情蜜意"（林建华，2011）。最后，空间的实用功能与美学文化应相得益彰。另外，还可以从材料、构件、色彩、图案和符号等方面，充分运用传统元素。常用的传统材料有木头、青铜、青砖等，传统构件有斗拱、藻井、格子窗等，传统色彩有黄色、红色等，传统符号如龙、祥云、牡丹，等等。

2. 文化空间

尽管"文化空间"的概念最早是由列斐伏尔在代表作《空间的生产》（1974）中提出来的，但直到 20 世纪 90 年代末联合国教科文组织（UNESCO）做出关于"文化空间"的一系列表述之后，这个既代表一种概念又具有专指性的术语才引起人们广泛关注。1998 年，联合国教科文组织颁布《宣布人类口头和非物质遗产代表作条例》，明确将人类口头和非物质文化遗产划分为两大类，一类是各种民间传统文化的表现形式，包括语言、文学、音乐、舞蹈、游戏、神话、礼仪、习惯、手工艺、建筑术及其他艺术、传统形式的传播和信息等，另一类就是文化空间（culture place）。这使得"文化空间"具有了一种类型学的意义（向云驹，2008）。

早期的"文化空间"主要是指展示传统文化的地方，但时至今日，它已经成为人们探讨各种文化和空间形式的一种基本视角。沈洁（2018）在研究 20 世纪二三十年代上海的印刷与消费主义时有一段非常精彩的论述：文人、商人与市民社会川流其间，大报、小报，大型的出版公司与小书铺，从制造、传播到消费，这种多元共生，构建了极富活力的文化空间。文化与市场、生产与消费、文化生活与文化空间的建构，它们的互动、融通组合成了一个繁赜的系统。由此可见，商业空间和文化生产有着天然的联系。

概括而言，所谓文化空间，是指可用于举行传统或现代文化活动或集中展现特定文化表现形式的场所，兼具空间性和时间性。从自然属性的角度来说，文化空间具有 3 个基本特征：（1）具有一定的物理、地理空间或场所，但可以是临时性的；（2）作为某种或多种特定文化的表现形式和载体；（3）具有一定的文化遗产或文化景观价值（向云驹，2008）。典型的文化空间有咖啡馆、书店、影院、图书馆、博物馆、美术馆、档案馆、剧场、艺术中心等。

≪经典实例 4-1≫

公共文化空间策划者——方所

国内著名书店连锁品牌"方所"的名字取自南朝文学家萧统在《令旨解法身义》中的名句"若定是金钢，即为名相；定是常住，便成方所"，意在倡导积极自省的生活态度和人文精神，致力于发扬和传播基于东方哲学的当代美学生活，打造一个人们内心渴望的文化空间。其经营范围以当代生活审美为核心，涵盖书籍、美学生活品、植物、服饰、展览空间、文化讲座与咖啡。"我们做的不是书店，而是一个文化平台，一种未来的生活形态。"方所策划总顾问、台湾诚品书店创始人之一廖美立反复强调。正如方所在官网上声称的，"期许作为思想汇集者、美学生活重构者、公共文化空间策划者，将一个创造性的生活实验空间带给城市"。如图 4-1 所示：

图书、美学、服饰、咖啡、植物、展览和文艺活动是方所打破传统意义上单一书店的外在表现形式，同时，更是从阅读、品位、装扮、物感体验、思想碰撞等大众需求角度，以共同的文化性来满足公众对更高品质生活的需求。方所一直强调不同业态的逻辑内联性，不同元素的跨界组合都是文化性的高度融合。

图 4-1 方所书店的官方网站首页（部分）

二、空间的文化表达

因为人类不断通过实践将文化记录在地方中，所以地方在提供人类生活场景的同时，又能赋予人类特定的身份认同（Tuan，1977）。经年累积的文化使得地方成为"有意义的地点"（a meaningful location），这种意义包括象征意义、思想感受、态度和价值等。这样循环往复，地方得以成为文化意义的载体、社会与权力关系的媒介，进而形成地方感（梁增贤、保继刚，2015）。

本书所讨论的第四空间主要是指各类商业空间，因而除了要补充由空间的属性所带来的特点外，企业文化的系统框架适用于指导对空间文化表达的研究。即使是公共空间，也适合秉承企业经营与服务的理念。特伦斯·迪尔和爱伦·肯尼迪（1982）在《企业文化——现代企业精神支柱》中提出，企业文化主要由企业环境、价值观、英雄人物、礼仪和仪式、文化网络五种因素构成，这些因素特别是游戏、仪式和庆典等象征性活动非常适合对第四空间的分析。

概括而言，对于空间，文化表达主要体现在象征性、功能性和艺术性 3 个方面，并通过固有的物理空间要素和包含着一定关系和意义的社会及精神空间要素来实现。首先，要体现出特定文化的代表性意涵，尤其是面向目标人群的使命、价值观、礼仪和仪式以及代表人物。很多时候，这种代表性意涵能成为某个空间的核心竞争力和吸引力。街道、建筑物、建筑小品及店铺等均具有特定的意义，其意义的广泛流传形成符号体系，社会群体又通过符号体系建构地方意义，从而取得身份认同（王鸿楷、陈坤宏，2000）。例如，儒家的礼制为故宫建造提供了基本的文化支撑，其权力性主要表现在位于城市中心、鲜明的中轴线、院落式布局、单体建筑的群体意识以及建筑的装饰等方面。

其次，空间的文化意涵需要通过主体层的所有要素来表现，尤其是相对直观的场景和各种设施，包括体现功能性的空间布局、硬件设施和体现艺术性的图形、文字、颜色、灯光、材料甚至背景音乐等。例如，当我们漫步在上海外滩时，会时不时听到《东方红》的音乐报时，这音乐就是由上海海关大楼的海关大钟发出的，它已成为海关大楼的象征。

由此，可以构建空间文化表达的基本分析框架，如图 4-2 所示：

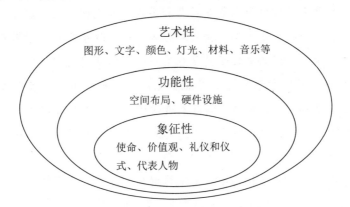

图 4-2　空间文化表达的核心要素

—— 《《 经典实例 4-2 》》 ————————————————————

深圳华侨城的空间文化生产

深圳华侨城反映了当代中国文化转型背景下的一般现象。在华侨城，相继上演传统中国文化、西方时尚文化和地方怀旧文化三股文化时尚。这些文化时尚元素应用在空间文化生产的主要方面，借助现代空间生产方式，并透过建筑名称、形式、结构、景观等符号一直延伸到生活方式和社会网络，赋予地方新的文化意义,从而构建了民族的地方、全球化的地方和自己的地方(图4-3)。

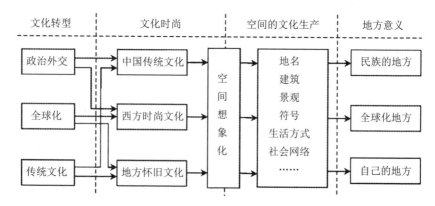

图4-3　深圳华侨城文化转型与地方意义流变的影响机制

具体而言,地方政府和开发商借助空间想象化,透过建筑名称、形式、结构、景观、生活方式和社会网络等符号和关系的文化生产,并配合空间物质性建设,赋予地方新的文化意义,构筑符合主流社会阶层和时代精英的想象的社区。在此过程中,空间的文化生产是在某一时期以某种文化时尚为主流,其他文化共同参与,而地方意义可能呈现多元性。例如,西式洋楼里装饰着中式经典(如波托菲诺),历史的外墙包裹着西班牙风情(如深圳华侨城洲际大酒店),衰落的工业厂房内是创意的灵感(如华侨城创意产业园)等。这种地方意义的多样性使华侨城产生了独特的吸引力。

资料来源:梁增贤,保继刚.文化转型对地方意义流变的影响——以深圳华侨城空间文化生产为例〔J〕.地理科学,2015(5):544-550.

三、第四空间文化表达的常见方式

空间的文化表达是包括布局与展示、结构与功能、形式与内容、抽象与具体、共性与个性等多元维度的立体表达,既有静态又有动态的要素,既有过去又有当下甚至未来的要素(雷学刚,2016)。根据图4-2中空间文化表达的核心要素,第四空间可以采用的常见文化表达方式有以下12种。

1. 使命

一个强有力的组织必须有使命作驱动，它不仅回答企业是做什么的，更重要的是为什么做。对于空间，使命（mission）是指某个空间在社会经济发展和人们的生活中应担当的角色和责任，它是一个空间存在的目的和理由，说明了空间的经营领域和思想，并为空间发展目标的确立与战略的制定提供依据，同时让空间的每一位成员理解工作的真正意义，激发他们内心的力量。

围绕使命，第四空间的经营管理者需要回答：（1）我们的事业是什么？（2）我们的目标顾客是谁？（3）顾客的需要是什么？（4）我们有什么特殊的资源和能力来满足这些需求？（5）如何看待股东、员工、顾客和社会公众的利益？

例如，星巴克的使命是"激发并孕育人文精神——每人，每杯，每个社区"，并通过咖啡、伙伴、顾客、门店、社区和股东等方面的理念来实践。其中，关于门店，星巴克的理念是"当我们的顾客感受到一种归属感时，我们的门店就成了他们的港湾，一个远离外界纷扰的空间，一个与朋友相聚的处所。它使人们得以享受不同生活节奏带来的快乐——时而悠闲自得，时而步履匆匆，任何时候都充满了人文气息"。

被誉为"日本咖啡之神"的巴赫咖啡馆创始人田口护先生（2018）在《持守小而美的一间咖啡馆》一书中对咖啡馆的使命做了完美的演绎和实践：要成为一家能够让人们度过快乐时光的小店，不仅能接纳喝咖啡的客人，也要照顾与咖啡爱好者们聚在一起的小孩和老人家，即使他们爱喝果汁或茶。要和当地的每一个人缔结缘分，成为连接他们的纽带，成为他们的信息中心、闲叙场所，或者归乡探亲时可以坐一坐的地方。要传播善意，为需要帮助的人募集善款；更要成为文艺地标、思想的桥头堡，常常举办画展、音乐会、竖琴教室、文化沙龙……这种充满温度的使命以及随之而来的经营行为，让巴赫咖啡馆成为许多消费者的打卡圣地（图4-4）。

咖啡巴赫

2019-12-07 18:55　　　　　　　　　　　　　　　　赞 (7)　回应　收藏　投诉

whosewing
★★★★★ 口味：5.0 环境：5.0 服务：5.0
很多人是来巴赫朝圣的 普通的晚上 骑上邻居阿姨的自行车 去巴赫喝一杯 然后绕道后面公共澡堂痛痛快快热腾...展开全部

2019-10-23 03:08　　　　　　　　　　　　　　　　赞 (4)　回应　收藏　投诉

嘤嘤嘤的喵小爪
★★★★★ 口味：5.0 环境：5.0 服务：5.0
为了朝圣田口护大师来到了这里，店里巴赫的音乐，很多熟客的本地人，希望更多人喜爱咖啡。

2019-10-10 15:05　　　　　　　　　　　　　　　　赞 (4)　回应　收藏　投诉

图4-4　某社交媒体上消费者对巴赫咖啡馆的评价

2. 价值观

从哲学上讲，价值观是关于对象对主体有用性的一种观念。统一的价值观是空间文化的核心，能确保商业空间的所有员工在判断自身的行为时具有统一的标准。商业的本质是创造和传递价值，为此，空间也要实现拟人化和人格化。同样，商业空间的设计师一定要深刻理解背后的商业逻辑，如何为业主创造价值。

集新住宿、新文化、新消费于一体的生活方式品牌亚朵集团在官网上对自己的介绍是"一家舒心的微笑公司，提倡人文、温暖、有趣的'在路上'第四空间生活方式，致力于向新中产消费者提供优质的酒店服务和生活方式产品"。这种品牌定位和价值观决定了旗下每一家亚朵酒店的空间设计风格。例如，每一家亚朵都有竹居图书馆，这里是 7×24 小时阅读空间，是每一座城市的精神驿站，客人可以在匆忙的旅程之余，让自己歇息在书海里（图4-5）。无论是否入驻酒店，人们都可以在竹居自由浏览、无偿借阅书籍，亚朵生活体系内还支持异地归还，并有积分相送。在竹居内还为客人提供了独立的书桌、苹果电脑、笔记便笺、打印机以及当日的地方新闻报刊。

图 4-5　杭州滨江亚朵酒店的竹居

3. 礼仪和仪式

各种礼仪和仪式是企业生活的重要组成部分，许多礼节和仪式看上去就像一场普通的庆典活动，有时甚至像在走过场，但它们的作用却十分重大且微妙。优秀的企业高管注重工作生活中各种仪式之间的协调配合，从录用和解聘，到提供报酬、会议形式、书写规范、谈话方式，甚至主持一个退休晚餐的风格，这些仪式能让企业文化以一种富有凝聚力的方式显现出来（Deal & Kennedy，1982）。当人们处在博物馆、美术馆、音乐厅、歌剧院、艺术展等特定的空间时，总会感到某种仪式感。其实，所有的商业空间同样需要打造仪式感，并设计特定的礼仪规范，因为这些礼仪和仪式可以提醒人们"此时此刻自己在哪里，应该在这里干什么"。

对于第四空间，常用的方法有优胜者勋章、游戏、仪式和各类庆祝活动等。其中，优胜者勋章可以给达到一定积分的顾客，也可以给在过去一段时间表现优秀的员工。例如，星巴克员工的围裙一般有绿色、黑色、咖啡色、紫色 4 种颜色（另外还有 3 种"地区、时段限定色"：红色、橙色、蓝色），这其实是星巴克内部的一种等级制度。其中，绿围裙是最初级的围裙，所有的普通店员都穿绿围裙。紫色围裙属于特殊的高级别，不仅稀有，而且是地区限定款。要想获得紫围裙，一名员工需要参加 EMEA 咖啡师锦标赛（EMEA

Barista Championship）并从中胜出，所以在中国基本上看不到。再如，国内商业综合体的新锐月星环球港每个月都会组织会员专属的生日 party，既是对会员的回馈，又很好地传递了企业的价值观，受到会员的一致好评（图4-6）。

图4-6　上海月星环球港组织的某次会员生日趴现场

4. 代表人物

迪尔和肯尼迪在《企业文化》中所提的"英雄人物"是企业文化鲜活的体现，他们为员工提供了精神的力量和有形的榜样。精明的公司会直接从员工中挑选优秀分子来扮演英雄的角色，以便其他员工对照学习。

本书作者认为，在分析空间的"英雄"时，应该用"代表人物"来替代，并将其扩展至广大的顾客群体。这样，优秀员工和被赋予了特定身份的顾客都会成为空间的价值观、优质产品及服务的化身和品牌传播者。在肯德基、麦当劳的许多门店设有"当月最佳员工榜"，还有照片和名字，这样既能鼓励员工提供优质的服务，体现和谐的竞争环境，也能让顾客产生高品质服务的联想。很多时候，商业空间还可以根据消费积分、主题活动幸运抽奖或其他规则，选出顾客代表。例如，星巴克咖啡文化节是咖啡行业一年一度的盛事，在2017年咖啡文化节期间，咖啡爱好者们不仅可以在星巴克门店品鉴三款全新咖啡饮品、中国首款单一产地系列咖啡豆，还可以亲身体验手冲咖啡的雅致与醇厚，学习专业的咖啡知识，并获得专属的"咖啡品鉴官"电子徽章（图4-7）。

图 4-7　星巴克的咖啡品鉴官项目

5. 空间布局

空间布局设计要考虑的因素很多，但最关键的工作有两项，一是功能划分合理，二是服务动线流畅。合理的布局规划不仅能有效表达空间的服务理念，给整个空间带来活力，使消费者对空间形成良好的印象，并有助于形成清晰、明朗、顺畅、连贯的人流动线，让顾客得以轻松愉悦地完成消费。为此，在进行空间设计时要把握好尺度关系，并遵循人体工程学原理，满足服务工作顺畅开展的要求，保证人流的休闲、聚集和疏散能够张弛有度（曹文婉，2019）。

例如，博物馆的文化表达应具有"温暖性"，在空间布局方面，表现为不仅要有藏品保护、陈列展览、教育研讨、洗手间、休息区等基本场地，内部区域还应配备盲人通道、哺乳室、医务室、语音导览处、手语解说员、翻译服务、咖啡区、行李寄存处、接待咨询处、广播室、儿童游乐园，外围区域应当建有林荫道、花园、亭廊、中心广场、停车场、接待中心、平面图等（雷学刚，2016）。以美国大都会艺术博物馆（The Metropolitan Museum of Art）为例，该馆藏有超过 200 万件来自世界各地的艺术品，各馆部根据不同历史时期

和地域的风格，从公元前的古埃及、古罗马延续至现代美国。其中，亚洲艺术部（Asian Art）共计安排了 54 个展厅，单日本展厅就有 10 个，且在布局上完全独立于亚洲其他国家的展厅（图 4-8）。

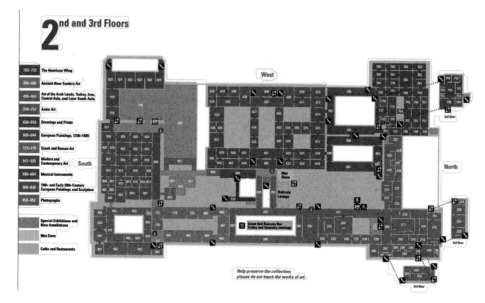

图 4-8　美国大都会艺术博物馆第 2、第 3 层平面图

6. 硬件设施

硬件设施是空间文化的重要载体，主要包括设备、家具、道具、标识、人工制品及装修等。对有形设施和道具等硬件环境的人性化、专业化设计不仅是空间开展业务的需要，更体现出一种人文关怀。正因为如此，法国国家舞蹈中心、美国肯尼迪艺术中心等著名艺术中心除了拥有一流的舞台、灯光等硬件条件之外，还拥有藏有大量专业书籍、期刊、影像资料并与世界上许多表演艺术中心、艺术博物馆和图书馆联网的图书馆。

例如，美国大都会艺术博物馆共有三层，地下一层、地上两层。其中，地下一层建筑面积较小，设有教育中心、图书馆、商店、停车场、公用电话、升降机、洗手间、饮水处和寄存处等服务设施。在一楼大厅中部设有一个环形的问讯服务中心，柜台上放置着不同语言的展览介绍和导览图，供游客随意领取。大都会艺术博物馆要求观众把小背包背在前面，以防撞到艺术品，但为了方便人们参观，也提供免费存包服务。塑料瓶装水可以带入博物馆，但其他饮料或食品不可带入馆内，也不可寄存。整个博物馆都有无线网络覆盖，游客可以下载 The Met App，也可以选择有多种语言服务的语音导览（可在网站上免费下载，也可以在现场租语音导览机）。同时，还为盲人、失聪患者、痴呆症患者、自闭症患者等残疾人提供特殊服务（图 4-9）。另外，在一层、二层有特展空间、餐厅、咖啡厅和纪念品商店等公共设施。

图 4-9 美国大都会艺术博物馆为残疾人提供的周到服务

7. 图形

《广雅·释诂四》曰："图，画也。"清代学者段玉裁的《说文解字注》曰："形，象也。"由此可见，图形（graphic）的本意就是被创造出来的视觉艺术形象，相应地，图形设计是一种创造性思维，即通过可视化的图画向别人表达某种观念或思想。自古以来，人们对图形的应用与表达与各种传统文化的发展是相辅相成的。生动、别致的图形和相应的导视系统，可以让空间的视觉形象别具一格，从而为服务者与消费者或传播者与受众之间的交流创造富有活力的环境。

图形与符号是文化的重要组成部分和审美体现。任何文化中都包含以几何学为基础的抽象化图形，无论是中式传统图案中的几何纹样，抑或是阿拉伯图

案背后神秘的数学原理（杨宇，2012）。对于空间，可以使用的图形可以是用计算机绘制的几何画面，如直线、圆、圆弧、矩形、曲线和图表等，也可以是由输入设备捕捉的实际场景画面或以数字化形式存储的任意画面。

例如，《朗读者》第二季的舞台中心背景被设计成一个三层、高达10米的半圆形图书馆，并搭配了伸出式环形舞台，给观众一种瞻仰知识殿堂的空间既视感。图书馆两侧使用了发散式的设计，以波光粼粼的仿水晶缀帘幕作为装饰，避免了"剧场式"舞台台口相对死板的感觉，并使延展后的舞台更具视觉冲击力。在高大的书架背后设有温馨典雅的采访间，相当于第二现场，在这样一个放松的环境里，嘉宾们更容易缓缓道出内心的故事（图4-10）。

图4-10　《朗读者》第二季的舞台设计

8. 文字

文化的精神和整体风格，除了与气候、地理、生存生活方式有很大关联外，还与一个民族确定的表达载体——文字有着非常紧密的关系（赵焰，2018）。文字是记录和交流思想或承载语言的图像或符号，同时蕴含一定的意义与审美价值。

作为文字的外在形式，字体代表了一种文化符号，在不同的时代，往往会发展出符合时代背景的字体。从现存最早的成批的文字资料——商代甲骨文字算起，汉字的演变大体经历了甲骨文—大篆—小篆—隶书—草书—楷书—行书等几个阶段。19 世纪末，伴随工业设计运动的兴起，这一时期的字体非常强调装饰性。20 世纪 80 年代以后，随着电脑技术不断发展，字体设计进入百花齐放的时代，多种风格彼此影响和共存，同时也开始与各种形态的商业文化进行广泛的融合。

　　文字在空间文化表达中的应用主要有三大类：（1）将企业的名称、品牌等标准字体融入空间设计中，以传达空间形象。（2）用文字反映品牌文化，以文字本来的寓意建立与空间或产品品牌之间的联系。例如，"粗茶淡饭"一词形容饮食简单、生活简朴，适合作为一家餐厅的名字。"囧"字常被人用来表示无奈、悲伤的状态，但它同样也可以作为一家餐厅的名字，譬如北京的囧囧虾火锅。（3）作为一种图形符号，相关的文字内容特别是汉字本身就可以作为空间的装饰元素。

　　位于雅典的 typeroom® 是一个致力于研究、展示和应用印刷及图形艺术的创意中心，除了供人们参观之外，还经常举办讲座、研讨会、展览等活动，在本地和国际艺术与设计领域享有盛誉。整个空间约 250 平方米，里面布满了丰富多彩的字体环境应用，给人一种浓郁的工业感。typeroom® 的设计遵循了这样的理念：用多类型、大规模的应用场景，展示实用性和艺术性的融合；将字体和排版艺术提升为可供人们接触和互动的物体。在正门口，游客便可直接体验实际应用字形，因为可推动的木制字母被装饰在玻璃立面的标志中。标志使用的材料是橡木和金属，这两种材料都可以在室内找到，这种连贯的感觉会在人们触摸木质印刷字体时得到放大。走进室内，便来到一个充满字母的房间，左手边是一面长 650 厘米、宽 335 厘米的字体墙，22 种不同的字体在白色背景下以 3D 形式显示，让人觉得这些字母仿似从墙上跳出来一样（图 4-11）。继续往里走，人们可以通过观察不同的字体、材料和造型来探索排版印刷方面的各种应用。在这里，除了充满创意的办公空间之外，还有可供员工和游客暂时放松一下的游戏室。

图 4-11　雅典 typeroom® 中心的外观

9. 颜色

色彩是人们的视觉感官所能感知到的最敏感要素，实验证明，人在正常状态下观察物体时，首先引起注意的是色彩，其次才是质感、形状和文字等。色彩作为视觉表达的重要元素，在承载空间和景观文化方面具有重要作用，可谓是某个空间能以最快捷、最有效的方式让消费者记住的关键因素。色彩有明度、纯度、冷暖的差异，一般来说，明度高的颜色有向前感，反之有后退感，纯度高的颜色有靠前感，反之有靠后感，冷色有远离感，暖色有近在感。概括而言，空间的色彩风格必须服从企业或品牌的定位与形象识别系统（CIS），而且颜色的渐变过渡也能产生空间感。

例如，华远地产股份有限公司总部办公楼是在原有写字楼的基础上改造而成。在这个建筑结构复杂的主要供企业员工使用的空间中，设计理念主要是通过色彩和造型来表现的。在办公楼的主入口，红色并具有张力的大门造型既尊重了原有建筑的语言，又彰显了整个企业的气质。一层大堂是展示"快乐地工作"精神的最佳场所，墙地面均采用白色的石材，使得空间明亮通透，中心的白色波浪形总台欢迎来到华远的每一位客人。在总台尽头的红色墙面上嵌入了企业的 Logo 和名字，主题突出。在等候区，订制家具的色调以黑色为主，与大堂简洁现代的设计语言一致（贾立、高寒、高音，2008）（图 4-12）。

图 4-12　华远地产的前台

10. 灯光

灯光被誉为"空间里的神奇魔术师"，在绝大多数现代空间中，灯光不只是满足基本功能的照明，还承担着体现文化、渲染氛围、创造美感的作用。巧用灯光，可以赋予空间特殊的意义，并构建空间的秩序感和节奏感，从而在满足人性化需求的条件下营造舒适、温馨的环境。如果能巧妙地处理好灯光技术与文化的关系，不仅能解决两者之间存在的问题，还能在视觉上营造出一种舒适感和意境。为此，设计师应该通过特定的方法，将灯光设计由一种工具变成空间文化的一部分。

具体而言，首先要做好灯光的组合设计，特别是不同的色温和照明方式，基本要求是能形成视觉上的层次感，有助于营造温馨怡人的环境，以激发人们消费的欲望；其次，要处理好整体灯光与局部灯光的关系，以突出展品、主打产品或者企业 Logo 等重点。另外，要注意灯光布置与软装、材料选择的合理搭配。以瓷砖为例，建议一般选择与瓷砖颜色相近的色温，暖色系的瓷砖适合搭配 3500K 以下的色温（暖光），而冷色系的瓷砖适合搭配 5500K 以上的色温（冷光）。

上海环球港由月星集团开发打造，是一个集"商业、旅游、文化"三大中心功能于一体的全业态城市中心商业综合体，总建筑面积达 48 万平方米，以综合购物为主题，辅之以甲级办公、酒店、展览、娱乐、餐饮、休闲与文化等

配套功能，已成为引领都市时尚文化生活的重要风向标。环球港不仅让灯光艺术渗入商业空间，也让消费者在购物的同时接触到了灯光文化。例如，弧形的玻璃穹顶采自然之光，赋予了建筑生命、阳光和活力。中央广场充满了异域风情，加上精美华丽的灯光和装饰，将空间装饰得美轮美奂。环球双塔由两栋塔楼组成，楼体幕墙由 LED 光源全覆盖，八个面呈现，总面积有 4.8 万平方米，可实现楼与楼、面与面的同步异步及互动。双塔已成为国内首座实现户外媒体声话同步＋同步解说的大型地标性媒体景观，媒体软硬件配置处于国内领先水平，为各种广告创意的执行提供了可能。作为一种高端的品牌传播形式，双塔灯光秀能以唯美的视觉体验传递品牌形象，或传播某种生活理念。每逢节假日或其他特殊的日子，双塔还会发布公益性广告，彰显商业空间的企业社会责任（图 4-13）。

图 4-13　环球港通过双塔灯光为抗击新冠疫情加油

11. 材料

建筑与装饰材料的选用是突出空间形象、传播品牌文化的一个重要环节。空间不仅需要利用材料来营造氛围和衬托产品，还要通过材料来直接体现主题，尤其是对材料进行的特殊处理，往往能使主题的象征性更加明确。为此，在选取建造和装饰材料时，首先要服务于空间的品牌形象和文化定位，其次要处理好木材等传统材料与混凝土、玻璃、钢材等现代材料之间的关系，实现传统与现代的结合。特别是随着结构和加工技术的发展，以集成材为代表的现代木结构为木造建筑空间的突破带来了新的机遇（王静，2000）。

北京香山饭店是由国际著名美籍华裔建筑设计师贝聿铭先生主持设计的一座融中国古典建筑艺术、园林艺术、环境艺术为一体的四星级酒店。在设计之初，贝聿铭大胆地重复使用了两种最简单的几何图形——正方形和圆形，大门、窗、空窗、漏窗，窗两侧和漏窗的花格、墙面上的砖饰，壁灯，宫灯都是正方形，连道路脚灯的楼梯栏杆灯都是正方体，圆则用于月洞门、灯具、茶几、宴会厅前廊的墙面装饰，南北立面上的漏窗也是由四个圆相交构成的，连房间门上的分区号也用一个圆套起来。

香山饭店拥有大小不同 11 个庭院，并融合了中国传统庭院的多种类型，包括江南园林中的小型庭院、传统民居中的三合院和四合院。其中，"常春四合院"作为中庭，是由客房区与宴会区围合而成的一处天井式庭院共享空间。山石、水景、芭蕉、影壁、月洞门等传统元素，以及白色墙面上灰色线条勾勒的一排排菱形花格漏窗，构筑出一个清新雅致的江南式中庭。有别于传统的露天四合院天井，常春四合院拥有钢架结构的玻璃采光顶，阳光投射在庭院中形成斑驳灵动的光影，宾客置身室内也能感受自然天光的变化（罗丹荔，2019）。如图 4-14 所示：

图 4-14　香山饭店常春四合院大堂

这种在现代建筑空间营造中的传统文化表达方式与苏州博物馆有着异曲同工之妙,在苏州博物馆的主庭院中,一汪碧水占据了整个博物馆四分之一的面积,由粉墙、黛线、灰顶构成的建筑立面与丛竹、片石假山、亭桥倒映在水中,刻画出江南园林的典雅宁静。

12. 音乐

作为最能即时打动人们的艺术形式之一,音乐以声音为表现手段,通过美的熏陶来感染和影响人们的思想与心灵。音乐具有很强的文化代表性,在每个历史时期和不同的区域都有其特殊的使命。音乐与空间有着不可分割的联系,对于特定的空间,所播放的背景音乐能起到营造氛围、唤醒心灵、刺激消费等作用。用音乐元素来表达文化正在引起越来越多商业空间的重视,以杭州西溪印象城为例,该购物中心选择与专业背景音乐供应商合作,由对方推荐曲单。每天早上 10 点左右,客服台的工作人员打开播放器,商场内的音响系统便开始一天的播放工作。

首先,对背景音乐甚至具体曲目的选择,要根据空间的格调和目标受众的特点而定。例如,购物中心和百货商店往往播放节奏舒缓的音乐,这有助于顾客从容选择商品;在高端的定制西装店,播放耳熟能详的怀旧老歌,有助于成功男士们感受到品位;快餐店比较适合播放节奏明快的音乐,以加快顾客的用餐进度,等等。

其次,商业空间讲求音乐的均匀释放,在每一角落都需要平均、优质的音乐,否则会影响顾客体验。此外,还可以在设计空间场景时充分运用音乐元素。例如,上海木桐设计事务所在设计"凯西的音乐工作室"时,为体现音乐表达,进门后的端景墙(注:指正对大门、过道尽头的墙体,是人们进门后最先看到的"风景")采用大提琴造型的门洞设计,这样不仅凸显了店面的主题,还意味着从此门进入音乐的殿堂,是整个空间的亮点之一(图 4-15)。

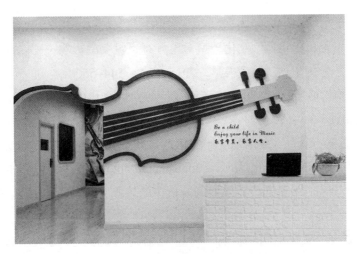

图 4-15　某音乐工作室的端景墙

参考文献

［1］Deal T.E.，& Kennedy，A.. Corporate Cultures：The Rites and Rituals of Corporate Life［M］. MA：Addison Wesley Publishing Co.，1982.

［2］Tuan，Y. Space and Place：The Perspective of Experience［M］. Minneapolis：University of Minnesota Press，1977.

［3］［日］田口护.持守小而美的一间咖啡馆［M］.陈静，译.北京：北京联合出版公司，2018.

［4］蔡际洲.音乐文化与地理空间——近三十年来的区域音乐文化研究［J］.音乐研究，2011（3）：6-18.

［5］曹文婉.专卖店空间设计中的品牌文化表达初探［J］.艺术与设计（理论版），2019（4）：58-59.

［6］邓寄豫.现代文化视角下的传统庭院空间研究［D］.湖南大学，2010.

［7］贾立，高寒，高音.企业文化的空间表达［J］.设计家，2008（8）：67-73.

［8］雷学刚.博物馆空间的文化表达［N］.中国社会科学报，2016-10-

20.

[9] 梁增贤，保继刚.文化转型对地方意义流变的影响——以深圳华侨城空间文化生产为例 [J].地理科学，2015（5）：544-550.

[10] 林建华.商业空间室内环境设计与女性文化的表达 [J].现代装饰（理论），2011（3）：22.

[11] 刘泉.作为"文化"载体的建筑与城市空间——暨《Der Zug》第二期征稿启事 [EB/OL].https://www.douban.com/note/351717646，2014-05-17.

[12] 罗丹荔.中日现代建筑空间营造中的传统文化表达 [J].艺术与设计，2019（7）：52-53.

[13] 沈洁.文化空间的生成——20世纪二三十年代上海的印刷与消费主义 [J].史林，2018，176（5）：12-24，222.

[14] 王鸿楷，陈坤宏.都市消费空间结构之形成及其意义 [J].国立台湾大学建筑与城乡研究学报，2000（9）：8，13，43-63.

[15] 王静.日本现代空间与材料表现之五——传统文化与现代技术交汇的木材 [J].室内设计与装修，2000（9）：56-59.

[16] 向云驹.论"文化空间" [J].中央民族大学学报（哲学社会科学版），2008（3）：81-88.

[17] 许文谦.传播仪式观视域下的文化表达——基于对方所书店构建文化公共空间的思考 [J].新闻世界，2014（6）：272-274.

[18] 杨宇.图形化的空间——唐山陶瓷文化创意产业园 [EB/OL].http://www.idc.net.cn/alsx/zhanshikongjian/93532.Html，2012-12-17.

[19] 赵焰.文字与文化 [N].中国美术报，2018-01-29.

[20] 周剑.浅析空间营造中的文化表达 [J].大家，2011（17）：16.

[21] 字体设计.250平方米的字体空间设计！ [EB/OL].http://www.sohu.com/a/303564492_210924，2019-03-24.

第5章
第四空间的场景设计

　　如果场景是作为不同欲望和偏好的影响因素出现的话，那么当欲望和偏好被固化成舒适物和各类活动时，场景就变成了它们产生强大影响力的原因。这是因为当我们周围的场景变得更加明确的时候，欲望和偏好就更容易嵌入各种日常决策的中心——比如，决定在哪里生活、在哪里工作，等等。(丹尼尔·亚伦·西尔，特里·尼科尔斯·克拉克，2016)

龙湖重庆北城天街　　　（插图：杨荫稚）

　　化地段为时尚空间，购物中心变身城市潮流地标；化空间为创意服务，内部公共空间变身体验服务中心；化购物为场景消费，店铺变身服务体验平台。打造精美时尚的视觉感官体验，赋予商业空间生活意义，与注重生活品质的消费者建立起更深的情感共鸣，吸引了无数的街拍达人和打卡爱好者。

　　著名未来学家丹尼尔·平克（2005）在《全新思维：决胜未来的 6 大能力》一书中开创性地指出：人类社会已经步入"右脑时代"，在这个时代，知识不再是力量。未来属于那些拥有与众不同思维的人，唯有拥有 6 种全新思维能力，才能在右脑时代胜出，即设计感、娱乐感、意义感、故事力、交响力和共情力。为适应新新人类的需要，在新经济时代，除了提供舒适的设施、高品质的产品与服务之外，空间运营者的重要任务是通过打造场景、组织活动和优化体验，促进人与人之间的连接，创造和传递意义。

　　近年来，一提到设计，人们往往首先想到追求差异化或感官刺激，然而最重要的是，真正的设计即使外观并不抢眼，其本身就包含了无名的特质。正如吴声（2015）在《场景革命》中所言，"很多时候，人们喜欢的不（只）是产品本身，而是产品所处的场景以及自己浸润在场景中的情感"。

一、场景时代及场景的定义

　　早在 1974 年，Mehrabian 和 Russell 就研究发现，环境刺激能够引发个体的不同情感反应：快乐、唤起和支配，进而促进趋向（approach）或规避（avoidance）环境的行为。20 世纪 90 年代末，在人机交互领域（human-computer interaction），约翰·卡罗尔（John M.Carroll）提出了以情景为基础的设计理念（scenario-based design），与在企业战略分析中常用的情景法相比，这种理念更偏重于对用户行为的描述，但两者的本质是相同的，即通过故事和场景相结合的形式，生动形象地描绘用户执行任务时的大致情况，包括生理、心理和行为特点（武宇翔，2019）。

　　2013 年，美国学者罗伯特·斯考伯（Robert Scoble）和谢尔·伊斯雷尔（Shel Israel）在《即将到来的场景时代》（Age of Context：Mobile, Sensors, Data and the Future of Privacy）一书中大胆断言，"未来 25 年，互联网将进入新的时代——场景时代"。然而，IT 界所提的"场景化思维"是指为了打造卓越的用户体验，企业不仅要围绕消费者的实际情况和消费习惯来设计产品，并在激烈的竞争中利用场景引导品牌识别、实现及时满足，还要借助场景化思维长期保持消费者对自身产品和服务的记忆。虚拟世界同现实世界交错融合，使任何一个实际的生活场景都有可能转化为实际消费。

斯考伯和伊斯雷尔认为，构成场景主要有五种技术力量（原力），即移动设备、社交媒体、大数据、传感器和定位系统。它们的快速普及降低了价格，降价反过来又促进了更高的普及率，这使得更多的普通人得以掌握上述五种原力。有远见的商业领袖和技术传播者们早已开始利用这些原力来促进发展或传播，同时为顾客和粉丝带来愉悦的感受。与此同时，技术人员正在以惊人的速度不断推出新的场景工具及相关服务。

关于场景，除了斯考伯和伊斯雷尔所使用的"Context"之外，在不同学科中，还有不少相关名词，如景观设计学中的景观（Landscape）、社会学中的情境（Situation）、电影学中的场面（Scene）、物理学中的场域（Field）、舞蹈学中的布景（Scenery）等，这些概念有所不同，但在一定程度上均有所关联。在现实生活中，常见的解释有两种：一是电影、戏剧作品中的各种场面，由人物活动和背景等构成；二是泛指生活中特定的情景，如"这场景真是令人难忘"。2015年，国内学者彭兰提出，广义的场景涵盖基于空间和基于行为与心理的环境氛围，其基本构成要素包括：空间与环境、用户实时状态、用户生活习惯以及社交氛围。

由此看来，广义的场景等同于环境或情境，它可以是紧密围绕人类活动而展开的生活场所、工作场所或休闲场所，可以是社会环境、文化环境、自然环境或历史环境。狭义的场景是指从人的需求出发对特定环境的创新设计以及对各种空间内容的整合再现，特别是运用声、光、电、虚拟现实（VR）、增强现实（AR）等手段与空间设计相结合进行立体式的呈现，一般来说更具人文性、创意性、感染力和代入感。概括而言，场景具有以下4个基本特点（季晓东，2019）：

（1）场景是在特定的时空里发生的，并具有丰富的含义和真实的细节。

（2）场景通常有特定的人物及其行为表现，或者具体的生活画面。

（3）好的场景必须经过精心设计，体现精益化思维。

（4）场景设计的最终目的是实现与消费者的共鸣和共情。

不管怎样，"场景"已成为新的经典生产要素之一。然而，从整体情况来看，迄今为止，场景仍没有引起国内政府官员和商业活动组织者的足够重视，特别是在一些公共场所或空间，场景设计还有很大的提升可能。不过，值得欣慰的是，场景特别是场景营销已成为众多企业经营管理者的口头禅，许多政府官员正在加深对场景的认识。此外，一提到"场景"特别是"场景营销"，商业领袖们往往会立刻想到技术和互联网特别是社交媒体的影响，但笔者认为，当讨论空间时，应该从更大的格局来理解场景及其意义。因为场景无处不在，而且正在变得更加多元、更加丰富和更加智能。

　　无论我们是否正在谈论要加强或重组传统社会边界的议题，场景已成为定义我们居住社区构成的重要因素（Silver、Clark，2016）。一旦场景思维在社区建设和公共环境营造中得到贯彻，将有助于打造更多优质的社区和公共空间，这对公众来说是不无裨益的。当一个社区变成一个场景时，它可以成为培养各类精神的地方，当一个商店或购物中心变成一处场景时，它可以对消费者产生更大的吸引力。

—≪ **经典实例 5-1** ≫—

浙江省对未来邻里场景的设想

　　2019 年 3 月，浙江省政府正式印发《浙江省未来社区建设试点工作方案》，提出未来社区是围绕社区全生活链服务需求，以人本化、生态化、数字化为价值导向的新型城市功能单元。根据该方案，浙江省未来社区建设将构建未来邻里、教育、健康、创业、建筑、交通、能源、物业和治理 9 大场景，其中，邻里建设的目标是塑造交往、交融、交心的人文氛围，构建"远亲不如近邻"的未来邻里场景（图 5-1）。

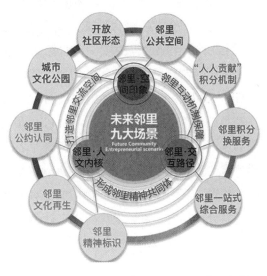

图 5-1　浙江省未来社区建设的 9 大邻里场景

二、服务场景

1. 服务场景的提出

Silver 和 Clark（2016）在分析场景的经济效应时提出过三个颇有意味的经验性概括。一是当高科技、文创等生产创新产品的企业选址在更能鼓励自我表达的场景时，与经济增长的关联性会更强，反之更弱；二是当艺术家处于更加注重自我表达、迷人以及具有领袖魅力的场景中时，一般经济增长以及广义上的创意阶层的增长都会更强，反之增长更弱；三是在鼓励自我表达的、迷人的场景中，租金和许多其他经济增长指标都会上涨。这些观点和理查德·佛罗里达（2002）在《创意阶层的崛起》中的核心观点是相呼应的，对各类空间特别是文创和商业空间的运营也有直接的启示。

下文将进一步分析服务场景的发展，因为本书所讨论的"第四空间"大部分是指新型的消费空间，除了提供实物产品和专业服务之外，其关键任务就是营造硬件和软件兼具、鼓励自我表达的迷人场景。

环境心理学家认为，当环境改变时，个人行为也会随之改变（Gifford，1987）。在社会学领域，欧文·戈夫曼（Erving Goffman）用戏剧理论来描述"人们如何在互动过程中按一定的常规程序（即剧本）扮演多种角色，并在表演中试图控制自己留给他人的印象（即印象管理）。1973 年，菲利普·科特勒（Philip Kotler）创造性地提出"氛围"一词，用以描述"对环境因素有意识地控制与组合"。1983 年，Grove 和 Fisk 在戈夫曼剧场理论的基础上提出了服务剧场理论。他们认为，服务行为与舞台表演具有一定的相似性，舞台剧场的构成要素与服务的构成要素之间能形成一定的对应关系。1984 年，Davis 提出，有形构造、有形刺激和象征物构成了有形环境；1987 年，Baker 进一步将有形环境划分成环境要素、设计要素、社会要素三大范畴。

基于对相关文献的系统梳理，Bitner 于 1992 年首次提出了"服务场景"（servicescape）的概念，并将其描述为"服务场所经过精心设计和控制后的各种环境要素的统称，这种有形环境是一种"被建立"的环境（built environment），主要包括环境条件（ambient condition），空间布局及功能（spatial layout/functionality），符号、象征和人工制品（signs，symbols，artifacts）"。

─**《经典实例 5-2》**─────────────

"我在家"：家庭生活场景＋商业空间场景，打造家具分享直购平台

"我在家"是杭州我在软件有限公司推出的一款基于共享经济的家居分享直购 App，致力于改造传统家居购买模式，去除中间商的利润及实体店等诸多成本，让新用户能在老用户家中实景体验产品。

自 App 上线以来，"我在家"就以所独创的"生活家"模式而闻名。所谓"生活家"，就是在"我在家"平台上完成消费的老用户可以根据个人意愿选择成为"生活家"，然后在闲暇时间开放个人空间，供平台上其他新用户上门实地体验家居的真实使用情况。"老客户把闲置及碎片化的时间分享出来，为新客户提供了服务，也能获得额外收入。""生活家"每单可以获得成交额 5%的奖励。区别于家居卖场的"展示性体验"，生活家模式能直接连接真实的生活场景。在私人空间里，潜在用户不仅可以看到日常生活中的实际布置，还可以了解老用户的使用感受，从而能够更好地做出决策。如图 5-2 所示：

图 5-2 我在家 App 的"生活家"模式网页

2018 年年初，"我在家"把家具体验的触角伸到了线下商业空间，其中，与首都空港贵宾服务管理有限公司合作打造机场贵宾休息室是重要举措之一。该合作计划旨在让贵宾会员在候机的同时，可以通过"我在家"电商平台完成对品质家居产品的体验甚至购买，从而实现"所用即所购"的模式。因此，升级后的贵宾休息

室更换了包括沙发、桌椅、书架、茶台等在内的全部家具产品，室内软装及家具摆放也重新进行了规划。同时，所有家具上放置了印有"我在家"字样的二维码，贵宾扫描后便可获得该套家具的材质、产地、价格等详细信息，甚至可以直接下单。

据悉，在入驻首都机场之前，"我在家"已和桃园眷村、芸台书舍、亚朵酒店等网红店铺展开合作，打造不同场景下的空间样板，根据不同空间的调性和用户画像开展场景营销。这些店铺里的特定家居产品，都可通过"我在家"App下单购买。这种在公共空间里的场景延展，被"我在家"定义为"B端生活家"。不同于此前C端的家庭场景，B端的商业空间给了用户24小时体验的机会，同时，商业空间一般都自带流量，"我在家"希望能借此实现流量转化。可以预见，"我在家"还将继续在酒店、民宿、咖啡厅、书店、餐厅、众创空间等更多领域发展商业空间合作伙伴。

---

2. 服务场景的主要维度

服务场景在建立顾客期望、影响顾客经历和实现服务组织的差异化等方面有着重要作用。Bitner依据服务场景的用途和复杂性，对服务组织的类别进行了划分，以此识别服务组织在场景管理方面的主要区别，如表5-1所示：

表5-1 基于服务场景的形式和用途的差异划分服务组织的类型

		服务场景的复杂性	
		复杂的	简单的
服务场景的用途	自助服务（顾客自己）	高尔夫球场、冲浪现场	ATM机、大型购物中心的信息咨询处、邮局、互联网服务、快件递送
	交往性服务（顾客与员工）	饭店、餐厅、保健所、银行、航班、学校	干洗店、热狗摊、美发厅
	远程服务（员工自己）	电话公司、保险公司、公共事业、众多的专业服务	电话邮购服务台、自助语音信息服务

Bitner（1992）的服务场景主要聚焦于氛围以及可观看、可控制的物理要素。此后，更多文献关注各要素对顾客行为的影响，但总体而言对服务环境中

社会要素的重要性研究不足。1994 年，Baker 等学者研究发现，当服务人员着装得体、举止大方、热情相迎时，可以有效提升顾客对服务环境的印象和感知，并将服务场景划分为环境要素、设计要素和社会要素。此后，学术界开始关注社会要素的影响作用。但直到 Tombs 和 McColl-Kennedy（2003）提出社会性服务场景模型（social-servicescape），学术界才开始系统研究服务场景中的社会要素及其对社会密度、顾客感知体验和购买行为的影响。

在社会性服务场景模型中，社会要素（Social element）主要指服务场所中有关人的因素，如顾客、服务人员和社会密度等；情景要素（Contextual element）则是指那些表达了消费者所属特殊群体或种族的某种共同情感的消费要素，如标识、符号、工艺品等，这些要素能唤起人们对某段经历的回忆或对其所属群体的身份认同，从而吸引或阻止他们进入某种消费情景。2000 年，Bitner 进一步把服务场景定义为服务经历、交易或事件所处的直接有形环境和社交环境。2011 年，Rosenbaum 和 Massiah 将社会象征维度（Socially-symbolic dimension）与自然维度（Natural dimension）纳入服务场景的范畴，提出了扩展后的服务场景模型。如表 5-2 所示：

表 5-2　与服务场景相关的代表性文献

文献类型	维度	作者
服务剧场	演员、观众、背景、表演（Actors, Audience, Setting, performance）	Goffman，1956
氛围理论	视觉、听觉、嗅觉、触觉（Visual, Aural, Olfactory, Tactile）	Kotler，1973
服务场景	环境条件，空间布局与功能，符号、象征和人工制品（Ambient condition, Spatial layout/functionality, Signs, symbols & artifacts）	Bitner，1992
	环境要素、设计要素和社会要素（Ambient factors, Design factors, Social factors）	Baker et al.，1994
社会型服务场景	物理要素、社会要素、情景要素（Physical element, Social element, Contextual element）	Tombs、McColl-Kennedy，2003
扩展后的服务场景	物理维度、社会维度、社会象征维度以及自然维度（Physical dimension, Social dimension, Socially-symbolic dimension, Natural dimension）	Rosenbaum、Massiah，2011

综合以上理论观点，本书认为，服务场景主要包括氛围维度、物理维度、社会维度、社会象征维度和自然维度五个维度。其中，氛围维度包括颜色、灯光、体量大小、形状、音量、音高、气味、温度、清洁度等，物理维度是指可观看、可控制的有形设施和物品，包括空间布局、设备、家具、道具、标识、人工制品等。

星巴克等诸多服务业企业将服务场景作为企业的战略工具，通过不断在环境、产品、员工和管理中植入不同要素来提升顾客的体验。李慢（2013）等采用实证方法，研究了服务场景中的象征要素对顾客行为意向的作用机制。他们发现，服务场景中的象征要素有助于顾客形成良好的场景印象；场景印象对顾客的情绪、感知服务质量和自我一致性判断有显著的积极影响，上述变量又进一步促进顾客的行为意向（包括停留、消费、推荐和重构意向）；在象征要素对场景印象的影响方面，享乐型消费要高于功能型消费，换句话说，人们在消费中越是为了享乐，就越注重场景氛围，特别是符号、标识、图案、音乐等象征要素。

服务场景在具体环境中的现有研究，除了关注传统的餐饮场景（winescape），还涉及节庆场景（festivalscape）、展台场景（boothscape）、体育场景（sportscape）和会议场景（conventionscape）等多样化的活动场景（eventscape）。尽管不同类型的场景之间存在差距，但也有着千丝万缕的联系。例如，熊伟和宋锐（2011）研究提出，休闲餐厅的环境要素评价体系由19个指标构成，包括五大因素，即视觉刺激要素、听觉刺激要素、无形要素、服务性要素以及空间和周围顾客要素。

三、空间场景的构成

从空间的角度来说，Silver和Clark（2016）关于场景的观点更为适用。他们提出，场景主要有三重含义：（1）对特定活动的共同兴趣，如登山场景、选美比赛场景等；（2）典型的社区或城市，或者特定的地点；（3）某个地点的美学意义。每个场景（scene或scenescape）都包含着不同的活动和体验，同时这些体验反过来通过对各种舒适物和活动的有效使用而得到强化。而且，场景的特征不是固定存在于任何单一的舒适物中，我们经常不得不用集合和混合的观点来解读不同场景之间的区别。

　　本书同样使用"scene"来理解空间意义上的场景，主要是因为 scene 更具生活气息和现场感。根据不同版本的英文词典，它主要有以下含义：（1）事情发生的地方（the place where some action occurs）；（2）人们看到的某种事件或情景（an event or a situation that you see，especially one of a particular type）；（3）电影、戏剧或书籍中的某个片段或镜头（a consecutive series of pictures that constitutes a unit of action in a film；a subdivision of an act of a play）；（4）活动领域、生活方式或圈子（a particular area of activity or way of life and the people who are part of it）；（5）景象（a view that you see）；（6）关于某个地方以及正在那里发生的事情的绘画、素描或照片（a painting，drawing，or photograph of a place and the things that are happening there）。

　　概括而言，对于空间，场景是指依托一定的舒适物（amenities）和活动（activity），并往往具有较强的设计感和美学意义，能反映特定的场所精神和群体关系的地方（图 5-3）。正如 Silver 和 Clark（2016）所提出的，"美学直觉加上由欲望转化而来的活动和舒适物，使我们能够更清楚地分辨不同场景"。他们认为，嵌入的意义使场景成为可能，有些地点更容易取得经济上的成功；场景是可以打造的，人们可以基于场景的打造来协调自身的行为；场景存在差异，因而是可以识别的。"志趣相投的人聚集在一起，开始日益丰富的生活，这与他们的偏见和倾向形成了呼应。如果没有个人互动或共同活动作为基础，其他场景就会沦为讽刺漫画和刻板印象"。

　　根据不同标准，可以将空间划分为不同的类型。例如，按照是否能灵活移动或改变，可以分为固定空间和可变空间，其中，可变空间常采用灵活的分隔方式，如折叠门、可开可闭的隔断、活动墙面等。为了应对城市用地中的碎片化分布问题，以"临时使用"策略为基础的概念成为开放空间的一种流行解决方案，这便是临时空间。

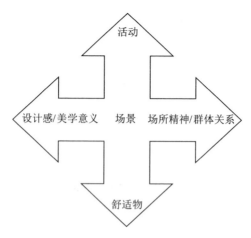

图 5-3 空间意义上的场景

"新天地"临时阅读空间

2016年，为了庆祝"2016世界读书日"，应《生活》杂志的邀请，阿科米星在上海最时尚的街区——新天地设计了一个临时阅读空间。经过15天设计，15天备料准备，5天施工，该读书空间于4月23日正式开放使用，15天后又全部拆除。

在新天地这样一个有着高层住宅区、精致的奢侈品商店以及横跨街道两侧的二层商业天桥的环境里，如何设计出尺度恰当和极具时尚感的临时构筑物？如何将公共阅读和交流的氛围融入浓郁的商业环境中？如何均衡设计上的差异性和统一性？加上建造的时间和预算有限，这些无疑都是巨大的挑战。

最后，设计师在人行道的中间架起了一个8.5米高、28.6米长、5米宽的轻钢结构，然后在表面覆上3毫米厚的透明有机玻璃。这个足够大的建筑空间既可用于举办各样活动，也能让行人随意穿越。建筑的节奏感和透明性在视觉上有十足的吸引力，能鼓励人们接近并参与阅读。灯光与声音设计则模拟海边的阳光和海浪，使得读书空间具有浪漫、轻松的氛围。这样设计也有其实用功能：隔绝路上的交通噪声。如图5-4所示：

图 5-4　"新天地"的临时阅读空间

资料来源：阿科米星建筑设计事务所。

其实，会议、展览、快闪店（pop-up store）等各类活动及其所依附的场地（馆）也构成了形式多样的临时空间。对于临时空间，其场景构成同样遵循图 5-3 的框架，只是这时活动本身成为场景的关键内容。

以会议为例，2019 年，王春雷和韩建军基于参会者的体验开发了一套会议场景设计的量表，虽然该量表讨论的是会议场景，但对思考消费空间的场景设计有较强的指导性。他们提出，在设计会议场景时，会议组织者应该重点关注五个方面，即对无形氛围的营造、有形环境的构建、社会关系的掌握、社会象征维度的使用以及目的地维度的选择，以期提供超出参会者预期的会议场景，来唤起参会者积极的情感能量（emotional energy），使其获得超乎寻常的体验（表 5-3）。

表 5-3　会议场景的构成维度及要素

维度	要素
无形氛围维度	颜色、明亮度、大小、形状、音量、音高、气味、温度、清洁度
有形环境维度	空间布局、设备、家具、道具、标识、人工制品、装修

维度	要素
社会关系维度	组织者、参会者、社会密度、他人的外显情绪
社会象征维度	群体标志或符号、群体物品或艺术品
目的地维度	住宿、交通、餐饮、当地居民、自然环境、景点、娱乐活动

资料来源：王春雷，韩建军．基于参会者体验的会议场景量表开发与验证——以 2015 中国会展业未来领袖论坛为例［J］．旅游学刊，2019，34（1）：82-94.

四、第四空间的场景设计策略

1. 总体原则

有媒体在分析购物中心的演进过程与发展趋势时，对龙湖重庆北城天街的成功之道做了高度概括，即化地段为空间，购物中心变身城市时尚潮流地标；化空间为服务，内部公共空间变创意体验服务中心；购物场景化，店铺变身服务体验平台（徐菊，2018）。例如，龙湖重庆北城天街提前布局"购物中心＋高端化妆品专卖店集群"的全新形式；与威斯汀酒店合作，推出限量联名款下午茶"Beauty Live"；引入重庆第一家星巴克、UME 影城、第一家苹果专卖店（Apple Store）、H&M、VICTORIA'S SECRET 全品类店，布局超人气料理工作室 ABC Cooking Studio、西南地区最大线下美食生活体验馆"日日煮"（Day Day Cook）等，持续刷新着山城的生活可能。打造精美时尚的视觉感官体验，不断推进商业迭代，并赋予商业空间生活意义，使得龙湖重庆北城天街能与注重生活品质的消费者建立起更深的情感共鸣，同时也吸引了无数的街拍达人和打卡爱好者。

随着消费价值逐渐从功能价值转向社会价值、情感价值和认知价值，商业已从功能型物业升级为陪伴型物业，更加强调与区域内人群的共同成长、价值联系与情感共鸣。因此，新商业应该具有社交化、数据化和场景化的多维属性（ilouba 楼巴，2019）。例如，YOHO！STORE 的空间布局以零售为主体，几乎每周都有丰富的潮流主题活动，并通过打造不同的潮流文化场景，增加与消费者的沟通，以线上线下叠加的方式打造消费者体验闭环，通过线下的真实体验触发线上的接触频次。

概括而言，第四空间场景设计的总体原则是空间场景化、场景内容化、内容体验化、体验生活化、生活社群化。为人们提供更好的生活方式提案，并创造更多的体验和社交机会，就是商业空间不断迭代场景的初心。

2. 基本策略

打造高品质的空间，需要卓越的环境设计、功能设计、交互设计和体验设计。根据图 5-3 中对空间意义上场景的定义，第四空间的场景设计需要从以下5 个方面努力：

（1）场所精神——设定和体现特定的场所精神。所有的建筑和空间，底层逻辑都是哲学。为体现场所精神，往往要通过文化、情感和生活等软性的事物，来激活人们内心的情感与记忆留存。

（2）舒适物——秉承以人为本的理念，从消费者的心理和行为出发，考虑各类舒适物设施的设置。这些设施往往包括车位充足且智能化的停车场、丰富且标识清晰的步行交通、完善且人性化的儿童服务设施、舒适的休闲座椅、开敞的公共舞台、有趣的互动体验装置等。

（3）设计感 / 美学意义——增强空间的景观性和设计感。通过空间节点中的故事化场景和各种富有创意的装置艺术，触发消费者的好奇心和购买欲望，延长消费者的停留时间。为此，可能需要引入鲜明的设计主题、独特的本地文化、丰富的绿植甚至雕塑、水景等各种元素。

（4）群体关系——利用智能技术融合线上线下数据，提高运营效率，实现精准服务。通过官方微博、微信公众号等平台和会员积分、在线购物、排队点餐、智能停车等在线工具，获取消费者的相关数据，提供人性化、智能化的服务。同时，根据目标客群的生活方式来不断调整业态结构，并开展社群管理，发挥用户对空间经营与服务的作用。

（5）活动——针对目标人群，设计功能多样、规模适当的活动空间，包括场地、设施和服务。空间经营者具备活动思维以及配备有举办活动的相关设施是第四空间区别于一般空间的重要标准。优秀的空间场景设计必须充分考虑举办相应活动时的需要，包括格调、色彩、层高、硬件设施和配套服务等。

—《经典实例 5-4》————————————————————————

HUB CAFE：是咖啡馆，也是桌游吧

湖北省武汉市有一家网红咖啡馆 HUB CAFE，同时也是一处可供消费者休闲娱乐的桌游吧。整个空间被设计成一个游戏场所，除了咖啡和轻食之外，还能为桌游爱好者提供轻松好玩的体验。

在入口处便可看到一面玻璃落地窗，右侧是用钢板搭建而成的弧形大梁，上方的简易白色吊灯和网状的构造物交织在一起，原木色的柜台使得空间富有温度，墙壁上的白色 Logo 和餐厅名称十分醒目，整体设计呈现出一种科技感（图 5-5）。

图 5-5　HUB CAFE 的大厅

从柜台右侧往前走就来到一块休闲区域，在这里，顾客可以点上一杯咖啡或清茶，休息片刻或与三两朋友小聚。透过玻璃落地窗往外看，窗外的风景一览无余。穿过休闲区，一个设有 12 级台阶的木质多功能楼梯便映入眼帘，在每级楼梯上都安装有插座。楼梯旁还藏了一层的桌游区，用几何色块设计而成的混凝土墙面、不均匀分布在墙面上的镂空窗户和天花板上的灯光共同营造出宽敞、明亮的氛围。再往前走，狭小的区域里居然藏了一个巨大的通高空间，里面被设计成不同的就餐区，给人一种错落有致的空间感。在各就餐区域，摆放了数量不一的餐桌椅，不同色调的融入给空间带来不少跳跃感（图 5-6）。

图 5-6　HUB CAFE 的一楼桌游区和就餐区

上楼梯，便可以来到二层和辅助功能空间。木制而成的空间与一层就餐区连为一体，展现出错综变化的设计感。这样的空间设计，不仅能引导顾客步入其中，还能使上下层构成统一的整体空间。多个大小不同的窗洞，又为顾客提供了变化的视角。

资料来源：这么有科技感的设计，仅仅只是一家轻食店吗？http://www. sohu.com/a/300736742_100101250，2019-03-12 17：44.

3. 有机整合空间场景要素——以会议为例

上文提到的王春雷和韩建军（2019）的研究虽然是有关会议场景的，但所提出的策略可供一般商业空间借鉴，其基本出发点都是从使用者的需要角度出发，对空间场景要素进行有机整合。

（1）营造舒适的会场氛围，充分满足五感体验。

从会议组织者的角度，氛围维度是最容易理解和掌握的，因为氛围要素是可制造、可观察或可测量的刺激要素。

作为氛围设计中的重要变量，颜色是影响人们感知和评估周围环境的关键因素。雅各布和休斯（Jacob、Suess，1975）发现，与冷色调相比，暖色调可以让人产生更多情感。卡亚和埃普斯（Kaya、Epps，2004）认为，绿色可以诱发放松舒服的积极情绪。与白色相比，橙色在缓解压力、引起兴奋感上的作用更加显著。例如，在筹备 2015 中国会展业未来领袖论坛时，组织者为不同身份的与会者设计了不同颜色的徽章，伴手礼围巾的颜色也不同，这收到了很好的效果。

音乐和气味是两种与快乐相关的氛围刺激要素。研究表明，周围的气味和音乐与品牌的关联度越高，消费者能够更好地识别品牌形象，对环境的评价和体验的满足感也显著提高。因此，淡淡的清香和舒缓的轻音乐巧妙地搭配在一起，可以让与会者放松心情，使会议有快乐的味道。设施的清洁度与参与性有直接关系，清洁的体育设施，人们参与性更高。室内的温度通常应该保持在18~25℃，会议和活动空间中温度最好低于21℃。

感官对外界环境的感知最为敏感，因此，无形氛围的营造应该是全方位满足参会者五种感官的需要，并通过各种无形氛围要素的组合使用，使参会者在轻松愉悦的氛围中满足参会目的。

（2）打造别致的会场环境，让会议现场与众不同。

对于有形环境的打造，会议组织者要重点关注道具和标识的使用。在服务业中，就像戏剧制作一样，习惯于使用道具来吸引观众。派因和吉尔摩（Pine、Gilmore，1999）研究发现，在举办活动时，普通的空间必须成为一个与众不同的地方，其中，道具可以向人们提供非语言暗示，从而增强观众体验。在会议场景中，道具的涉及范围较为广泛，背景墙、海报、徽章、鲜花、绿植、伴手礼等物品设计都可以纳入道具的范畴。

此外，会议空间布局不仅应该满足功能性需要，还要具备有趣性和审美性；在设计活动的空间时，安全性是第一位的，但还要考虑个人空间的舒适性需要。作为一种视觉符号或文字语言，标识是一种特定的会议形象和理念的展示工具，在品牌传达中起着重要的作用。标识设计要充分表现会议的名称和主题，不仅要满足其指引和展示作用，还要充分体现美感。会场的布置风格首先要符合会议的主题，当然，会场中座椅等家具的摆放和投影等设备的选择也要满足会议和参会者的需求。

特别值得一提的是，餐饮已成为会议场景营造中非常重要的环节，用心准备的茶歇和正餐能充分体现会议主办方的周到服务，为会议赢得参会者的好评。

（3）提高服务水平和强化互动环节，提升参会者的存在感。

贝克等通过研究发现，安排较多着装得体的服务人员对顾客致以热情欢迎，可以提升顾客对商店的印象。会议服务水平主要通过会议工作人员的表现来呈现。在与参会者的服务接触中，会议工作人员的个人形象、自身素质、服务技能以及服务效率和应变的能力等都会对参会者的情绪和参会体验产生直接影响。

在会议中，主持人和分享嘉宾是调动参会者情绪的关键人物。主持人要具有足够的激情和热情，除保证正常的流程把控外，还应尽可能调动现场气氛，热情的问候、抑扬顿挫的语调以及煽情性的话语是调动气氛的关键。对于分享嘉宾来说，不能只是一味地讲述自己的观点，在演讲过程中，与参会者进行互动、适当的提问，了解参会者的接受程度，并获得参会者的反馈，这样能够有效地提高参会者的存在感，促进他们的思考，进而提高他们的认知体验。

值得注意的是，在社会密度较高的服务场所中更能够满足参会者的归属感、自尊感和自我认同感，也更能满足社会交往以及获得社会认同的需要。因此，对于会议组织者来说，关注与参会者之间的社会关系及互动，可以营造更良好的社会环境。

（4）设计富有创意的社会象征，增强参会者的归属感。

社会象征性维度包含具有象征性含义的标志、符号以及手工品、艺术品等要素。通过对这些要素的创意设计，可以唤起相同群体成员的共同渴望。在会议管理中，对社会象征维度的合理设计，可以为参会者带来群体归属感。

明确参会者的群体属性，根据不同群体的特征设计具有独特群体象征的元素，并充分利用标识、标志或手工品、艺术品等，打造特定群体的专属印记，有助于增强与会者的在场感与情感共鸣。

（5）选择合适的会议目的地，打造参会者的新奇之旅。

目的地是会议场景营造的关键要素之一，与会议匹配度高的目的地无疑能为会议本身增色不少。在目的地选择上，会议组织者首先要明确会议的主题和内容，其次，要分析参会者的人数以及不同参会者的需求。自然环境和当地的景点是目的地选择的关键，同时还要满足参会者对"食、住、行、游、购、娱"等要素的需求。

选择合适的会议目的地，有助于营造非同寻常的会议场景，在这种会议场景中，参会者会以更积极的心态、更饱满的状态参与到会议中去，从而更容易获得兴奋感、满足感，并且更能激发他们的分享热情。

参考文献

［1］Adir，G.，Adir，V. & Pascu，N.E. Logo design and the corporate identity［J］. Procedia – Social and Behavioral Sciences，2012，51：650–654.

［2］Baker，J.，Grewal，D.，Parasuraman，A. The influence of store environment on quality inferences and store image［J］. Journal of the Academy of Marketing Science，1994，22（4）：328–339.

［3］Bitner，M.J. Servicescapes：The impact of physical surroundings on customers and employees［J］. Journal of Marketing，1992，56（2）：57–71.

［4］Carroll，J.M. Five Reasons for Scenario–Based Design［C］// Proceedings of the Thirty–Second Annual Hawaii International Conference on System Sciences，Volume 3. IEEE Computer Society，1999.

［5］Gifford，R. Environmental psychology：Principles and practice［J］. Environmental Psychology Principles & Practice，1987（4）：53.

［6］ilouba 楼巴. 购物中心全场景化就够了吗？以北京住总万科广场为例［EB/OL］. http://dy.163.com/v2/article/detail/EDF0SGKL0518LEF1.html，2019-04-23

［7］Jacobs，K.W，Suess，J.F. Effects of four psychological primary colors on anxiety state［J］. *Perceptual & Motor Skills*，1975，41（1）：207–10.

［8］Kotler，P. Atmospherics as a Marketing Tool［J］. Journal of Retailing，1973，49（4）：48–64.

［9］Mehrabian，A.，Russell，J.A. An Approach to Environmental Psychology［M］.Cambridge，MA：The MIT Press，1974.

［10］Nelson，K.B. Enhancing the attendee's experience through creative design of the event environment：Applying Goffman's dramaturgical perspective ［J］. *Journal of Convention & Event Tourism*，2009，10（2）：120–133.

［11］Silver，D.A.，Clark，T.N. Scenescapes：How Qualities of Place Shape Social Life［M］. Chicago：University of Chicago Press，2016.

［12］Tombs，A.G.，McColl-Kennedy，J.R. Social-servicescape conceptual model［J］. Marketing Theory，2003，3（4）：37-65.

［13］季晓东 . 酒店场景建设：如何"看得见、摸得着"——从《长安十二时辰》看文化主题酒店建设（中）［N］. 中国旅游报，2019-08-15.

［14］［加］丹尼尔·亚伦·西尔，［美］特里·尼科尔斯·克拉克 . 场景：空间品质如何塑造社会生活［M］. 祁述裕，吴军，译 . 北京：社会科学文献出版社，2019.

［15］［美］理查德·佛罗里达 . 创意阶层的崛起［M］. 司徒爱勤，译 . 北京：中信出版社，2010.

［16］［美］罗伯特·斯考伯，谢尔·伊斯雷尔 . 即将到来的场景时代［M］. 赵乾坤，周宝曜，译 . 北京：北京联合出版公司，2014.

［17］王春雷，韩建军 . 基于参会者体验的会议场景量表开发与验证——以 2015 中国会展业未来领袖论坛为例［J］. 旅游学刊，2019，34（1）：82-94.

［18］王莹 . 由"景观设计"到"场景设计"［J］. 旅游学刊，2006（10）：11.

［19］吴声 . 场景革命［M］. 北京：机械工业出版社，2015.

［20］武宇翔 . 情境思维——基于场景的设计思维方式［J］. 设计，2019（11）：105-107.

［21］熊伟，宋锐 . 基于 M—R 模型的休闲餐厅环境对顾客行为影响的实证研究［J］. 北京第二外国语学院学报，2011（9）：54-63.

［22］徐菊 . 让时尚起风浪 龙湖重庆北城天街 15 年"坪效王"炼成记［N］. 重庆晨报，2018-05-31.

第 6 章

第四空间的产品与服务规划

　　建筑中产生生活的模式越多，它看起来就越美。它以千百种小的方式表明，美是靠对我们所需要的小东西的细心和注意来产生的。我们的产品、服务或业务，也是一个具有某种含义的世界、场所或空间。这不是纯粹把某个硬件当成物品一样摆在那里，它伴随着对顾客或使用者而言活灵活现的现实或语境。如果忽略了这一点，就创造不出价值来。这里，当然存在着我们需要具备的"无名特质"（The quality without a name）。（C. 亚历山大，2004）

上海 K11　　　　　　（插图：杨荫稚）

　　K11是有机融合艺术、人文、自然三大核心元素的著名购物中心品牌。在上海K11，消费者可以在地下3层的艺术空间欣赏各种艺术作品，这里会经常举办各种展览；也可以在地下2层品尝酸奶冰激凌和各类新鲜健康的美食，还可以参加烘焙、素描或陶艺等各种有意思的手工课程。在6楼的露台花园，则可以体验都市农庄蔬菜花果的活色生香，另外，这里也经常举办艺术品集市、品牌促销等活动。

　　首先需要说明，本章讨论的"空间"主要是指各类经营性的商业空间，因为不同类型的空间在产品和服务设计上存在显著差异。例如，如果是面向消费者的商业空间，需要重点从消费全过程的体验管理来理解产品和服务设计；如果是办公空间，则需要从地理位置、行业定位、空间的风格、包括的服务及价格等方面来综合衡量。

　　空间是一个充满魅力的观察和体验对象，一般来说，它不仅需要依托特定的有形产品和无形服务，而且，很多时候空间也构成产品的一部分。正如C. 亚历山大（2004）所言，"我们的产品、服务或业务，也是一个具有某种含义的世界、场所或空间。这不是纯粹把某个硬件当成物品一样摆在那里，它伴随着对顾客或使用者而言活灵活现的现实或语境"。另外，空间是一个不易被看到甚至被触摸的概念，所以产品往往是传达空间信息的载体。作为实体，产品不能存在于空间之外，而是要占据一定的空间。

一、空间产品的构成

1. 从传统产品构成体系的角度

　　市场营销学理论将产品的本质划分为不同层次，以探讨消费者对产品的感觉以及分析如何进一步刺激消费和改进产品与服务。1994 年，著名营销学大师菲利普·科特勒（Philip Kotler）在《市场管理：分析、计划、执行与控制》修订版中将整体产品概念的内涵由三个层次扩展为五个层次，即核心产品、形式产品、期望产品、延伸产品和潜在产品，该框架有助于完整地描绘如何从"核心利益"向"潜在产品"扩展，进而解释消费者选购和消费产品的全部心理过程。

　　人们通常所理解的产品是指具有某种特定物质形状和用途的物品，是看得见、摸得着的事物，现代营销理论认为，产品整体概念是有形和无形特征构成的综合体，而且是动态变化的。上述产品层次的划分方法对空间经营也有直接的启示，如表 6-1 所示：

表 6-1 传统产品的层次划分及其对空间经营的启示

产品层次	含义	对空间经营的启示 （以某咖啡馆为例）
核心产品	向顾客提供的产品的基本效用或核心利益	开发符合市场需求的咖啡产品，满足不同细分市场的需要（提供不同类型的咖啡）
形式产品	产品的基本形式，核心产品借以实现的形式	设计形式产品，体现空间能为消费者提供的核心利益（注重对咖啡口味、包装、品牌等有形部分的设计）
期望产品	消费者在购买产品时期望获得的与产品密切相关的一整套属性和条件	准确把握期望产品，提升顾客满意度（咖啡品质高，Wi-Fi 速度快，环境舒适，还提供点心等轻食）
延伸产品	消费者购买形式产品和期望产品时附带获得的各种利益的总和	拓展延伸产品，提高顾客感知价值（达到一定消费额，可以免费升杯或参加咖啡馆推出的各类社群活动）
潜在产品	包括所有附加产品在内的，可能发展成未来最终产品的潜在状态的产品	开发多样化的产品和服务，扩大综合收入（设计会员制产品，推出培训等收费活动）

资料来源：Kotler，P. Marketing Management：Analysis，Planning，Implementation and Control（8th Edition）[M]. Upper Saddle River，N.J.：Prentice Hall International，1994.

2. 从经验连续体的角度

菲利普·科特勒（Philip Kotler）和何麻温·卡塔加雅（Hermawan Kartajaya）、伊万·塞蒂亚万（Iwan Setiawan）在《营销 4.0 中》提出，在数字化连接的时代，洞察与满足各个连接点所代表的需求，帮助顾客实现自我价值，是新时期的营销者需要面对和解决的问题，它是以价值观、连接、大数据、社区和新一代分析技术为基础所造就的。换句话说，营销 4.0 以大数据、社群和价值观营销为基础，在更大程度上依靠"F 因素"（包括 friends——朋友、fans——粉丝和 followers——追随者）而非品牌来传播，并让消费者更多地参与到价值创造中来。在过去，消费者旅程可以用"5A"来概括，即了解（Aware）、吸引（Appeal）、问询（Ask）、购买（Act）和重复购买（Act Again），但在数字时代，营销变得格外复杂，科特勒将其划分为吸引、好奇、承诺和亲和 4 个环节。

在上述大背景下，有必要从体验的角度来理解空间的产品构成，以期更好地指导线上线下融合，全渠道、全过程连接顾客，进而为顾客提供高度个性化、协作化的服务。根据段义孚（2001）的经验连续体理论（experiential continuum），当"空间"（space）获得定义（definition）和意义（meaning）时便转变为"地方"（place），这种意义和定义便是"亲切经验"（intimate experience），如图 6–1 所示：

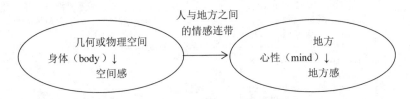

图 6–1　从空间到地方的经验连续体

"当我们对空间感觉到十分熟悉的时候，空间就变成了地方"（Tuan, 2001）。换句话说，空间转换为地方的关键因素是经验。据此，可以将空间带给消费者的体验分为三个层次：生理水平、认知水平和情感水平。其中，在生理层面，消费者主要依靠感官特别是视觉、触觉和听觉来体验空间，包括产品的材质、颜色和形状等。在认知层面，高品质的体验可以引起消费者的思考和分析，进而让消费者感到惊喜或产生兴趣。在情感层面，则强调空间或其中的产品和服务的某些内容能让消费者产生共鸣，内心深处受到触动。

概括而言，广义的空间产品往往由场所精神、无形氛围、有形设施、有形产品、专业服务、社群服务和配套活动等要素构成。季松和段进（2012）从消费者体验的角度提出，"难忘的空间体验是空间商品成功的重要保障"，其基本经验就是"根据消费者的兴趣、态度、爱好、情绪、知识和教育程度等……把商品作为道具，把服务作为舞台，把空间作为布景，使顾客在消费过程中感受到美好的体验"。他们将空间体验概括为主题化、情境化和参与度 3 个方面。结合经验连续体理论，可以从消费者体验的角度，对空间产品结构进行更具操作性的划分（表 6–2）。当然，空间体验层次和消费者的体验角度并不是严格的一一对应关系。

表 6-2　从消费者体验角度划分的空间产品结构

体验角度	解释	对应的主要体验层次	策略列举
主题化	采用有创意、与现实感受反差大的主题	生理层次	运用材料、颜色、道具、音乐等元素，突出空间的主题和企业文化，如上海的 1933 老场坊、第九车间主题餐厅等
情境化	营造能激发兴奋点和有故事叙事的场景	认知层次	利用硬件设施和有形产品等要素，营造有故事性和吸引力的场景，如上海长风大悦城的高登公园
参与度	增加空间中的可参与性或互动活动	情感层次	策划会员日、社群聚会等各类活动，推出手作等 DIY 空间
个性化	打造具有个人标签和有助于价值共创的产品及服务		优化会员服务体系，策划会员专属活动

参考资料：季松，段进.空间的消费：消费文化视野下城市发展新图景［M］.南京：东南大学出版社，2012.

在空间产品规划中，还要特别注意两个关系：一是产品与服务的关系。2018 年 3 月，龙湖集团 CEO 邵明晓提出了一个创新概念——龙湖要通过数据化、智能化，做连接人与空间的未来企业，也就是"空间即服务"（Space As A Service，简称 SAAS）。二是公共空间和私享空间的关系。与居家的私享空间相比，公共领域的私享空间是指个体微型空间，它更加强调个体的独立性与私密性。例如，图书馆的独立研究室或研讨空间，以及位于阅览区的独立阅览空间，前者只要符合条件便可提前预订，后者与其他座位不紧邻，在视线上与其他读者不产生交叉，受外界干扰较少。而且，私享空间服务正在向其他社会领域拓展，譬如医院、候机、动车站候车等。

—《《 经典实例 6-1 》》—————————————————

"空间再造"是图书馆转型升级的重要举措

2009 年 8 月 23—27 日，世界图书馆和信息大会暨第 75 届国际图书馆协会和机构联合会大会（简称"国际图联大会"）在意大利米兰举办。本届会议的主题是"图书馆创造未来——建立在文化遗产之上"，其中，"作为场所与空间的图书馆"和"作为第三空间的图书馆"两个分主题引起了热烈讨论，与会代表一致认为，空间的应用将成为图书馆一种更高层次的服务。2013 年，在丹麦的奥胡斯举办了"下一代图书馆会议（Next Library Conference）"，并汇编了一本名为《建设明天的图书馆》（Building Libraries for Tomorrow）的论文集，该书强调：图书馆建筑从为藏书、设备和相关物理设施而设计转向更加注重为人、社群成效、经验和创新而设计，是一个国际化趋势。2015 年，美国《新媒体联盟地平线报告（2015 图书馆版）》中的一项重要议题是"重新思考图书馆空间"，并提出空间再造为图书馆提供了新的发展机遇，创客空间已经成为美国高校图书馆空间再造和服务转型的切入点。

一句话，在信息化与全球化背景下，"空间再造"已成为许多图书馆转型升级的重要举措。以大学图书馆为例，不少图书馆将馆内大小不同的空间最大限度地利用起来，以满足读者的各种需要，同时通过虚拟资源共建共享，将师生的阅读学习、研究讨论、知识创新甚至文化休闲等多种元素融入空间服务中，为图书馆注入了活力。

例如，被誉为"引领荷兰大学图书馆走向数字人文时代的图书馆"，阿姆斯特丹自由大学图书馆能提供多元化的服务空间，包括协同工作空间（Working-together Room）、独立研究空间（Individual Study Room）、工作站（Work Stations）、阅览室（Reading Rooms）、休闲学习中心（Leisure Learning）、媒体体验中心（Media Experience）和图书馆实验室（Library Lab）（邱文梅，2019）。再以纽约市皇后区图书馆为例，过去80%的业务是图书借阅，现在仅占30%，而70%的精力在于非传统的读者活动上，如求职信息、求职技巧、语言培训等（吴建中，2017）。

从全球范围来看，这些年，各类图书馆一直在探索通过举办讲座、展览、读书会和学术研讨等活动，挖掘图书馆作为场所的价值，以吸引更多的读者回到图书馆。2008 年，日本大阪艺术大学利用图书馆 2~4 楼和楼梯的空间，举办了一个名为"Finalin 图书馆"的展览。该展览收到了很好的反响，在两周内使图书馆增加了 2000 多位读者，充分发挥了图书馆作为"表现的场所"的功能，并使图书馆逐渐成为以学习和交流为特征的知识中心（毛刚等，2013）。

根据吴建中提出的"第三代图书馆"概念，未来的图书馆是一个由虚实结合的空间、信息资源、管理服务、用户参与等多种因素构成的多元生态系统，不再只有文献保存、信息存储、文化传承等传统功能，而是一个能带给读者立体式体验甚至私享空间服务的知识交流与创造空间（谢为情、盛兴军，2018）。正如奥尔胡斯图书馆馆长罗尔夫·哈佩尔（Rolf Hapel）所言，"当代图书馆应该是一个灵感空间、学习空间、表演空间和聚会空间，并强调通过用户的参与来构建一个面向全社会的服务平台"（彭骏，2019）。

二、空间产品规划的基本方法

1. 空间产品规划的一般流程

（1）开展市场和行业研究。

空间经营者可以从基本商业逻辑、行业全景图（行业产业链分析）、行业环境分析、营销关键要素、财务关键要素等方面来理解行业。

其中，基本商业逻辑主要包括以下问题：我们的空间类型处在什么行业？存在哪些机会？目标市场是谁？要满足什么需求或解决什么问题？可以如何盈利？所谓行业全景图是指从产业链的角度，分析空间的所有利益相关者之间的关系，在此基础上寻找市场机会。行业环境分析，即一般按照 PESTEL 框架，从政策、经济、社会、技术、环境和法律等角度对空间所处的宏观环境进行分析，进而识别一切对组织有影响或冲击的因素。从营销传播的角度，营销关键要素包括：有哪些可以触达目标用户的渠道，可以采取什么具体营销方式，以及每种渠道的转化率如何，等等。

（2）进行市场细分。

商业空间发展到今天，档次高低早已不再是界定空间层次的最关键标准，"精神消费""文化归属""潮流圣地"等特性成为许多商业空间的新标签。因此，空间必须根据特定的细分变量对市场进行细分，进而选择合适的目标市场。就消费者市场而言，常用的细分方法有地理细分、人口细分、心理细分、行为细分、受益细分等类型。其中，人口细分变量包括年龄、性别、家庭人口、收入、教育程度、社会阶层，宗教信仰或种族等。

另外，消费者会基于某些共同的兴趣爱好和价值观等聚集到一起，因此，空间需要运用社群思维，通过会员专属权益、社群活动等途径，为消费者个体、社群、机构搭建连接与沟通的平台。

《经典实例 6-2》

面向"千禧世代"的上海五角场 SOHO3Q

位于上海五角场的 SOHO3Q 是由原大西洋百货大楼改造而成，整个办公空间透露着年轻的气质，到处充满未知和惊喜。该共享办公空间坐落于五角场商圈的核心区域，周边知名高校集中，并与多个购物中心毗邻，形成了时尚、创新的独特氛围，深受年轻人喜爱。进入一层大堂，首先会路过一个"校园区"，它内设一个夹层，是整座大厦的核心，人们可以在这里畅谈业务、聆听讲座或安静地享受闲暇（图 6-2）。大堂中间的旋转楼梯连接各个楼层的公共空间，使整个环境更具活力。

图 6-2　上海五角场 SOHO3Q 的大堂

二层以上的每个楼层被划分为不同功能区域。每层设有一个前台和多个大小不一的会议室，空间规格 2~24 人不等。除会议室外，每层还设立了具有私密性的讨论空间，适合小规模讨论或者通话。办公区域的空间划分紧凑合理，为专注工作创造了理想条件。

此外，每个楼层都有专属的主题和颜色。各层的主题围绕名人展开，如乔布斯、马云及贝聿铭等，并被赋予了横向思维者、行动派等年轻人喜爱的标签。名人艺术肖像点缀了整个墙面，让每个楼层更具个性。每个楼层采用不同的几何图案和色彩设计，增加了空间的对比性，以期为不同行业和领域的群体提供易于激发灵感的多样化工作环境。

资料来源：LOFT 上海 . SOHO 五角场 3Q 联合办公［EB/OL］. https://www.sohu.com/a/330740161_556722，2019–08–01.

（3）分析产品组合。

传统意义上的产品组合（或产品搭配）是指一个企业能提供给市场的全部产品线和产品项目。总体上讲，空间的产品设计同样遵循产品组合的一般策略及原则，如提升经营的专业化，以满足更多的特殊需要，加强产品系列的关联性等。

第四空间在设计产品组合时，要综合考虑以下因素：1）除了由设施、设计、色彩等构成的环境本身，空间的产品还包括看得见的商品和无形的服务；2）突破"空间"的物理界限，除了传统的线下场景外，还有官方网站、社交媒体平台等各类虚拟空间，甚至还有车间、作坊、科学实验室等后端空间；3）既拥有基于"硬件设施"和"技术创新"的理性因子，又拥有蕴含"人文情怀"的感性表达，充分考虑设计美学、生活方式、社交功能等对空间的要求；4）除了日常的商品销售和服务提供，还有定期或不定期举办的活动。

例如，2016 年 12 月 5 日，亚马逊宣布将推出革命性的线下无人零售商店 Amazon Go。2018 年 1 月 22 日，首家 Amazon Go 向公众开放。这种无人零售店构想的关键技术在于其特殊的货架，它通过感知人与货架之间的相对位置和货架上商品的移动来计算是谁拿走了哪一件商品（目前准确性还不能做到 100%）。顾客只需下载 Amazon Go App，在商店入口扫码成功后便可进入商店开始购物。Amazon Go 的传感器会计算顾客有效的购物行为，并在顾客离开商店后，自动根据顾客的消费情况在亚马逊账户上结账收费（图 6-3）。进军线下实体店市场，亚马逊试图给消费者带来 "No Lines. No Checkout.（无须排队，无须结账）"的体验，并超越传统的食杂店。

图 6-3　Amazon Go 无人零售店

（4）制定产品发展的愿景目标。

空间产品规划工作的基本任务是明确产品发展的愿景目标（vision），并通过各种沟通渠道让组织内的相关人员理解和熟悉这个愿景。在此基础上，产品规划人员还要对空间产品的长期发展规划进行设计和描述。

2. 空间产品架构

对于商业空间的业主方或运营者，特别适合运用 "Why-How-What 黄金圈法则" 来分析产品架构问题（图 6-4）。

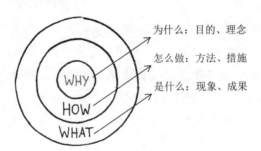

图 6-4　Why-How-What 黄金圈

具体来说，包括：（1）为什么（why）？——空间为什么要开发某个或某些产品？产品目标是什么？目标消费者是哪些群体？希望为消费者解决什么问题？（2）怎么做（how）？——如何解决所确定的问题？产品具体要做成什么样子？计划怎样呈现给消费者？（3）是什么（what）？——最终要开发的是什么？产品定位是什么，是功能型产品，还是内容型产品？空间需要拥有哪些功能和内容？

三、第四空间的产品与服务规划策略

总的来说，城市空间消费表现出了新的特征与态势：从物质走向了符号，从功能上的使用走向了情感上的体验与认同（季松、段进，2012）。沿着"生理—认知—情感"的体验层次阶梯，可以对空间的常用产品和服务规划策略做简要的梳理（表6-2），具体概括为整体空间主题化、消费场景特色化、互动方式多样化和产品服务个性化。

1.整体空间主题化

如果一个空间能创造某种意境，便更容易让消费者留下深刻的感受和记忆。空间的主题可以通过材料、颜色、道具、背景音乐甚至配套活动等各种元素体现出来。例如，名牌专卖店往往利用品牌标识或口号等作装饰，在门楣、前台、墙面装饰、陈列装置、包装袋甚至灯光等载体上反复出现，以强化顾客的印象。

一个好的商业空间，往往从一句脍炙人口的经营理念或主题宣传口号等开始。例如，作为中国民营书店的先行者，诞生于1993年的西西弗书店一直秉承"参与构成本地精神生活"的价值理念，致力于推动大众精品阅读。在几乎每一家西西弗书店的正门门头上，都可以看到"Participate In Local Spiritual Life"（参与构成本地精神生活的英译）的标准字样（图6-5）。创办于2014年的另一个书店品牌言几又则秉承"传达·生活·可能"的品牌理念，努力为文艺爱好者打造一个集实体书店、咖啡文化、文创集市等众多元素为一体的生活方式体验空间。

在实际操作中，可以天马行空，通过自然、人文、科技等各种元素对空间主题进行全方位的演绎。以龙湖北京长楹天街精心打造的美好生活新空间——"花间享"为例，花间享紧紧围绕"花、科技、艺术"三个核心元素，运用花来营造整个空间的艺术氛围，通过巧妙的创意将"花间漫享，美好绽放"的主题演绎得淋漓尽致。例如，中庭悬挂的全亚洲首次呈现的科技艺术装置——漫舞花园是由 300 多个可触物理像素组成的造型如花的矩阵幕，伴随着音乐，出现或如鸟群鱼群，或如星光闪烁的动态全息画面（图 6-6）。北京首家乐高探索中心，首家新零售智慧门店 Ink+Ivy，首家海澜之家生活馆海澜 home……众多品牌首店的集体亮相，为消费者带来了"漫享美好"的多元解决方案（李萌，2018）。

图 6-5　典型的西西弗书店正门门头

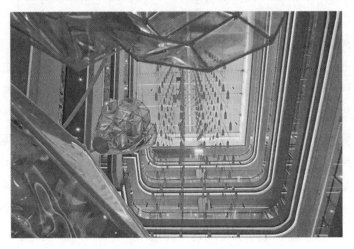

图 6-6　花间享中庭悬挂的"漫舞花园"科技艺术装置

2. 消费场景特色化

对于空间经营者，打造具有魅力的场景，特别是利用直观的商品使用场景 / 消费场景来诱发顾客的联想往往是行之有效的。正如本书第五章所提及的：广义的场景等同于环境或情境；狭义的场景是指从人的需求出发对特定环境的创新设计以及对各种空间内容的整合再现，特别是运用声、光、电、VR、AR等手段与空间设计相结合进行立体式的呈现。根据本书对空间场景的定义，可以重点从场所精神、设计感和美学意义、舒适物（amenities）、群体关系及活动（activity）等方面着手，具体内容见第五章第四节。

毋庸置疑，如果一家儿童用品商店将卧具、文具、玩具等产品有机组合，设计成一个儿童房间的样子，要比产品分类陈列的方式生动得多，它能让顾客身临其境。另外，特色化场景的打造往往与空间的场景营销策略联系在一起。例如，宜家是场景化营销的先行者，消费者走进任何一家门店，都会发现已经布置好的客厅、卧室或厨房等样板间里精心布满了宜家的全套商品，这种场景能让宜家更好地触达目标消费者。2012 年，宜家在巴黎地铁的奥伯车站内建造了一套面积达 53 平方米的公寓，里面的各式家具齐全。公寓内每一件商品的标签上不仅详细注明了商品价格，还有一个二维码，消费者只需要拿出手机扫一扫，就可以挑选和购买全品类商品的所有款式，非常方便。更让人惊讶的是，五名志愿者竟然在那里住了将近一个星期，这个创意旨在展示宜家的存储产品可以如何让任何小空间都变得舒适（图 6-7）。

正如吴声（2015）在《场景革命》一书中所言，"产品置于场景之中，被选择，被重新定义，产品即场景，人们越来越愿意为特定场景的解决方案付费"。

3. 互动方式多样化

随着消费者越发关注高质量的人际关系建立与情感沟通，包括购物中心在内的许多商业空间作为目前的"第三空间"，与其说承载的是人们的生活需求，不如说是人与人之间的交流与互动。在此背景下，借助各种工具、参与形式各异的"互动"，是空间产品规划的重要内容。另外，数字多媒体技术的发展和应用场景的不断拓宽，给商业空间设计和场景营造注入了新鲜的血液，也为空间与消费者的互动创造了更多可能。

图 6-7　宜家曾经设立在巴黎地铁奥伯站内的样板间

在日常工作中，空间经营者常用的互动方式如下：

（1）社交媒体。

社交是人类社会的重要特征，也是信息流通的主要方式之一。从传统的浴室、竞技场、剧院、咖啡馆、会场等场所，到今天的虚拟空间，互联网的出现深刻改变了人类的社交方式。根据美国独立民调机构皮尤研究中心（Pew Research Center）的研究，数码世界已成为年轻人在校园、家里与课外活动之外的主要社交场所；他们沉浸在网络世界的时间远远多过和朋友一起喝咖啡或逛街。对许多年轻人来说，虚拟和现实世界之间的界限正在变得更加模糊，因而线上和面对面互动具有同样的意义。

对于经营性空间，社交媒体的功能不限于推送各类文章，它更是一种与顾客交流、互动的工具，它可以贯穿消费者从关注到购买的全过程。星巴克、COSTA 等国际咖啡品牌以及 K11 等购物中心品牌都有自己的社交媒体矩阵（表 6-3），且各个平台都具有自身的鲜明风格，在引导消费者线上购买或到实体店消费方面起到了很大作用。

表 6–3　上海 K11 的主要社交媒体平台

平台	主要内容
官方网站	网址：https://www.shanghaik11.com 购物中心导览（设置艺术、购物、食味和活动 4 个导航栏），提供艺术品展示说明、各类购物资讯和活动信息
微博	艺术性微博（包括粉丝服务和相册），各类活动信息发布，粉丝互动
微信	艺术空间展示，活动信息发布，特色商品介绍，生活 / 饮食分享
豆瓣	K11 最新活动介绍及创意之旅，艺术家等信息发布
客户端	客户端（要求用 Facebook 账号登录）； 会员客户端，包括导购指南、立拍见影、会员尊享、预约服务等栏目

资料来源：根据官网、官方微博等平台整理。

　　再如，在 2014 年上海购物节期间，新世界商城推出了"新支付、新合作、新体验、新渠道、新应用"五新互动，其中，新应用的主要内容包括：通过新世界城微信公众账号和"新世界"手机 App，顾客可以实现新世界城地图导航、了解电影资讯、会员订制服务等多重体验；通过"新世界"手机 App，不仅能领号，还能远程排号、随时随地查号、临近叫号并提醒。

　　（2）参与性项目。

　　即通过推出饰品手作、烘焙、陶瓷制作等 DIY 工坊或科技探索中心、阅读角、主题餐饮等项目，增强空间的体验性和参与感。例如，面向注重高质量成长陪伴的新一代亲子家庭客群，上文提到的"花间享"以北京独家乐高探索中心为首，将传统的儿童娱乐体验升级为全新的沉浸式家庭互动娱乐体验。连同以亲子为主题的图书、餐饮、互动体验集合空间字里行间童心馆、儿童科技精品教育品牌帕皮科技、高端儿童艺术中心童画森林，为亲子家庭提供高水准的欢愉体验。

　　仍以 K11 为例，它是把艺术·人文·自然三大核心元素融合的著名购物中心品牌。在上海 K11，消费者可以在地下 3 层的艺术空间欣赏各种艺术作品，这里经常会举办各种艺术品展览；也可以在地下 2 层品尝酸奶冰激凌和各类新鲜健康的美食，还可以参加烘焙、素描或陶艺等各种有意思的 Workshop 课程。在 6 楼的露台花园，消费者则可以体验都市农庄蔬菜花果的活色生香，另外，这里也经常举办艺术品集市、品牌促销等活动（图 6-8）。

图 6-8　梦龙在 K11 屋顶花园开设的快闪店 Pleasure Store

（3）互动装置艺术。

利用科技艺术打造出的网红商业空间往往具有独特的艺术魅力，不仅能提供有代入感的互动体验，还能在不占空间的情况下与设计相结合，打造更丰富的商业空间。例如，每逢夏季来临，在波士顿 Lawn on D 公园的广场上设有若干内置了 LED 灯源的秋千，当秋千处于静止状态时，这款装置会发出微弱的白光，当秋千被晃动时，白光就会转换成紫色的光。这种反应式的设计可以激发人们之间的互动（图 6-9）。

图 6-9　公园里内置 LED 灯源的秋千

再如，于 2018 年 12 月 18 日开业的深圳罗湖水贝 IBC MALL 以珠宝文化为独有 IP，倾心打造时尚生活社交中心。开业之初，在 1 楼中庭精心打造了开业美陈——人鱼公主的琴心呓语，通过抽象的艺术表现来丰富对珠宝文化与价值的表达；消费者还能借助全息投影技术，在"人鱼之贝"的珍珠造型中体验一年四季的浪漫之旅。另外，商场内部每层楼都设置了不同主题、不同造型的互动艺术装置，为项目带来全新的活力与遐想空间。

（4）会员活动。

除了提供积分、优惠等方面的权益外，商业空间面向会员策划和推出专属活动有助于刺激消费、增强顾客黏性，并形成良好的市场效应。例如，在每月一次的言选会员日，言几又推出"言选会员日 静读 1 小时"活动，报名参加可免费获赠书籍 1 本，购物 3 倍积分以及部分商品 7 折优惠。言选会员还可免费参加线下精选活动。2019 年 5 月，知乎和言几又共同推出联名"言盐会员"体系。双方会员能享受以下核心权益：享有知乎 3500+ 盐选私家课和现场讲座、超过 10000 本盐选电子书、600+ 位盐选专家领读、300+ 国内一线杂志刊物等线上服务，以及言几又全国所有门店 85 折消费折扣、线下精品活动免费参与、每月一杯免费咖啡、生日特权等线下特权。

再以 K11 为例，消费者下载 K11 的手机客户端，便可免费注册为普通会员，日消费达到 5000 元或 30 天累计消费满 8000 元可以升级为尊尚金卡会员，金卡会员专享服务包括全年商户优惠、生日礼遇、奖赏兑换、礼品兑换和礼宾尊区（包括停车优惠兑换）。另外，面向会员，不定期推出各种会员专属活动（图 6-10）。

（5）特殊活动。

从"第四空间"的基本框架可以看出，定期策划和组织一系列活动是第四空间区别于第三空间的重要特征。概括而言，特殊活动（special/planned events）有五大基本功能：庆祝、教育、营销、团聚和娱乐（Goldblatt，1997；王春雷，2018）。作为一种特殊的影响力工具，主题鲜明、形式多样的活动特别是各类品牌营销活动，已成为商业空间与消费者互动的重要手段。因此，在规划产品和服务时，空间经营者要把活动作为一项重要内容来统筹考虑。例如，上海大悦城官方网站（http://www.shjoycity.com）首页上的"精彩活动"

板块包括主题活动和会员活动（图6-11）。

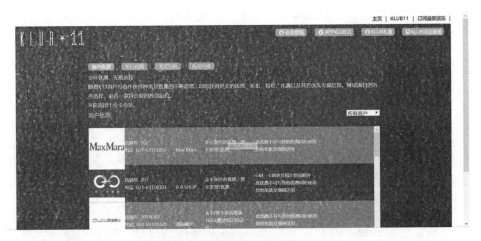

图6-10　K11会员俱乐部的官方网页

图6-11　上海大悦城官方网站首页上的"精彩活动"导航栏

　　例如，北京悠唐购物中心针对不同的目标消费者，组织开展类型多样的活动，为购物中心赢得了高人气和影响力。譬如，针对单身男女，开展"悠唐遇到爱"，坚持在每个月11日组织相亲活动。针对都市白领，打造系列社交活动——"今夜下班不回家"，每月推出一季，有时还以"人气餐饮＋大片首映"的活动组合，为辛苦了一周的白领们提供周末的狂欢夜。针对热爱改装汽车的客群，推出"悠唐改装季"。悠唐还把剧场、夜店、酒吧等业态搬到购物中心，将不定期的活动逐步固定为购物中心的常态化活动。

4. 产品服务个性化

个性化的产品和服务是相对标准化而言的，即针对特殊个体需要，提供具有鲜明的灵活性、差异性甚至突发性的产品和服务，它包括满足不同客人合理的个别需求。例如，为了满足因家庭聚会、情人约会、生日派对、商务宴请、朋友聚餐等不同原因到某酒店就餐的客人需要，餐厅准备了各具特色的包厢（private room）、景观/靠窗座位（view seat/window seats）、聚会台位（party tables）等座位。

有不少研究表明，商品和服务是以群体还是以个体的形象出现对顾客的购买心理有很大影响，抢手和专属感之间在很多时候存在一定的矛盾。一般来说，贵重的商品只有严格限制陈列数量，才能充分显示其价值，对以个体形象出现的商品，在空间设计上往往追求高雅舒展的格调，而对以群体形象出现的商品，空间设计往往采用活泼、开放的风格。

此外，会员制受到众多经营空间的青睐。基于数据挖掘技术和会员积分系统，空间可以针对会员提供更具个性化的服务。例如，某购物中心利用数据挖掘技术，通过建模和多角度分析，为经营者做出精准商业决策和设计个性化服务项目提供支持。比如，基于关联规则建模，可以发现相关商品之间的强关联关系，并运用关联规则分析消费者的购买行为，进而根据他们的消费偏好提出有针对性的营销策略，增加会员购物黏性；通过大数据推荐系统，有针对性地向会员推送符合他们心意的产品及促销信息，推送手段包括公众号、手机短信和邮箱等。

例如，位于上海外滩3号的望江阁（The Cupola）是独具特色的私密餐厅，也是许多情侣眼中的表白圣地，曾被《私家地理》杂志评为"世界上最浪漫的50个地方"之一。八角形的望江阁一层坐拥360°浦江景观，能同时款待8位客人用餐。在这个以精致家具、奢华配件布置的别致空间中，客人可以透过轩窗饱览浦江两岸的流动美景。望江阁的二层为双人贵宾包房，仅设一张餐桌及一张双人沙发（图6-12）。

图 6-12　位于上海外滩 3 号的望江阁（The Cupola）

参考文献

［1］黄旭，王红扬．C.亚历山大空间规划理论的逻辑——以《建筑的永恒之道》为例［J］.华中建筑，2010（2）：13-14.

［2］季松，段进.空间的消费：消费文化视野下城市发展新图景［M］.南京：东南大学出版社，2012.

［3］毛刚，李贺，靖继鹏.图书馆用户需求生态服务系统初探［J］.情报理论与实践，2013，36（9）：53-58.

［4］邱文梅.高校图书馆空间再造研究：构建私享空间服务新模式［J］.智库时代，2019，189（21）：112-113.

［5］吴建中.再议图书馆发展的十个热门话题［J］.中国图书馆学报，2017，43（4）：4-17.

［6］吴声.场景革命［M］.北京：机械工业出版社，2015.

［7］谢为情，盛兴军.大学图书馆空间、资源与服务融合模式分析——以上海科技大学和南方科技大学为例［J］.大学图书情报学刊，2018，36（2）：57-61.

［8］Kotler，P.，Kartajaya，H.，& Setiawan，I. Marketing 4.0：Moving from Traditional to Digital ［M］. Hoboken，New Jersey：John Wiley & Sons，Inc.，2017.

［9］Tuan，Y.F. Space and Place：The Perspectives of Experience ［M］. Minneapolis：University of Minnesota Press，2001.

第 7 章

第四空间的舒适物设施安排

许多关于个人服务和消费的舒适物（amenities）开始越来越多地定义城市景观（urban landscape/scenes）：咖啡馆、餐馆、美术馆、瑜伽工作室、健身房、酒吧和夜总会等，这样的服务和设施往往需要人际互动和实体共存（physical co-presence）。相较于是否消费和消费多少来说，消费什么和如何消费变得更加突出。而且，随着消费机会的扩大和集中，城市和社区越来越多地被它们所提供的整套舒适物所定义，而不是单一的舒适物。（吴军、祁述裕，2019）

上海环球港　　　　　　　（插图：杨荫稚）

　　作为商业综合体的典范，上海环球港的经营关键词是"商业·旅游·文化"。以书店、咖啡厅、博物馆、演艺空间、亲子运动和健身俱乐部等为代表的休闲文化娱乐设施与餐饮、购物相结合，创造了一个具有协同效应的休闲目的地。在公共区域的座椅、绿植、灯光设计等方面，环球港也努力营造出一种温馨、舒适的氛围。

第四空间包括咖啡馆、书店、博物馆、酒店、购物中心等微目的地，自然也包含于城市舒适物系统之中，即作为城市舒适物系统中的自然、人造、公共或消费等舒适物存在。对于作为微目的地的第四空间，舒适物设施是指空间正义[①]中的那些"好东西"，它们是构成空间场景的重要因素，也是空间营造科技感、设计感、体验感和娱乐感的重要工具。Silver 和 Clark（2016）提出，通过分析场景中所看到的舒适物设施，可以推断我们不能直接看到的事物，包括迷人、自我表达、正式、领袖魅力等。所以，如何合理安排舒适物设施，规避"坏东西"，提升空间的市场和社会价值，是值得空间运营者思考的关键问题。

一、舒适物与舒适物系统

1. 对舒适物的界定

舒适物一词对应于英文单词"amenity"，其中文翻译包括"愉快；礼仪，举止；（环境等的）舒适；便利设施"，因此，在学术研究上也有国内学者将其译为"舒适物设施"（吴军，2019）。作为学术术语，舒适物一词于 20 世纪 50 年代由美国经济学家提出，其理论要义在于打破以物质和财富积累为中心的城市发展模式，即将城市视为一个物质增长机器，而忽视人的生活和生存质量。在早期，舒适物主要指宜人的气候等自然地理环境，经济学家用它来解释人们的迁移现象（王宁，2016）。

目前，有关舒适物的研究主要涉及区域、环境、城市、地理等分支学科，并且集中于探讨舒适物与地方经济发展之间的关系（王宁，2017；李敢，2017）。根据现有文献，大部分学者认为，广义上的"舒适物"主要指那些使人感到舒适、愉悦并提高人们生活质量的客观事物、状态或环境（马凌，2015；王宁，2017），简单地说，就是所有"可以令行动主体开心愉悦的事物"（李敢，2017）。例如，1991 年新西兰出台的国家资源管理法（Resource Management Act 1991）将"舒适物"定义为"一个地区自然的或人造的环境特征，这些特征能满足人们关于享乐、审美、文化或游憩的需要"。与之相反，那些让人感到不舒适或难受的客观事物、状态或环境则被称为反舒适物。

[①]　空间正义是城市和社会学中的概念，主要指在追求资源分配效率之上要照顾不同群体的利益，特别是要避免对弱势群体的空间边缘化、尊重和合法化不同空间群体（曹现强、张福磊，2011）。

以城市空间为例，舒适物是指包含自然、人文、消费和社会的综合舒适物（唐晓俊，2016），包括宜人的气温、自然风景、公园和便利的商店等；反舒适物则表现为垃圾焚烧场、不安全的食品、污染的河流等。在大多数情况下，舒适物是公共舒适物，因为它或多或少涉及公共财政的支出。哪怕是空气质量，也需要借助公共财政支出以实施各种保护措施，才能得到确保。因此，公共舒适物的空间配置，就涉及一个空间正义的问题（王宁，2017）。

2. 舒适物的分类和摄取方式

通常来说，人们对不同的舒适物类型有不同的偏好，相同的是，人们看重的是各种舒适物的配套性，而非单一的舒适物。舒适物系统是城市提高其货物资金、技术、公司、人力资源、旅游者和消费者等资源的竞争力或竞争优势的重要条件之一（王宁，2017）。从城市空间视角，城市舒适物（urban amenity）的类别可分为自然舒适物、人造舒适物、市场消费舒适物和社会舒适物等类型，如表7-1所示：

表 7-1　城市舒适物的主要类别

舒适物类别	具体设施
自然舒适物	宜人的气候，气温和湿度，空气质量，冬季日照状况，临近江、河、湖、海等水域，地形地貌的景观，森林与草地等
人造舒适物	交通运输基础设施，电力，自来水、管道煤气等生活基础设施，城市建筑的风格与格局，学校、医院、历史古迹与遗产、博物馆、图书馆、美术馆、音乐厅等文化设施与服务，体育场馆与设施等
市场消费舒适物	商业服务网点、品牌店、街道生活气息、餐馆、咖啡屋、酒吧、茶楼、电影院等风格化消费设施与服务，商业化娱乐场所与服务，互联网等信息基础设施等
社会舒适物	宽容与包容、当地公民素质、低犯罪率、地方政府的服务与作风、多元性、官方语言的普及程度等

参考资料：马凌. 城市舒适物视角下的城市发展：一个新的研究范式和政策框架［J］. 山东社会科学，2015（2）：13-20.

作为城市空间的一部分，舒适物不再作为城市经济活动的产物或附属物，它已成为一种可以促进城市经济发展和产业升级的资本（王宁，2014），其主要原因在于人们对城市作用的理解以及消费需求的变化。正如马凌（2015）所说，"城市并非只是一种促进经济发展的工具，它应该是一种满足人性的终极需要的方式，而人类的终极需要就是幸福、舒适与快乐"。

同理，第四空间是人们生活、工作、学习、休闲社交和精神生活的功能整合空间，舒适物设施系统对于每个个体消费者而言是消费品，但对于空间运营者而言，舒适物设施已成为满足消费者精神需求的一种资本，并且要成为有机的系统。

二、空间舒适物设施的定义和分类

1. 空间舒适物设施的定义

Silver 和 Clark（2016）在《场景：空间品质如何塑造社会生活》一书中提出，"舒适物一词源于经济学，是一个比较难界定的术语。它与消费有关，通常是指使用或享受相关商品和服务时所带来的愉悦，但又很难量化的东西。……舒适物以及与其相关的商业、组织与服务等不但能够提供愉悦，而且还具有很高的市场价值"。

对于本书所讨论的"第四空间"，《朗文当代高级英语辞典》中对"amenity"的解释更加适用，即"使一个地方舒适或易于居住的东西"（something that makes a place comfortable or easy to live in）。对于第四空间，舒适物设施主要指那些人性化、智能化，并能给消费者带来良好体验的便利设施。

例如，南京先锋书店给消费者提供了如同购物超市中的购物车服务，这一举措为消费者选书过程提供了极大便利，同时也让消费者在选购过程中能够感受到自己在为精神消费。值得注意的是，先锋书店购物车的设计不是简单的铁篮子，而是在此基础上放上草篮子，其材质更符合书店"大地上的异乡人"的文化氛围。

2. 空间舒适物设施的分类

根据不同标准，可以将空间舒适物设施划分为不同的类型。作为现代城市舒适物系统中的一部分，第四空间既是产品或服务消费的场所，也常作为面向社会的公共娱乐场所，是城市公共环境的重要组成部分。借鉴城市舒适物系统的构成体系，并结合第四空间的特点，可以分析空间舒适物设施系统不同类别设施的功能与设计要点。具体来说，可以将空间舒适物设施系统划分为以下几类。

（1）交通管理类。

便利的交通设施能够增强空间的可达性，是促使消费者前往空间和提高愉悦度的重要舒适物设施类型之一。具体而言，交通管理类舒适物设施最常见的有过道、电梯、楼梯、自动扶梯、地铁入口、空间出入口等类型。作为空间必备的过渡设施，这类舒适物设施往往是消费者与空间最开始接触的载体，因而能够让消费者留下对空间的最初印象。因此，在规划交通管理类设施时，也要注重设计感和人性化。

例如，在南京先锋书店总店，作为连接上下两层空间的宽阔坡道，经过设计也成为展示书籍和艺术品的主要区域。在通道两边，再放置大量书籍、著名诗歌壁画等产品。在某种程度上，走廊作为先锋书店的交通设施，既发挥了连接功能，也彰显了空间独特的设计感以及与书店的主题文化相呼应（图7-1）。

图7-1　南京先锋书店总店的走廊

（2）信息服务类。

信息服务类舒适物设施作为空间文化和服务的载体，既承载一定的教育功能，也具有一定的吸引功能，能够吸引具有共同文化价值观的人群。除此之外，这类舒适物设施还是为消费者提供产品、服务和位置信息的设施，能够提高人们在空间中的舒适感。具体来说，这类舒适物设施主要包括广告牌、标识牌、导游图栏、电子闻讯、信息查询装置等，它们往往与交通管理类设施安排在一起，起到为人们指明产品信息和空间位置的作用。因此，对于这类舒适物设施的安排和设计，应该注重文化教育和智能导航功能设计。

例如，上海历史博物馆中配置的多媒体互动装置，使得观众能够在触摸数字展墙中走入上海的历史长河去感受上海从古至今的历史变迁、水系变迁、市政分布、建制改革。装置上还设置有"儿童视角"字样，只要点击，整幅画面就会下降到适合儿童观看的高度，小朋友便可以自己动手操控（图 7-2）。

图 7-2　上海历史博物馆的多媒体互动装置

（3）休闲娱乐类。

休闲娱乐类舒适物设施的配置，一方面能够给予消费者愉快、舒适的心理感受，另一方面可以满足消费者在空间中的不同体验需求。这类舒适物设施最常见的包括有趣的体验装置、儿童服务设施、舒适的休闲座椅、按摩椅、文化和娱乐设施等。需要特别指出的是，这里的文化和娱乐设施不只是单纯的物质设施，还包含了可以开展各种类型活动的空间设施。因此，休闲娱乐类舒适物设施的安排和设计，需要注重其体验性。

其中，文化和娱乐设施的设置常与空间的主题文化相对应。例如，亚朵酒店一向主张"与书为伴"，它的每间酒店都标配有全天候开放的"竹居"阅读空间。该空间设施既向亚朵会员开放，也面向社会公众。只不过，亚朵会员享有一定特权，他们能够从一间亚朵的"竹居"借走书籍，然后在其他地区（包括不同城市）的任何一家亚朵"竹居"借阅系统中归还，并且能获得相应的会员积分（图 7-3）。

图7-3　某亚朵酒店的竹居阅读空间

（4）服务供给类。

服务供给类舒适物设施是保证空间满足消费者基本需求的设施，它能够保证消费者在空间活动过程中的舒适度，也在一定程度上保证了空间环境的安全和舒适度。具体来说，这类舒适物设施包括空气清新和冷暖调节设施、便利的购物车、智能化的停车场、适度的照明、安全消防设备、便利置物架、垃圾桶和卫生间、无障碍设施等。值得注意的是，这类设施常因为固定的形状和材质，对空间的整体性和统一性会造成一定的破坏。因此，在安排此类设施时，需要特别注意其人性化和主题化设计。

例如，星巴克臻选上海烘焙工坊为了方便顾客观赏，在二楼打造了全透明玻璃式的防护栏，并配有一小排窄窄的置物架，供顾客放下手中的咖啡或杂物，静静观赏咖啡的一道道生产工艺。南京先锋书店总店为方便消费者的选购过程，配置了与书店风格一致的小巧可移动式购物车。如图7-4所示：

先锋书店的可移动购物车　　　　　　　星巴克的观看护栏与置物架

图 7-4　商业空间中有创意的服务供给类舒适物设施

（5）美观装饰类。

美观装饰类舒适物设施是提升空间整体环境的重要载体，它们能带给消费者一定的审美体验，蕴含在其中的美学刺激容易唤起消费者的愉悦心情。商业空间的经营者常使用这类舒适物设施来增强空间的创造性和艺术感，常见的包括名人雕塑、画像、书法、绘画、壁画、照明、花坛、喷泉、水池和绿化等艺术和自然物。在安排和设计这类设施过程中，设计感和艺术感比其他类型的舒适物设施要求更高。

例如，上海 K11 商场的入口、天顶和户外广场等空间被划分出艺术廊桥、K11 艺窗、chi K11 艺术空间等区域，在其中配置了相应的设施，并且对顾客的动线进行设计，让消费者在购物过程中可以随时欣赏，享受"一处一景"的购物体验（图 7-5）。上海 K11 把地下 3 层打造成一个 3000 平方米的美术馆，定期举办不同主题的展览。这里平均每年举办十余场艺术展和近百场艺术讲座。其中，2014 年举办的"印象派大师·莫奈大展"3 个月内的观展总人数达到 34 万人次，使商场营业额增长了 30%。

图7-5 上海 K11 购物中心的标志性暖房门框

　　总的来说，第四空间的舒适物设施主要包括交通管理类、信息服务类、休闲娱乐类、服务供给类和美观装饰类五大类。在具体设计时要注意体现一定的空间主题文化、人性化、体验感、科技感和设计感。但是，不同类型的舒适物设施，侧重点也有所不同。例如，休闲娱乐类舒适物设施要注重体验感，对于美观装饰类设施则更要注重其设计感。

—《经典实例 7-1》——————————————————————

大地上的异乡者——南京先锋书店

　　南京先锋书店于 1996 年在南京创立，是国内知名的民营学术书店，自创立以来逐渐探索出一条以"学术、文化沙龙、咖啡、艺术画廊、电影、音乐、创意、生活、时尚"为主题的文化创意品牌书店经营模式，搭建了一座可供开放、探讨、分享的公共性平台（图 7-6、图 7-7、图 7-8）。

　　先锋书店无声地存在于由防空洞改建成的地下车库，却被美国 CNN 誉为"中国最美书店"，吸引着所有热爱读书的人，散发着流光溢彩的魅力。在店内的一枚十字架上刻着奥地利诗人特拉克尔的诗句——"大地上的异乡人"，寓意"人的精神永远在寻觅一个地方，好的书店应该是阅读者的故乡"。

图 7-6　南京先锋书店的入口

在这里，既有设计感满满的路线指示，也有分类清晰的书籍信息。连接先锋书店上下两层的通道两侧放满了相关文化书籍，并配置有世界文化名人画像。每个书架还贴上不同学科类别的书籍分类信息。与其他书店不同，先锋书店的中间区域不是放置畅销书籍，而是诗歌书籍，并以不同出版社区分的方式配置。

图 7-7　南京先锋书店的留言区与创意产品区

　　先锋书店有多种类型的休闲和文化舒适物设施，包括咖啡区、留言板、活动区、阅览区等。其中，活动区位于正中央，被周围放满书籍的书架所围绕，衬托出浓厚的书香氛围。活动区配置有舒适的桌椅设施，有活动时经常座无虚席，无活动时，这里就是读者阅读、休息的地方，有人甚至在这里睡觉。留言板是一个垂直的线网，来到书店的游客和读者可以在明信片上写下自己的心情和对未来的憧憬，并挂在留言板上。挂满大家美好祝福和心情的留言板既是书籍产品区与创意产品走廊的隔墙，也成为南京先锋书店的一道美丽风景。

　　先锋书店还提供配套的服务供给舒适物设施，包括可移动式购物车、固定式座椅、空气和温度调节风扇、洗手间等。书店在多种主题书架前都配置有固定式座椅，可供购书者阅读选购，可移动式购物车则为购书者提供了极大的便利。值得注意的是，先锋书店的服务员都穿着印有"先锋书店"的统一黑色制服，方便购物者在遇到问题时能够及时找到工作人员寻求帮助。

　　最能够体现先锋书店设计感和内在精神的是世界文化名人画像和雕塑等装饰艺术品。比如，进门后可以看见《思想者》雕塑仿品，四周堆叠着推荐书和待签售的书，有时也放一些流行或冷僻的诗集。在连接上下两层的坡道两旁墙上则挂有暖黄色的照明灯以及杜拉斯、卡夫卡、列侬等世界文化名人的画像。

图7-8　南京先锋书店的艺术设施配置

三、空间舒适物设施的安排

关于空间舒适物设施的规划与设计，国内外许多学者基于不同理论视角，提出了相应策略。例如，王宁（2017）认为，要解决空间正义问题，公共舒适物设施应该放置在能够照顾到绝大多数人利益的空间位置，也就是"同心圆"位置。霍珺和卢章平（2016）从商业空间中公共设施的体验需求出发，结合产品—人—环境三者之间的关系，提出了三大设计策略：明确设施主题化设计，加强使用者的互动参与，体现场景特性设计，以此营造商业空间舞台的体验氛围。朱赛鸿等（2019）基于互动理念提出了以互动参与为核心、以主题空间为手段的设计原则，以及活动空间的叠加和设施质料经营的互动性策略，以满足社区公园使用者的多样化互动需求。

对于第四空间，舒适物设施安排的核心在于能够给社会大众特别是消费者带来愉快的体验，满足人们的心理需求，为空间聚集更多人气，进而形成具有特色的空间文化和社群文化。正如霍珺和卢章平（2016）所说，无论是主动还是被动，人都是体验的主体，设施是激发人产生体验的直接对象，环境是人和设施的载体。

鉴于此，并结合第四空间的内涵，笔者认为空间舒适物设施的安排与设计要围绕人的舒适体验展开。具体而言，应该注重主题化、互动化、人性化和艺术化设计，在此基础上体现场景化设计，从而促使消费者与空间的良好互动，给予他们愉悦的感受。以下是常用的策略。

1. 主题化设计

主题文化是第四空间的驱动层，在对空间的舒适物设施进行规划与设计时，同样要围绕空间的主题文化来进行，旨在给消费者带来整体性的感官体验，进而感到舒适和愉悦。另外，具有主题性的舒适物设施可以向公众特别是消费者传达空间文化，吸引更多具有共同兴趣和价值观的人群，形成一定的社群文化。在具体操作中，我们可以参照霍珺和卢章平（2016）提出的两个方面来加强设施的主题表达：

一方面，注重设施的感性物质要素设计。正如朱赛鸿等（2019）所说，对设施质料的经营，是人感知环境、互动体验的重要媒介。如果要发挥设施的

主题表达功能，就要使设施的色彩、材质和结构等要素符合空间的主题文化风格，使公众能够通过设施感受到空间的文化价值观。另一方面，利用包括嗅觉、视觉、触觉和听觉等在内的感官刺激来活化设施，以引发公众内心的触动，强化其情感体验。因此，如果能够增强设施给人的感官刺激，活化设施的主题表达，将有助于人们感受设施所蕴含的文化价值观。

以长沙奶茶店品牌"茶颜悦色"太平四街店为例，该店以"活字印刷"为主题，打造茶饮兼容文化的创意空间。该空间共有 4 层，紧密围绕"活字印刷"，配置有错落有致的座位区、"印与映"的小游戏、映象馆、自律门等舒适物设施。其中，空间暖色调的灯光和古韵味的石砖则让"活字店"更像一栋古建筑，诉说着活字印刷的历史文化。这些符合空间主题风格的设施安排，既能让顾客在舒适的环境中品鉴美味奶茶，也能沉浸其中，通过互动和观看来了解"活字印刷"的悠久历史和文化魅力（图 7-9）。

图 7-9　长沙"茶颜悦色"活字店的内部装饰

2. 互动化设计

具有互动性的设施能够促使人们积极与设施产生互动，进而获得良好的体验。一方面，消费者能够与设施产生共鸣和获取空间信息。另一方面，动手创造给予了他们成就感，在潜移默化中，消费者的情感需求也得到更大的满足。

传统商业空间中的设施常常表现为被动式参与，而第四空间是一个希望能够聚集更多人气的社交场所，因此，其设施设计要增强互动性，特别是信息服务类和休闲娱乐类设施更应遵循这一原则。设施互动性的核心在于能够动手体验，因此，我们可以借鉴霍珺和卢章平（2016）总结的商业空间常用的设施互动设计的两种情况：

第一，提供可 DIY 的设施。可 DIY 的设施一般具有自由组合的性质，能够激发消费者按照自身想法选择服务，促使其主动与空间产生互动。这类设施不一定需要昂贵的成本，但必须有用心而巧妙的设计。南京先锋书店总店所提供的空白明信片正体现了这点，这些空白明信片为顾客提供了留下自己当下心情和祝福的机会，在空间中留下独一无二的痕迹。而书店将这些具有个性的明信片展示出来，促进了顾客之间、顾客与书店之间产生独特的联系，同时也使顾客成为书店空间场景的创造者之一。

第二，配置依托智能科技的交互体验设施。依托智能科技的交互体验设施既可以丰富空间体验，也符合当下的审美情趣和生活体验。这些智能科技及设施往往以其新奇性对公众产生巨大的吸引力，促使公众主动与其开展互动和产生共鸣。例如，广州 K11 购物中心设置了国内首个互动机械矩阵墙 WAVE 装置。该装置通过与人的手部接触，利用心率传感器聆听用户的心跳率数，并实时转化成视觉、听觉、运动的多感官体验，然后会给用户个性化的专属潘通（Pantone）颜色。同时，消费者还可以将互动结果分享至朋友圈。这一举措有效加强了消费者在空间的体验感和文化价值认同感（图 7-10）。

再以社区公园为例，作为互动的媒介，良好的设施配置可以诱发人们积极参与活动。对空间场景的叠加及设施质料的经营能够有效地丰富空间形式与内容，满足使用者的多样化互动需求，使社区公园成为居民日常社交互动和情感交流的重要载体，增强社区居民的归属感和认同感（朱赛鸿等，2019）。

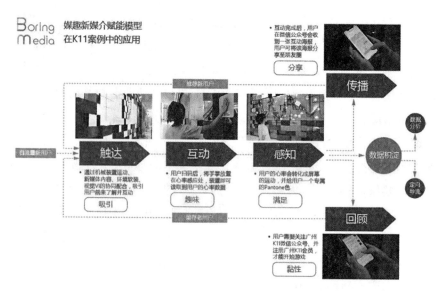

图 7-10　广州 K11 购物中心 WAVE 装置的互动原理

3. 人性化设计

作为社交沟通的场所，第四空间已从"产品"的空间向"人"的空间转向，因而空间舒适物设施的安排也要转向更加注重人、社群，即要注重设施的人性化设计。具有人性化的设施能体现空间细腻的人文关怀，给予消费者舒适的心理感受，吸引更多的人群加入空间社群中，进而形成一定的社群文化。人性化具体表现在既能满足消费者的功能诉求，又能满足消费者的心理需求。在安排空间设施时，可以重点从以下两个方面展开：

第一，围绕消费者心理需求，注重环境设施的设计。毋庸置疑，良好的设施能提高空间的舒适性，促使公众更好地在空间中享受交流、互动的快乐，而对于工作人员，舒适的环境也能够促使他们更好为消费者提供服务。

因此，在设计和安排空间设施时，要从人们的需求出发。比如，要考虑灯光的冷暖、空间的座椅数、材质和摆放位置、通道的宽敞度、标识导引是否清晰、空调冷暖是否适宜和充电设施的配置等。日本巴赫咖啡馆对座椅数和位置的安排便做到了人性化，经营者根据人们的心理感受分别设置了单人座位、多人座位和吧台交流座位等不同类型的座位，以满足不同人群的心理需求。上海K11 则设置有小而雅致的吸烟室，以化解吸烟人群只能站在购物中心门外或在洗手间吸烟的尴尬。

第二，增加无障碍设施，满足特殊人群需要。无障碍设计的目的是为残疾人、老年人等群体提供一个平等安全的环境空间，使其能更好地参与到社会生产生活之中（石仁杰，2020）。在空间中增加无障碍设施，能够给予特殊人群进入空间消费的平等机会，这不仅体现了空间细腻的人文关怀，并有助于提升空间的进入率，为空间聚集更多人气。因此，空间设施的安排要充分考虑无障碍设计，特别是公共设施。比如，对地板砖增加防滑处理以及设立盲道，为有较高落差的坡道增设无障碍扶手或是楼梯升降机，在空间中增加醒目的标识，在卫生间配置安全扶手，等等。

4. 艺术化设计

当人们在承受巨大压力而感到疲惫不堪时，生活空间中出现的艺术，往往能够为他们带来些许减压和轻松（Gibbons 等，2014；那琪，2020）。因此，在空间中安排具有艺术感的设施，不仅能为大众营造舒适的环境氛围，也可以为空间注入思想和生命力。但需要注意的是，各类艺术设施所蕴含的艺术思想要与大众的消费主义及水平相结合，才能更好地引起大众的共鸣。为此，可以通过以下两种方式来安排空间的舒适物设施，以提升空间的艺术性和精神文化：

第一，增加艺术性的设施和陈设，主要包括公共景观、微景观、壁画、雕塑以及艺术装置等。这类设施在空间里的陈列周期一般是长期性的，在空间内的存在感相对较强，逐渐向人们传达空间的文化价值观。比如，南京先锋书店在书店中摆放的各种著名诗人、作家雕塑便增加了书店的艺术感，并且很好地传达了先锋书店的"诗歌"文化。

第二，增设艺术性的空间设施。艺术空间设施是艺术与公众之间的对话与互动平台，它能够带给人们一种走进艺术思想及作品的体验。例如，上海 K11 购物中心设置了 chi K11 美术馆，其 3000 多平方米的艺术空间主要用作举办展览以及各类型的艺术文化活动，包括艺术教育工作坊、艺术交流论坛以及艺术家俱乐部等。通过这类舒适物设施和活动，K11 得以将艺术思想和作品推广给更多公众，包括潜在的消费者，同时为年轻艺术家提供了一个向公众展示个人创作的理想平台（图 7-11）。

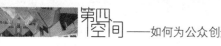

图 7-11　K11 官网上对上海 chi K11 美术馆的介绍

5. 场景化设计

愉悦体验的产生与场景密切相关，因为场景能够与用户的经验、情感和记忆等触碰，进而引发主体的共鸣和反思，而设施是空间场景建设的最重要要素。因此，空间舒适物设施的安排要注意场景化设计，提升其表现力和舒适感。毕竟，单个设施的叙事和阐述比配套性设施要弱。另外，对于第四空间，设施的场景化设计不只是营造物理意义上的场景，更要寻求能够延伸至物理空间以外的场景氛围，使消费者能够与空间持续联系而产生归属感。为此，可以从两个方面去努力：

一方面，以创建场景为目标，形成新的场景故事，以此引导受众从物境到情境再到意境，最终产生感悟。具体来说，可以通过设施的合理组织与布置，调整空间尺度与规模，同时融入能够反映地方文化或风格的设计元素，以此来加强空间特性。也可以添加一些能反映传统、现在或者未来的时间感特征的设计元素。比如，利用设施的可变性来表现纪念日、节日或者四季交替变化等特殊时间的场景。

例如，上海 K11 购物中心主入口露天顶棚下"鸟、蝴蝶"盘旋其中；正立面高 9 层的垂直水幕营造出不同的季节背景，墙面的垂直绿化体现自然理念，并使这一场景更加立体；玻璃装置犹如一个巨大的生物匍匐其中，耳边回荡的鸟叫、风声、水声共同营造出一个完美的 4D 森林情景。让人们即便身处大城市，也能够感受到大自然的舒适感（图 7-12）。

图 7-12　上海 K11 购物中心的主入口

另一方面，可以在相关设施添加网络媒体连接标签，包括社群群聊二维码、社群公众号和社群 App 名称等。它促使人们即便没有置身于物理空间，也能够接收到场景故事，感受到相应的文化氛围，而与空间不断产生联系。也就是反过来促使人们从意境到情境，再回到物理空间场景中，与他人产生联系和交流。例如，亚朵的"竹居"阅读空间便可以采取这种方式，在书籍封面上贴上相关的网络社群连接标签，营造物理空间以外的场景，促使会员之间因"共读一本书"而产生共鸣和联系。

总而言之，对于第四空间，舒适物设施的规划与设计要以突出主题文化，注重互动、人性化和艺术设计，并打造有吸引力的场景为基本策略。

参考文献

［1］［加］丹尼尔·亚伦·西尔，［美］特里·尼科尔斯·克拉克.场景：空间品质如何塑造社会生活［M］.祁述裕，吴军，译.北京：社会科学文献出版社，2019.

［2］曹现强，张福磊.空间正义：形成、内涵及意义［J］.城市发展研究，2011，18（4）：10001–10005.

［3］霍珺，卢章平.基于体验设计理论的商业空间公共设施研究［J］.包装工程，2016，37（8）：118–121.

［4］李敢.舒适物理论视角下莫干特色小镇建设解析——一个消费社会学视角［J］.城市规划，2017，41（3）：61–66.

［5］那琪.公共艺术在商业空间设计中的应用——以上海 K11 购物中心为例［J］.今传媒（学术版），2020，29（3）：130–132.

［6］石仁杰.城市公共空间中的无障碍设计［J］.大众文艺，2020（7）：65–66.

［7］王宁.城市的舒适物配置与空间正义［J］.旅游学刊，2017，32（4）：2–4.

［8］王宁.劳动力迁移动机的三个理论视角及其整合［J］.广西民族大学学报（哲学社会科学版），2016，181（1）：36–44.

［9］吴军.地方文化风格的测量及其对城市发展的驱动作用——《场景：空间品质如何塑造社会生活》书评［J］.城市管理与科技，2019，21（2）：97–98.

［10］张凌超，徐哲.高校图书馆空间再造设施设计与硬件配备［J］.吉林工商学院学报，2019，35（1）：127–128.

［11］朱赛鸿，杨艺婕，刘佳鸣.基于互动理念的社区公园空间及设施配置研究［J］.包装工程，2019（20）：235–239.

第8章

第四空间的
社群管理

对于圣奥古斯丁①而言，地方的价值是基于属于特定人际关系的亲切感的，在人际关系之外，地方本身几乎不能提供什么。……每一次亲切的交流都有一个场所，人们可能在这样的场所不期而遇。其实，存在许多亲切的地方，这样的地方看起来是怎样的呢？它们是专有的，且是私人的。它们可能铭刻在人们的记忆深处，每当回想起它们的时候，人们就会获得强烈的满足感。成功的场所应当能够吸引和鼓励人们自发进行交往，这是亘古不变的。(Tuan, 1977)

---

① 古罗马时期的著名天主教思想家，欧洲中世纪基督教神学、教父哲学的重要代表人物，著有《忏悔录》《论三位一体》《上帝之城》等作品。

上海静安嘉里中心的 FUSE 社群聚变节　　（插图：杨荫稚）

　　"FUSE 社群聚变节"是一个不同人群彼此联结的平台，它试图通过不同次元的跨界交流，促进不同思想的碰撞。在短短十天内，15 场跨界体验、18 个社群在这里交互，以完全不同的内容与思想引发了奇妙的"聚变反应"。在此过程中，空间的延展性也得以被激活。

　　人们天生属于社群（community），这些社群能提供利益和责任，这种观念得到越来越多的认同。另外，全球化、城市化加剧了人与人之间在身体上、社会上的隔离以及对变化和未知的恐惧，寻求社群支持和归属感正在变得极为重要（Bess 等，2002）。特别是随着智能手机和移动互联技术的迅速发展，社交互动成为大众人际交往、工作、生活和娱乐中的必需，并且每个人都可以作为一个传播终端，生产并传递信息，这样，人们会更容易因为兴趣爱好、生活方式等因素连接和聚集起来，形成社群。而且，这个社群不是以往的"大众趋同"，而是"小众自我"（倚海伦、李晶，2017）。

　　这客观要求空间运营者具有良好的社群思维，既能通过共同价值观、内容、社群活动等载体，把目标受众凝聚在一起，在品牌营销、内容生产等方面发挥社群的力量，又能更好地满足目标消费者的需求。

一、社群与社群管理

1. 社群的定义与构成要素

　　社群是一种具有共同价值观的精神联合体和利益共同体，查尔斯·沃格（Charles Vogl）将其定义为"一个由彼此关心对方福祉的个人组成的群体"（Vogl，2016）。毋庸置疑，价值取向和兴趣爱好相同或相似的人聚集在一起，有助于促进沟通、互动与互助等行为。概括而言，一个社群包括目的、价值观等五个基本构成要素（表 8-1）：

表 8-1　社群的基本构成要素

要素	实质
目的	我们为什么在一起
共同价值观	我们在信念、倾向、主张和态度等价值判断上形成了哪些共识
成员身份	我是谁
规则与道德规范	我应该如何行动（包括表达）
内部人士的认识	我不是一个人在行动（彼此理解和支持）

参考资料：Vogl，C.H. The Art of Community：Seven Principles for Belonging［M］. Oakland，CA：Berrett-Koehler Publishers，2016.

但需要注意的是，有的群体中的成员虽然兴趣或距离相近，或者享有共同的理念，但缺少彼此之间的关心，而真正的社群则与之不同（Vogl，2016）。对于一个品牌而言，社群已从某个区域中聚集在一起的人与人之间的关系，变为共同使用某个产品或与某个品牌相关的人与人之间的关系。Muniz 和 O'Guinn（2001）称之为品牌社群（Brand Community，也有学者翻译为"品牌社区"），即以一个品牌为主导而形成的消费者之间的关系网络。其实，除了消费者群体之外，广义的品牌社群还包括消费者与企业、消费者与产品、消费者与品牌之间的联系，这同样适用于各类空间。

例如，在日本大阪市有一家 Happy 药店，只有 80 平方米，但月销售额折合人民币却超过 50 万元。这家药店开在五金商城里，由于五金商城的吸引力不强，刚开始药店没多少顾客。后来老板在药店的基础上加入健康、瘦身、心理等咨询服务，把药店打造成了一个以咨询为核心，集药品、咖啡、膳食、美容、化妆品等多元化生活服务于一体的小店。为了保持与顾客之间的紧密联系，该药店还经常通过期刊、社交媒体、社群等载体做各种分享，达到了吸引客流的目的（丁朱屏，2019）。

2. 社群管理的关键成功要素

在社群时代，企业和组织建立社群的目的不再是单一地传播产品、服务信息和强化品牌认知，而是通过病毒传播、跨界整合、参与式协同、个性化定制等举措，构建彼此的信任和提升品牌参与度。唐兴通（2018）提出了引爆社群的新"4C"法则，即在合适的场景（Context）下，针对特定的社群（Community），利用有传播力的内容（Content）或话题，通过社群网络中人与人之间的连接（Connection）的裂变，实现快速扩散和传播，从而获得有效的传播和商业价值。

为了简要描述社群管理的核心内容，可以将其关键成功要素（KSF）概括为"6W2H"，如表 8-2 所示：

表 8-2　社群管理的关键成功要素（KSF）

要素	解释	备注
目标（Why）	为什么建立某个社群，类似社群构成要素中的"我们为什么在一起"	（企业和组织）建立社群的目的要和社群为成员创造的价值有机融合
结果（What）	即期待这个社群带来什么结果，它往往表现为给成员带来的价值，如扩展人脉、提升兴趣爱好、提供品牌和产品信息等	
时间（When）	指计划筹建的时间和运营周期，以便不断更新和迭代，推出新的服务	
平台（Where）	指建立社群的载体，QQ 群、QQ 讨论组、微信群、小程序、会员俱乐部等	不同平台在社群规模、结构、成员权限、文件共享等方面存在差异
成员（Who）	指对社群成员身份的规划，常见的身份类型包括创建者、管理者、付费者、参与者、潜水者、联结者、超级用户等	
风险管理（What if）	社群管理中可能出现的主要风险的评估与应对策略，如创建人离职、政策变化、新社群分化等	
具体运营（How）	对社群的管理和维护，特别是变现策略，如会员式、电商式、服务式、众筹式等	将在第三节进行详细论述
预算（How Much）	即对社群运营的资金投入与使用以及"造血机制"的设计	

参考资料：徐志斌 . 社交红利 2.0：即时引爆［M］. 北京：中信出版社，2015.

　　　　　秋叶，秦阳 . 社群营销［M］. 北京：机械工业出版社，2015.

二、空间社群的定义与分类

1. 对空间社群的界定

Worsley 于 1987 年提出过一个广义的社群概念：社群是地区性的社区，可以用来表示一个有相互关系的网络或者一种特殊的社会关系，它包含社群精神（community spirit）或社群情感（community feeling）。

将其借用到对空间的分析上来，可以将空间社群理解为围绕某个空间品牌及其产品、服务或其他附属物而形成的群体和社会关系网络，其主要特征包括但不限于：有稳定的群体结构和比较一致的群体意识；成员有共同遵守的行为规范、持续的互动关系；成员间有分工协作，具有一致行动的能力。其主要目的就是基于需求、爱好甚至对抗等利益点，把一群志同道合的人聚集在一起，从而获得一致行动的能力和实现更大的群体效应。正如哈贝马斯在分析咖啡馆时所指出的，绅士们往往会为了参与新形式的批判性对话而在这里聚会（Silver & Clark，2016）。

2. 对空间社群的分类

按照不同标准，可以将社群划分成侧重点不同的类型，每种划分方法都有助于我们从不同角度来理解空间的社群建立与运营（表8-3）。

表8-3　常见的空间社群分类方法

分类标准	主要类型	
目的	事件驱动型	关系驱动型
创建时机	偶得引导型 没有事先约定的目标，随机性动因明显	目标引导型 成员拥有共同的目标，工具性动因明显
关系亲密程度	陌生人型 成员之间互不相识，只是因为某种兴趣、爱好或需求而聚集在一起	熟人型 成员之间相互认识，互动紧密
用户核心动作	浏览型 绝大部分用户浏览消费，用户评论和互动行为非常稀少	互动型 高度依赖成员之间的互动、讨论和交流
成员关系	关系平等型 成员之间互相提供帮助、创造价值	关系不平等型 成员之间的价值获取是单向的
场景	街边集市、圈子、俱乐部等	社区公园、商场、大型游乐场、大型商业中心等

资料来源：刘志伟营销架构师，关于社群类型、社群成员划分和观察社群成长的常用工具基础知识［EB/OL］．简书社区，https://www.jianshu.com/p/a0f836bae63a，2019-10-17；唐兴通．引爆社群：移动互联网时代的新4C法则（第2版）［M］．北京：机械工业出版社，2018.

本章侧重讨论空间特别是商业空间自身如何建立和管理好各类社群。以下是一些常见的空间社群类型：

（1）产品/品牌型社群。

好的产品自带流量，能直接吸引粉丝，购物中心、博物馆、图书馆、酒店等空间同样如此。此时，产品成为连接的中介，人们因产品而聚合在一起。随着消费者和空间之间的关系得到加强，产品型社群会逐步发展成为上文所提及的品牌社群，消费者对产品的热衷逐步转向对品牌和品牌价值的认同，此时，社群将更多地建立在情感基础上。

许多空间推出的会员俱乐部基本属于产品型社群，但越来越多的空间正在超越会员积分等传统的管理模式，寻找会员与会员之间建立连接的更多途径。

（2）兴趣型社群。

指空间运营者基于人们的兴趣图谱所创建的社群，具有门槛低、黏性强等特点，其常见形式是各类兴趣小组（interest group），如健身群、亲子阅读群、英语口语群、厨艺群、点心群、插花群、手工群等。因为需求的个性化和兴趣的多元化，兴趣社群的种类繁多、特色各异，而且不同兴趣型社群之间往往存在交叉，一个消费者可能有多个兴趣，多个兴趣社群可能有重合的人群，这样有助于加速兴趣社群的裂变与传播。

（3）社交型社群。

这类社群以经营空间为纽带，以成员之间的扁平化连接为组织形式。当然，很多时候，社交功能都以附属功能的形式出现在其他类型的社群中。McBridge和 Wilco（2015）提出，我们的家越来越多地是在户外：街道、庭院、酒吧、音乐会舞台、书店、公园。家人已经延伸至客厅之外，包括乐队成员、篮球队队员、帮你设计网站和参与滑稽表演的人。公共的即是私人的，反之亦然。

例如，作为中国最大的英语专业社交组织之一，FC 财富关系俱乐部（Fortune Connection Club）致力于打造高品质的商务社交平台。该俱乐部服务于一个快速增长的超过 20 万活跃成员的社区，会员主要是接近 30 岁到 40 多岁之间的高级管理层，超过 80% 的会员为地区及部门主管、总经理，他们是受过良好教育的活跃专业人群，他们经常参加活动的目的主要是商务社交、获取资讯、拓展人脉。FC Club 组织的艺术、时尚、职业发展、金融投资等各类主题的活动吸引了大量相关领域的专业人士。尽管 FC Club 本身不是空间，但其商业模式给酒店、餐厅、俱乐部等各类空间的运营带来了诸多启示。

（4）人格型社群。

这种社群是以某个人物或人格化载体为核心的，其成立的前提是有一个精神领袖或有影响力的人物能凝聚公众。例如，以个人名义经营的工作室、画吧、艺术中心等空间很适合采取这种社群策略。这有点类似表8-3中的关系不平等型社群，明星人物具有明显的主导权，成员之间的价值获取是单向的。

此外，空间运营者还要关注一些由消费者自身组成的社群，如购物群、团购群、读书会等。以购物群为例，这种群通常以群主和管理成员作为意见领袖（KOL）或组织者，社群的共同愿景是花比之前更少的钱买同等的商品，群主或组织者可以通过阿里妈妈后台或购物中心、4S店等空间来获取佣金，成员可以以更低的价格买到质量有保障的商品。再如，安自在中西文化交流发展中心（Programa SOL）是国内第一个以汉西双语进行双向文化交流的公益多媒体交流平台，目前，成员主要由上海市各大高校西班牙语专业的教师和学生组成。该中心与塞万提斯图书馆联合推出每月一次的读书俱乐部活动，组织会员一起读好书，分享好书，更多地了解西班牙语文学之美。

≪经典实例 8-1≫

港汇恒隆广场的"The Community"计划

2019年2月23日，位于上海徐家汇商圈的港汇恒隆广场在微信公众号上以"The Community"的署名推送了一篇文章——《老板，我们可以把办公室搬到港汇恒隆吗？（文末彩蛋）》（图8-1）。"The Community"是港汇恒隆广场此次社群计划的项目名称，它将贯穿在港汇未来一段时期的整体运营过程中。以下是官方关于该计划的简要说明：

1. 什么是港汇恒隆 The Community 社群？

港汇恒隆社群是专门为其办公楼、住宅楼、公寓楼用户设计的一个计划，希望受众群体能形成一个有自己特色的社群，并在这个平台上鼓励和支持各类社交活动。

2. 如何加入港汇恒隆 The Community 社群？

通过官微成为会员后，凭办公楼、住宅楼、公寓楼用户的相关证明到港汇恒隆办公楼一座、二座服务台即可办理升级为 The Community 会员。

3. 港汇恒隆 The Community 社群有何福利？

加入港汇恒隆 The Community 社群，可享受港汇恒隆长期提供的特权。未来，活动将会对更多人群开放，并为不同人群量身打造各式社交活动，让在港汇恒隆生活的人有更多交流机会。

图 8-1 港汇恒隆广场推出"The Community"计划

The Community 是港汇恒隆面向办公楼、公寓楼等常驻人员建立的专属社群，旨在为年轻白领们提供包括日常餐饮、商务会谈、休闲娱乐、社交活动等在内的一系列特权福利。2019 年 9 月，港汇恒隆 Community 小程序正式上线，致力于从移动端为会员提供更紧密、便捷的服务体验。该小程序界面清新美观，功能设置简洁易操作，用户可直接在主页查看最新活动以及各个品牌的优惠信息（图 8-2）。

图 8-2　港汇恒隆 Community 小程序的首页界面

作为该小程序的重要功能之一，"集章换礼"的开发被看作 The Community 连接社群会员与商户的重要载体。用户进入"任务清单"板块后，可以选择相应任务，根据页面提示参与完成任务，商家会使用已配好的电子图章为客户盖章验证，这有别于传统的扫码验证方式，让打卡体验更具趣味性和仪式感。这种专为社群项目定制小程序的案例，是港汇恒隆社群运营的一个里程碑，在商业零售领域可谓是一次创新（图 8-3）。

关于港汇恒隆广场的 The Community 计划，有几点特别值得同业借鉴：

（1）它不同于常见的会员体系，前者的成员瞄准目标细分市场，而且成员之间是要建立社会连接的；后者更加广泛，大部分会员之间甚至"老死不相往来"。

（2）硬件的提升为社群服务提供了更佳的空间和场地条件。重新改造后，港汇在南北座连廊等空间举办过诸多互动活动，这也是该项目之前所不具备的新标签。

图 8-3　港汇恒隆 Community 小程序的"任务清单"界面

（3）在运营内容上有具体举措。例如，通过最基础的商家优惠促进"拉新"，并维持最基本的黏性；推出咖啡、花艺、美妆教学等互动活动，让受众基于兴趣爱好、生活美学等产生情感关联，这也不同于一般的会员运营。

（4）更为丰富的业态，特别是那些黏性强、互动性好的业态，为港汇恒隆广场社群的形成创造了更多可能。

The Community 只是港汇在社群营销方面的一个开始。当越来越多提升社群会员体验的服务和活动推出时，内部社交将被进一步激活，港汇的社群生态将更加完整。

参考资料：商业咔.不仅有调整，港汇恒隆广场也开始做社群了［EB/OL］.https://www.sohu.com/a/303990617_141121，2019-03-26.

三、空间社群的运营

关于社群运营，国内外很多专家、学者做过专门研究，并从不同的角度提出了诸多策略。例如，徐志斌（2015）在《社交红利2.0》中提出社群运营的四大原则：不是企业自建社群，而是让用户自己来；给出简单而清晰的目标，并逐级实现（解决用户个体的长期活跃问题）；每个人都清楚自己的任务，并去完成它（解决核心用户的长期活跃问题）；即时且正向的群体激励。Vogl（2016）在《社群运营的艺术：如何让你的社群更有归属感》一书中提出了7条原则：界限、入会、仪式、神殿、故事、符号和内圈。参照上述原则，空间社群运营需要做好以下6个方面的工作。

1. 确定社群价值

无价值，不社群。这种价值可以是产品或内容，也可以是服务或其他任何方面。空间运营者首先需要思考的问题是能给消费者创造什么价值，也就是说，给消费者一个加入社群的理由。我们可以将其理解为社群的价值定位。

消费者为什么要加入一个空间的社群？比如，博物馆、咖啡馆、书店、图书馆或品牌连锁酒店等。归根结底，原因肯定是人们能从中得到对自身有价值的东西，可能是获得与兴趣相投的人群交流、互动的机会，也可能是物质或精神上的回报。这个过程大致可以分为两个阶段：一是消费者出于主观或客观原因加入某个空间的社群，并经常参加特定的活动，譬如会员日、会员集体生日、年会等；二是消费者加入空间的社群后逐渐增加对空间的好感和主观认同，甚至产生情感依赖，从而形成独特的群体归属感，并真正融入品牌社群。

2. 组建运营团队

空间社群要真正运营起来，需要有一定的资金投入并成立专门的管理团队。大多数时候，社群运营团队成员在刚开始时热情很高，投入的时间和精力较多，但一段时间后，最初的热情消退，导致团队的执行能力被严重削弱。

一般来说，空间社群的运营团队可以分为三个层次：第一个层次的团队成员是社群的发起人和创建者，关于社群的定位、发展方向、模式等关键性问题，首先要在核心运营团队成员中达成一致；第二个层次是社群的核心活跃成员，包括评论者、收集者、参与者等，其主要任务是协助策划和组织工作；第三个层次的团队成员主要是对社群认同的活跃人员，他们不一定有时间参与管理，但因为有一技之长，往往在关键时候可以发挥重要作用。例如，照片拍摄、视频拍摄与剪辑等。

3. 选择理想平台

建立一个社群在今天已经变得非常容易。在互联网高度发达的今天，只要拥有一部智能手机，每个人都是一个自媒体，都有自己的社交平台，包括微博、微信、QQ 群、论坛、微信公众号或 App、小程序等。

以微信群为例，人们之所以加入各种群，一定是因为有所"回报"，譬如，把某个群作为信息的来源、情感的寄托或者拓展人际关系的渠道等，这就要求社群运营者能持续产生有价值的内容，或者不断通过有价值的活动吸引粉丝。选择什么样的平台，空间运营者要综合考虑社群的性质、目标成员的使用习惯等多种因素。

4. 设计社群规范、仪式和传统

共同的规范、仪式和传统（norms，rituals and traditions）是品牌社群的重要特征之一。和其他社群一样，无论是空间运营者自建还是支持成员创建，社群都要对规范、仪式和传统有一个整体设计，主要包括加入规则、入会仪式、交流和分享规则、参与线下活动规则、退出机制等。

（1）在发展和邀请成员时，一定要设立相应的门槛，只有符合条件的人才能入群，常用的具体方法包括邀请制、会员付费制、任务制、申请制和举荐制等。

（2）在入会时要有相应的仪式，以强化象征意义。例如，如果是微信群，可以要求统一群内昵称格式，设置好进群欢迎语、群公告，明确告知群成员群内规则，并组织"破冰活动"帮助成员消除陌生感。

（3）定期开展交流分享和线下活动，有助于提高社群成员的积极性、增强社群的活跃度。交流分享的方式可以很灵活，譬如，群主或管理员定期分享、邀请嘉宾进行分享、社群成员轮流分享等。线下活动的主题和形式更加丰富多样。比如，举办拓展训练、下午茶、沙龙、年会等。

（4）对于一个成熟的社群，定期淘汰不符合规则的成员是很有必要的，而且淘汰制能让成员更加珍惜自己的身份，从而保证社群的质量。对违反群规者，可以根据犯规的次数进行相应惩处，甚至取消成员资格。当然，前提是社群能为成员创造价值。

5. 管理成员角色

由于身处在某个社群中，空间社群成员的某种价值观将得到巩固，但不同成员对社群关系和自身身份的识别存在差异，在社群建设中所发挥的作用也不一样。例如，社群"老鸟"一般会尽自己所能帮助其他成员，同时利用来自社群的信息和资源提升自己。从不同的角度来划分社群成员的角色，有助于空间运营者理解和把握社群内不同成员的价值诉求、关系网络和可能的贡献。

（1）从参与度的角度。

Lave 和 Wenger（1998）根据社群成员的参与度及变化，将网络社群中的"居民"分为5种群体，即外围的人（潜伏者）（Lurker）、入门（新手）（Novice）、熟悉内情的人（常客）（Regular）、成长的人（领导者）（Leader）以及出走的人（老资格）Outbound（Elder），其中，常客和领导者是社群的中坚力量，出走者由于社群无法为其创造更大的价值或者有新的社群对其更有吸引力而逐渐离开社群。

他们认为，随着在线社区的蓬勃发展以及对改进知识管理的需求的不断增加，最近实践社区（Communities of Practice，CoP）中出现了越来越多的兴趣，人们将其视为促进创新、开发社会资本、促进群体内知识传播或传播现有隐性知识的途径。

（2）从内容贡献的角度。

国际知名咨询机构 Forrester 按照网络社群行为的不同，将社群中的主要角色分为创建者、评论者、收集者、参与者、观看者和不活跃分子六大类，其本质是社群成员对内容的不同贡献。作为吸引用户的重要手段，高质量内容的持续生产与输出是社群发展的前提，一个没有内容生产能力的社群很难形成足够的影响力和长久的运营价值。从这个意义上讲，内容运营是空间社群运营的核心内涵之一。

美国麻省理工学院的社会物理学家亚历克斯·彭特兰（Alex Pentland）教授在《社会物理学：社会网络如何让我们更聪明》中提出："拥有最好想法的人并不是最聪明的人，而是那些最擅长从别人那里获取想法的人。"他将这些人称作"魅力型连接者"（Charismatic Connector），他们是推动交互和形成群体智慧的发动机（图8-4）。空间经营者要善于寻找社群中的魅力型连接者，并充分发挥他们对社群建设的特殊作用。另外，还要时常为社群成员塑造不同的角色，让他们感受到自身的价值，并通过组织活动、嘉宾分享等方式，让社群成员体会别人的价值。

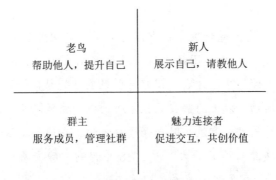

老鸟	新人
帮助他人，提升自己	展示自己，请教他人
群主	魅力连接者
服务成员，管理社群	促进交互，共创价值

图 8-4　魅力型连接者的成长路径

6. 组织社群活动

从一定意义上讲，无活动，不社群。如果一个社群长期不组织线上或线下活动，成员之间也没有什么交流，社群成员会逐渐生疏，没有归属感，这样的社群很快就会名存实亡。为了更好地团结社群成员，活跃社群氛围，实现吸粉、裂变和商业变现的目标，一个行之有效的策略就是举办各式各样的活动。概括而言，与一般的特殊活动（special/planned events）一样，空间社群举办活动的基本目标也有五种，即庆祝、教育、营销、团聚和娱乐（Goldblatt，1997；王春雷，2018）。

对于空间，组织社群活动的基本技巧包括：（1）在策划活动之前要做好调研工作，深入了解社群成员的需求，听取意见领袖用户、常客（Regular）和领导者（Leader）的意见和建议，这样能带领更多的社群成员甚至非社群成员参与其中。（2）在主题、形式等各方面进行创新，通过创意来增强活动的吸引力和制造新闻热点。（3）在活动传播过程中注意激励尽可能多的社群成员，全员参与、引燃爆点，从而使得宣传效应最大化。（4）从创意、文案直到效果，对活动进行总结和评估。关于活动策划和组织的一般方法与技巧，将在第 9 章进行详细论述。

—— **《经典实例 8-2》**

KerryOn 计划致力于通过活动打造社群和激发社群活力

懿恪仕（上海）文化传播有限公司（Ex-event）提出，空间只是载体，它需要专业、强大的运营能力做支撑。如果一个品牌店铺也是一个社交空间，那么承载着多种不同类型店铺空间的购物中心就成了一个聚集多元文化与社群的社交场。

在通过活动打造社群和激发社群活力方面，嘉里集团在商业空间领域是名副其实的先行者。嘉里集团的忠诚度计划KerryOn其实是一个依托嘉里中心商场，主张崇尚健康生活方式、用好奇引领创意的社群计划，为旗下项目带来了一系列精彩活动。以上海静安嘉里中心为例，该购物中心地处南京西路商圈的核心位置，对艺术、潮流、时尚等十分重视，它通过打造一系列独具特色的活动，激活了多元社群的活力。以2018年为例，静安嘉里中心先后举办了InStyle Icon Awards年度偶像盛典、Cool Pass冰爽一"夏"、KerryOn Living Room（一个专门为儿童打造的社交童趣天地）、首届创作互动式装置艺术展等诸多活动，赢得了KerryOn会员的广泛好评。

图 8-5　静安嘉里中心开展 KerryOn 社群活动参与调查

2019年4月，由Ex-event策划的"FUSE社群聚变节"在静安嘉里中心上演，这是一个不同人群彼此联结的平台，它试图通过不同次元的跨界交流，促进不同思想的碰撞。在短短十天内，15场跨界体验、18个社群在这里交互，以完全不同的内容与思想引发了奇妙的"聚变反应"。在此过程中，空间的延展性也得以被激活（图8-6）。

图 8-6　静安嘉里中心的 FUSE 社群聚变节

　　作为静安嘉里中心 KerryOn 社群的 Green- 健康生活系列，每月一次会员专属的"超级运动日"（Fitness Day）联合专业健身机构、健康生活方式品牌及意见领袖，通过有机组合定制化的健身课程、主题沙龙和饮食文化，打造在静安嘉里中心的一站式体验，汇聚了能量和乐趣健康社群（图 8-7）。

图 8-7　静安嘉里中心的"超级运动日"（Fitness Day）现场

　　资料来源：http://www.ex-sh.com；https://www.kerryprops.com.

参考文献

［1］Bess, K.D., Fisher, A.T., Sonn, C.C., & Bishop, B.J. Psychological Sense of Community：Theory, Research, and Application［A］. In：Fisher A.T., Sonn C.C., Bishop B.J.（eds）Psychological Sense of Community［C］. Boston, MA：Springer, 2002

［2］Lave, J., & Wenger, E. Communities of Practice：Learning, Meaning and Identity［M］. Cambridge：Cambridge University Press, 1998.

［3］Muniz, M.A., O'Guinn, C.T. Brand［J］. Journal of Consumer Research, 2001, 27（4）：412-432.

［4］Tuan, Y.F. Space and Place：The Perspective of Experience［M］. Minneapolis, MN：The University of Minnesota Press, 1977.

［5］Worsley, P. The New Introducing Sociology［M］. Ringwood, Australia：Penguin, 1987.

［6］Vogl, C.H. The Art of Community：Seven Principles for Belonging［M］. Oakland, CA：Berrett-Koehler Publishers, 2016.

［7］丁朱屏. 购物中心如何做社群营销？［J］. 上海百货, 2019（6）：12.

［8］秋叶, 秦阳. 社群营销［M］. 北京：机械工业出版社, 2015.

［9］唐兴通. 引爆社群：移动互联网时代的新4C法则（第2版）［M］. 北京：机械工业出版社, 2018.

［10］王春雷. 活动与生活——当我们在谈论活动我们在谈论什么［M］. 北京：中国旅游出版社, 2015.

［11］徐志斌. 社交红利2.0：即时引爆［M］. 北京：中信出版社, 2015.

［12］倚海伦, 李晶. 图书馆如何迎接场景时代？［J］. 新世纪图书馆, 2017（5）：36-39.

第 9 章

第四空间的活动策划和组织

与习惯于独处、大部分时间徜徉在网络世界里的人相比，投资于有意义的人际关系并经常进行真实的社交接触的人身体更加强壮健康，生理防御机制也更好。电子网络和屏幕媒体拥有缩小世界的力量，但当我们遭遇改变人生的重大转折时，它们与面对面的接触根本无法相提并论……社交纽带会影响我们的人生满足感、我们的认知能力，还有我们对感染和慢性疾病的抵抗力。(Susan Pinker，2014)

乌镇戏剧节的古镇嘉年华　　（插图：杨荫稚）

古镇嘉年华是乌镇戏剧节随处可见、琳琅满目的街头艺术表演，表演者是来自世界各地热爱街头表演的艺术家。这些随机有趣、创意洒脱的街头表演结合乌镇独一无二的自然与人文环境，给游客带来立体的体验，并创造了更多社交机会。这种空间的情境感增强了空间的安全感和吸引力，从而促使人们驻足停留或者发生相应的活动。

　　互联网发展到今天，给人类社会带来了巨大改变，特别是高端科技的进步与日常生活的便利，同时也带来了诸多困扰。千千万万的网民起床后第一件事情就是浏览社交平台，只不过国外刷 Facebook、YouTube 等，国民刷微信、抖音等。作为微信的创始人，张小龙反复强调过一个观点：微信只是一个工具，希望它让人们的工作、生活和交流变得更有效，且人们在使用时是用完即走，而不是把微信本身当作情感依赖和社交归宿。

　　另外，面对面的社交接触和聚会（face-to-face contact/meeting）变得越来越重要，因为社交纽带会影响我们的人生满足感，我们的认知能力以及对感染和慢性疾病的抵抗力（Pinker，2014）。而丰富多彩的活动是社交纽带的重要载体，也是体现和赋予一个地方相关特征及连接功能的核心元素。因此，从连接的角度来理解活动及其所依托的空间，有着深远的意义。

一、从活动对人类生活的影响角度理解空间

　　对于空间，活动是打造群体生活和实现连接价值的重要载体，也是巨大的商业机会。笔者曾经在《活动与生活——当我们谈论活动时我们在谈论什么》一书中从个人发展、群体生活和人类社会发展三个层面分析了特殊活动对人类生活的改变：

　　1. 活动与个人发展

　　对于个人发展，活动的作用在转换和截面两个方面都有体现。从人生发展阶段来看，无论贫困或富有，每个人在一生中都要参加众多活动，甚至亲自组织不少活动。每经历一次活动，尤其是那些具有重要人生里程碑意义的活动，人生就得到一次升华，并留下一种特殊的记忆，只是程度大小、影响时长不同。从人生发展维度上来看，人们通过有效参加活动，可以促进自身在 9 个维度上实现不同程度的提升（图 9-1）。

　　Getz（1997）将特殊活动（planned events）划分为 8 种基本类型，其中，第 8 类是私人活动或生命周期活动（private events/life-cycle events）。如果结合人生发展的不同维度来分析，可供空间使用的活动往往和个人成长的 9 个维度有关，只不过主题和形式千差万别。以购物中心为例，Barbieri（2005）提出，购物中心需要提供特别的活动来打造独特的顾客体验，以维持自身的竞争

优势。Strafford 等学者（2018）也发现，对于购物中心，活动有一个值得注意的角色，就是作为一种"活跃"因素（enlivement）能吸引客源、增加重复拜访，并延长停留时间，从而提高客流量和租户的销售额。

图 9-1　个人成长的九维分析框架

2. 活动与群体生活

群体可以是非常好，也可以是非常坏的，我们最好能明智而且有目的地选择群体影响（迈尔斯，2006）。人是社交动物，当我们的个体倾向十分积极时，群体交流能使我们变得更好。通过参与和组织活动，个人能够重塑与群体中其他成员之间的关系，群体也通过活动对个体带来影响。

概括而言，活动对群体生活的作用主要表现在 3 个方面：（1）个体受群体影响；（2）形成共有的现实和群体性符号；（3）确认和强化某种群体关系。根据社会心理学家扎伊翁茨（Robert Zajonc）的社会唤起效应理论，他人在场能增强个体的优势反应，提高人们完成简单任务的准确性，而在复杂任务中，正确答案往往不是优势反应（图 9-2）。如果有众多他人在场，"处在人群之中"对个体的积极反应和消极反应都会有增强作用（托儿、人来疯等），个人参加特殊活动是典型的他人在场现象。

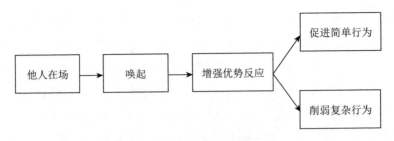

图9-2 他人在场的社会唤起效应

要形成一个群体，必须具备5个基本条件：（1）有一定数量的成员；（2）有一定的为成员所接受的目标；（3）有一定的组织结构；（4）有一定的行为规范；（5）成员心理之间有依存关系和共同感。在现实生活中，对于空间特别是经营性空间，如何打造群体生活和激发群体的活力是一项重要任务。在这方面既有现实的印证，也有理论的关照。例如，胡悦晗（2015）引入"集体空间"概念，通过茶社、酒楼与咖啡馆3类主要的城市休闲消费场所，考察民国时期上海知识群体如何通过休闲生活获得身份认同和建构社会关系网络。研究发现，这些城市休闲消费场所具有的"非日常性"餐饮消费功能被淡化，作为一个构建社会关系网络的空间场所的功能逐渐凸显。

3. 活动与人类社会发展

从人类社会发展的大尺度来讲，特殊活动的主要功能表现在3个方面，即强化或改进社会规范，记录社会发展全过程以及促进社区凝聚与复兴。活动已经成为人类社会生活中不可或缺的一部分，从奥运会、足球世界杯和世博会到城市艺术文化节，从公园、广场和历史名胜地的演出到公众聚会，从万人观赏的体育赛事到小型会议、婚礼，从公司促销活动到特殊事件旅游，从社区活动到慈善筹款，活动管理以其管理的科学性与特殊事件所具有的艺术魅力和文化内涵相结合，迅速地改变着受众的习惯、品位、记忆和理解，同时完成组织或产品品牌形象、概念的成功营销（王永嘉，2005）。主题各异、形式多样的活动为标记重要的个人或公共时刻以及庆祝我们人生中的重要里程碑提供了一种工具。

加利福尼亚大学伯克利分校建筑学教授克里斯托弗·亚历山大（Christopher Alexander）认为，"我们任何一个人的生活都是由若干极简单的事件（event）模式反复重演所构成的。倘若这些模式是很好的，我们就能生活得很愉快，反之则不能"。"然而，建筑和城市中支配生活的事件模式不能同它们所发生的空间分割开来。在建筑和城市中展开的生活不只是固定于空间中，而是由空间本身组成。…… 我们现在将试图去发现理解空间的某种方式，这种方式以完全自然的形式产生其事件模式，这样，我们就能够成功地把事件和空间模式看成一体。"虽然亚历山大所指的"事件"比我们所讨论的空间里的活动要宽泛，但说出了"没有空间无活动，没有活动无生活"的道理。

二、活动对空间的作用

毋庸置疑，借助精心设计的活动，空间可以聚集人气、增强活力。在许多成功促进场所和空间活力提升的实践中，设计师不再像往常一样做城市、社区或空间设计工作，而是作为某个公共项目的提出者或组织者，而其中很多项目的本质就是活动。进一步地，设计师可以参与到活动场景与活动流程的设计中去（徐磊青，2017）。概括而言，活动对空间的功能主要表现在 3 个方面，如表 9-1 所示：

表 9-1　活动对空间的主要功能

主要功能	解释	列举
维持空间完整性	与地方能通过仪式来维持完整性一样，各式各样的活动特别是仪式是空间完整性的重要组成部分	某著名球队的主场体育馆，某知名乐队的驻唱酒吧
突出空间特征	一个地方的特征是由发生在那里的事件所赋予的（亚历山大，1990）	奥运会、世博会等重大活动的遗留场馆，承接各类活动的上海 1933 老场坊
增强空间活力	空间活力是一种普适的社会生活的活力，可以理解为空间的情境感，各种活动可以增强空间的安全感和吸引力，从而促使人停留驻足或者发生相应的活动	大学校园里的学生活动中心，经常举办特展的博物馆，各类品牌推广、文化艺术等活动精彩纷呈的购物中心

1. 活动有助于维持空间的完整性

在《空间与地方》一书中，段义孚教授在讨论地方的"可见性"时有许多精彩论述：自此以后，必须通过仪式维持地方的完整性……可以通过诸多方式让一个地方成为可见的地方，包括：与其他地方竞争甚至发生冲突，在视觉上制造出突出之处，以及利用艺术、建筑、典礼和仪式所产生的力量，等等。他还列举了一些颇有启发性的例子。例如，在罗马共和国时期，一个家庭的家长通过巡行田地、唱赞美诗和驱赶他前面的献祭用的牲畜维持着他的地产边界。在中世纪的欧洲，教堂是庆祝活动的中心，全年会不时举行庆祝活动。

　　完整的空间表达，除了要把空间的三维布置和时间的先后顺序有机结合起来之外，还要提供尽可能多的体验与社交接触机会。苏珊·平克（Susan Pinker）在《村落效应》一书里提到了社交接触可以为人们提供 3 种社会支持，即提供一条可以及时获取重要信息的途径，提供物质上的援助，以及提供情感上的支持，而主题丰富、形式多样的活动不仅能带给消费者立体式的体验，还可以为人们创造更多的社交机会。正因为如此，当商业、体验、景观三者完美融合，许多购物中心已华丽转身为城市里的旅游目的地。

　　按照卢克斯（1975）的观点，"仪式是受规则支配的象征性活动，它使参加者注意他们认为有特殊意义的思想和感情对象"。仪式具有象征性、形式化和表演性等特征，其中，表演性特征意在创造一种氛围，使人们脱离日常的时间与空间，置身于特殊的场景之中。以天安门升旗仪式为例，当人们在观看升旗时身处于一种再造的特定时空中，进而能够生发在日常生活中不常有的情感。无论是实体要素，还是仪式本身，升旗仪式所具有的重要政治隐喻功能都丰富了天安门广场作为中国政治活动舞台的内涵（图 9-3）。

图 9-3　民众在天安门广场观看隆重的升国旗仪式

2. 活动有助于突出空间的特征

C. 亚历山大在《建筑的永恒之道》中有一段非常精彩的描述——"活动、事件、作用力、情境、电闪雷击、鱼死、水流、爱人争吵、蛋糕烧制、猫相互嬉戏、蜂鸟落在我的窗外、朋友经过、我的汽车发生故障、爱人重新和好、婴儿降生、祖父破产……我的生活就是像这样的事件组成的。每个人、动物、植物、创造物的生活是由相似的一系列事件组成的。一个地方的特征则是由发生在那里的事件所赋予的。"笔者对此深表赞同,尽管他所指的"事件"比我们所探讨的"活动"的含义宽泛得多。

笔者一直有个比较偏激的观点:在官方网站首页上没有专门的"活动"(events)栏目的旅游目的地不是一个优秀的目的地,一个没有会议室、咖啡厅、餐厅甚至健身设施的会展中心不是有吸引力的会展中心,一个没有咖啡厅和工作坊的博物馆不是好的博物馆,一个没有书店、活动中心甚至在官方网站上没有专门的"活动"(Event)栏目的大学不是惬意的大学……这个观点适用于所有有品质的空间。

—《经典实例 9-1》————————————————

纽约大都会博物馆重视活动的综合功能

以博物馆为例,长期以来,美国博物馆的教育活动丰富多彩,在世界博物馆界是颇具盛名的,相比之下,欧洲的大多数博物馆偏向于传统(Alexander,宋颂译,1990)。如果打开美国大都会博物馆(The Metropolitan Museum of Art)的官网,访问者除了能看到"参观""展览""艺术""购物"等常规栏目之外,还可以进入专门的"活动(Events)"与"学习(Learn)"板块了解各种丰富多彩的活动(图 9-4)。

大都会还设立有专门的"特殊活动办公室"(Special Events Office),负责承接会议、公司招待会和晚宴、非盈利招待会和晚宴、音乐会、电影展映、毕业典礼及演奏会等各类活动。

图 9-4　美国大都会博物馆的官方网站首页（部分）

3. 活动有助于增强空间的活力

在体验式消费文化背景下，商业空间环境的布局离不开日常生活的记忆。以特定的主题为线索将各功能空间串联起来，配以情景化的剧情演绎，并通过各种场景传达给消费者，可以使空间更富活力和特色，特别是节日期间的场景布置能带给消费者欢乐的节日气氛（天霸设计，2017）。

分析空间的活力，常用的分析要素有场所精神与空间尺度、可达性与可辨别性、混合使用功能与人流密度、公共基础设施与环境质量标准等（宋平，2020）。以公共空间为例，丹麦城市设计专家扬·盖尔（Jan Gehl）认为，公共空间活力是一种普适的社会生活的活力，可以理解为空间的情境感，和热闹很像但又不尽相同（徐磊青，2017）。换句话说，一个空间要具有活力，就必须充满安全感和吸引力，同时能够为身处其中的人们提供必要甚至舒适的基础设施，从而促使人停留驻足或者发生相应的活动。

——《经典实例 9-2》——

东京六本木新城利用活动增强商业活力

东京的六本木新城（Hills）通过精心设计，充分发挥内部公共空间在城市生活中的职能，从而使其成为人们日常生活休闲活动的载体，同时举办社区活动、志愿者活动、品牌推广、文化艺术等各类主题的活动，以此实现增强商业中心活力的目的。在开发六本木项目之初，森大厦就做出了在新城内相关区域举办大型公共活动的计划。部分大楼屋顶设有庭园，人们可以在其中的稻田插秧、割稻、脱谷甚至捣年糕，这些社区活动大大提升了城区的魅力和价值。各类商业、文化活动更是精彩纷呈，自带流量（图9-5）。

图 9-5　六本木新城的盂兰盆舞大会现场

三、为第四空间策划和组织活动

1. 常见的活动类型

尽管业界和学术界根据目的、性质、规模等不同标准，提出了不同的活动分类，但所有活动都代表了一种为了一个特定的目的、在特定的时间和地点将人们聚集在一起的场景。针对空间的特点，空间运营者至少需要掌握以下3种划分方式：

（1）Getz 的划分。

根据活动内容的不同，国际著名节事旅游与活动研究专家 Donald Getz

（1997）把经过事先策划的活动（planned events）分为 8 种基本类型：

①文化庆典，包括节日、狂欢节、宗教事件、大型展演、历史纪念活动等；

②艺术娱乐活动，主要包括音乐会、文艺展览、授奖仪式和其他表演；

③会展及商贸活动，如会议、展览会 / 展销会、博览会、广告促销、募捐 / 筹资活动等；

④体育赛事，主要包括职业比赛、业余竞赛和商业性体育活动；

⑤教育科学活动，包括研讨班、专题学术会议、学术讨论会等；

⑥休闲活动，包括演唱会、游戏和趣味体育、娱乐活动；

⑦政治 / 政府活动，包括就职典礼、授职 / 授勋仪式、贵宾 VIP 观礼、群众集会；

⑧私人活动（个人庆典，如周年纪念、家庭假日、宗教礼拜等；社交活动，如私人舞会、家庭聚会、同学 / 亲友联欢会等）。

Van der Wagen 和 Carlos（2005）也有类似的划分，他们将活动分为体育，娱乐、文化和艺术、市场营销和促销、会展、节日庆典、家庭活动以及筹资活动等类型。

（2）Shone 和 Parry 的划分。

Shone 和 Parry（2004）使用分类学原理提出了类似的活动分类。他们提出，可以将特殊活动分为 4 种基本类型，即文化活动（庆典类的、宗教类的、传统类的、艺术类的和大众类的）、休闲活动（休闲、体育和娱乐活动）、个人活动（婚礼、葬礼、生日和各种周年纪念）和团体活动（商务类的、政治类的、慈善类的以及销售类的），如图 9-6 所示。他们同时指出，这种分类有一定的重叠性。譬如，毕业典礼对于个人和家庭来说是个人活动，但对于学校来说属于组织活动；再如，一个乡村嘉年华，既是文化活动，在某种程度上来说，也是休闲活动。因此，重叠应该视为必然而非例外（刘春章，2016）。

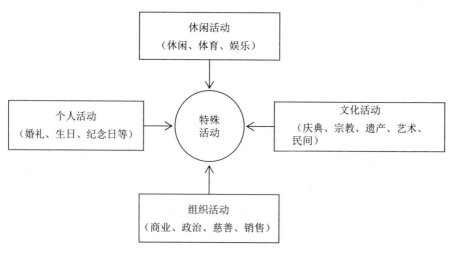

图 9-6　Shone 和 Parry（2004）对活动的分类

（3）Behrer 和 Larsson 的划分。

概括而言，人们举办活动主要出于五种基本目的，即庆祝（celebration）、教育（education）、营销（marketing）、团聚（reunion）和娱乐（entertainment）（Goldblatt，2010；王春雷，2018）。空间最需要组织什么样的活动？答案要随空间的类型和具体活动的目标而定。对于购物中心等商业空间，举办频率最高的是营销类活动，包括空间自身的品牌推广、入驻商家的促销等活动。

Behrer 和 Larsson（1998）从营销的角度，将活动营销（event marketing）分为四种基本类型，其中，活动营销（action marketing）是一种富有创意的促销形式，而且必须发生在产品销售的地方；以建立关系为导向的活动（relation building events）是富有情感的，并以一种特别的方式让观众参与进来，其主要内容是活动本身，而不是活动举办的场地。如图 9-7 所示：

塑造品牌和形象

发生
（Happening）

三维广告
（Three-dimensional
Advertisement）

以建立关系为导向的活动
（Relation Building Events）

现场活动营销
（Action Marketing）

以吸引人流为导向的活动
（Traffic Building Events）

活动
（Event）

刺激销售

图 9-7　活动营销（event marketing）的基本类型

作为一种整合营销的工具，活动营销几乎已经成为所有公司或组织营销计划中不可分割的一部分。和广告、公共关系、促销等一起，特殊活动有助于提高产品和服务的知名度，并促进潜在消费者购买。很久以来，零售商早已习惯利用各种活动来促进销售，如今，许多其他行业的企业也意识到面对面活动（face-to-face events）在实现销售目标方面是一种有效的途径（王春雷，2018）。

——《经典实例 9-3》——

活动在浦东嘉里城经营中的战略地位

如果打开上海"浦东嘉里城"的官方网站，可以看到主导航栏有 4 个，其中，"活动"是与"商户""停车""会员礼遇"并列的；在微信服务号里，则只有"社群""活动""会员中心"3 个导航栏，由此可见浦东嘉里城对活动的重视程度（图 9-8）。

图 9-8　上海"浦东嘉里城"官方网站和微信服务号的主导航栏

进一步分析可以发现，浦东嘉里城还按月份和主题系列对所有活动（包括官方活动、入驻商家举办的活动和作为场地方接待的外来活动）的基本信息进行预告，便于消费者提前知晓和在线报名（图9-9）。从2018年12月到2020年2月，浦东嘉里城先后推出了"诞梦新境""猪是大吉""爱致成长""爱聚嘉境""回嘉团圆"等活动主题，共有100多个子活动，各类子活动内容丰富、形式多样，受到了顾客和社区居民的青睐。

图 9-9　浦东嘉里城服务号的"活动日历"板块

2. 谁在组织活动

概括而言，活动组织者有三种基本类型，包括公司和组织内部活动管理人员（In-house event professionals）、独立活动管理人员（Independent event professionals）以及会展和活动管理公司员工（Full-service event planning and production companies employees）。对于空间，一般会设置相应的活动管理岗位，负责整体协调在空间内举办的活动，甚至全程策划和组织由空间自身主办的活动，如酒店的宴会部经理、会议专员，纽约大都会博物馆的特殊活动管理办公室员工，各类众创空间的活动管理专员等。

当然，在大多数时候，传统的空间都是作为场地供应商，为品牌推广、文化艺术、城市节庆等各类活动提供配套服务。图9-10是国内知名商业空间短租平台YUNSPACE对上海环球港的空间介绍页面：

图9-10　商业空间短租平台YUNSPACE对上海环球港的场地推介网页

但更值得注意的是，活动作为第四空间的重要构成部分，是空间引流和创造新消费、构建地方感的法宝。相应地，在空间举办的各类活动要内外结合，成体系、品牌化。我们可以从相关岗位设置的角度来观察一个空间对活动的态度及运用情况。例如，2019年4月至2020年3月，上海环球港在猎聘网上发布了活动管理相关岗位的招聘信息，如表9-2所示：

表 9-2 上海环球港招聘活动管理相关岗位的情况

岗位名称	主要职责	任职资格
市场营销高级经理（活动策划） 注：发布时间为2019年4月8日	1. 负责组织、策划、统筹实施集团市场营销类商业活动； 2. 根据业务需要，配合相应时间节点和热点事件，策划并执行有影响力的品牌营销及传播活动； 3. 活动执行流程及执行方案、物料准备、节目审编等，协助并指导设计师完成广告创意； 4. 负责活动的整体统筹、现场流程制作的全体把控。	1. 本科以上学历，广告、新闻、传播、市场营销类专业，5年以上活动运营/策划岗位经验； 2. 丰富的营销策划及品牌传播推广经验，熟悉市场营销、企业形象、产品推广等策划，拥有媒体和相关资源者优先； 3. 熟悉活动的推广渠道和操作细节； 4. 决策力强，能够整体把控项目的运作与方案的执行； 5. 熟练营销技能，工作条理清楚，责任心强，能承受较强的工作压力。
市场活动主管/副主管 注：发布时间为2020年3月30日	1. 组织、策划、实施购物中心年度内各项商业市场活动； 2. 组织撰写并指导各类商业活动方案； 3. 配合相应时间节点和热点事件，策划并执行相关品牌营销及传播活动； 4. 负责活动执行流程及执行方案，物料准备、节目审编； 5. 协助部门经理对具体活动的整体统筹、现场流程制作整体协调与把控。	1. 广告、新闻、传播、市场营销类专业本科以上学历； 2. 3年以上活动策划与运营经验； 3. 丰富的营销策划及品牌传播推广经验，熟悉市场营销、企业形象、产品推广等策划； 4. 熟悉活动的推广渠道和操作细节； 5. 有把控项目整体活动运作与方案执行的能力； 6. 熟练营销技能，工作思路与条理清晰，责任心强，抗压能力强。
会员活动主管/副主管 注：发布时间为2020年3月30日	1. 协助完成全年购物中心内各类会员促销活动计划与方案； 2. 负责商场会员活动及促销计划方案细化与执行； 3. 购物中心会员CRM系统的搭建、日常维护与管理； 4. 商场会员客户群的拓展与开发； 5. 负责商场会员联合活动的布置、协调及执行； 6. 细化全年会员活动收支预算并做相关数据分析。	1. 市场营销、企业管理或相关专业专科以上学历； 2. 3年以上购物中心会员活动工作经验； 3. 熟悉CRM系统，对市场营销及会员活动策划有丰富的实操经验； 4. 有客服管理与会员管理经验，熟悉客服管理与会员体系的各个模块； 5. 有较强的市场感知能力和敏锐地把握市场动态、市场方向的能力； 6. 有媒体合作关系，具备大型活动的现场管理能力。

资料来源：https://vip.liepin.com/6740225/joblist.shtml.

3. 活动管理的基本技巧

关于如何策划和组织活动，国内外已经有不少著作。例如，讨论一般原理和方法的有《活动策划与组织》（第6版）、《活动策划与执行大全》《活动策划实战全攻略》等，讨论不同空间场景下活动管理策略的有《商场（超市）营销模式与活动策划》《汽车 4S 店活动策划一本通》《饭店活动策划与管理》《游艇主题活动策划》《社区活动策划与组织实务》等。以下是空间运营者策划和组织任何活动时需要了解的基本技巧：

（1）了解活动管理知识体系。

每个活动其实就是一个项目，面对活动管理中纷繁复杂的工作，活动组织者可以参考项目运营与管理方面的丰富文献来指导自己的工作。如何把项目管理中正确的原理运用到活动管理这一艺术和科学的综合体中，从而为管理各类节事活动提供一种全新的、高效的方法体系，的确是一门学问。

2004 年，国际活动管理知识体系委员会（International EMBOK Executive）成立。2006 年，斯沃斯（Silvers）等在原有活动管理知识体系（EMBOK）的基础上提出了一个更加完善的框架，其重点在于指导各类特殊活动的策划、组织和执行（图 9-11）。

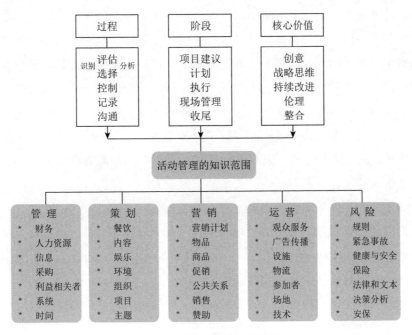

图 9-11　活动管理知识体系

资料来源：Silvers，J.，Bowdin，G.，O'Toole，W. and Nelson，K.（2006）. Towards an international event management body of knowledge（EMBOK）. Event Management，9（4）：185–198.

从图 9-11 可以看出，活动管理知识体系主要包括管理、风险两个基本层面以及策划、营销和运营三个关键阶段中的知识领域和技能，其中，"管理"主要指以利益相关者的需求为中心，对人、财、物和信息的综合管理，具有较强的系统性，"风险"则要通过规则、紧急事故处理、法律、保险和安保等来应对。由此可见，为举办一次活动，需要用到方方面面的知识，这对活动经理及其团队成员的综合素质提出了很高的要求。

（2）妥善处理利益相关者的关系。

对于空间，首先要明确活动是否以盈利为目的，空间在活动中的身份是作为主办方还是场地方或者合作方。活动的性质与目标紧密相关，对活动策划人而言，活动的目标就是活动主办方（空间自身、入驻商家或外来客户）所希望达到的预期效果，它是策划的起点，并在活动的任何一个环节都可能体现出来。不管是谁组织活动，都要充分关注空间自身、入驻商家、顾客及社区居民等不同利益相关者的诉求。

Getz（1997）把与节事活动相关的利益主体划分为两大类，即与节事活动相关的利益主体和与举办地所在社区相关的利益主体，其中，活动期间的输入和输出都与社区的利益主体有关联。事实上，许多活动的运作是由多个利益主体合作协调来共同完成的，包括地方政府、活动组织者、社区居民、赞助商、酒店、餐厅、俱乐部、艺术表演团体、票务机构以及志愿者组织等，规模较大的活动必须综合考虑和平衡不同利益主体的需求（图 9-12）。

当然，对于不同层次、规模和性质的活动，空间运营者需要关注的工作重点存在很大差异，对利益相关者关系的把握也大不一样。

（3）全面掌握关键成功要素。

关键成功要素分析法（Key Successful Factor，KSF）是信息系统开发规划的一种方法，于 1970 年由哈佛大学教授威廉·泽尼（William Zani）提出。关键成功因素指的是对企业成功起关键作用的因素，这种分析方法的实质就是通过分析找出能使企业获得成功的关键因素，然后再围绕这些因素来确定系统的需求，并进行规划。

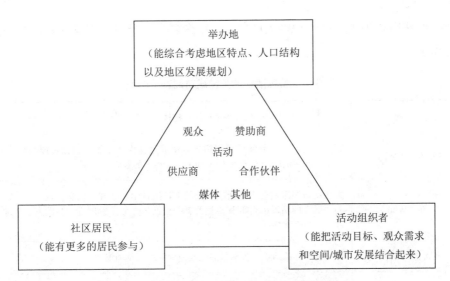

图 9-12　具有一定规模活动的主要利益相关者关系

要保证一次活动安全顺利地举办，要考虑上百个甚至上千个工作环节。在组织管理和项目管理中，协调（coordination）最为关键，这一点在特殊活动管理中表现得尤为突出，因为特殊活动受时间的严格限制，必须准时完成（Goldblatt，1990）。为此，活动管理经理在处理供应商网络和满足参加者及客户的多方需求时，需要运用系统方法和全面质量管理的方法。

在 Tum 和 Norton（2006）所构建的"与顾客相关的活动组织内外部因素分析框架"中，他们提出，在规划一个成功的任务之前，活动项目经理必须以顾客为中心，分析和评价两种截然不同的力量：内部环境和外部环境，其目的是充分考虑相关利益者、顾客以及公司/组织自身的各种需求，以理解"关键成功因素"的重要性和确定"公司/组织现有能力是否能满足各类需求"。其中，内部环境包括公司/组织文化、质量要求、信息系统、财务和股权状况，后者包括政治法律、社会、经济、技术、竞争和利益相关者等。

基于上述分析，活动项目经理必须以顾客和客户为中心，编制活动要素计划（Event Element Plan），特别是要对人力、资金、物品等资源进行科学合理的安排。笔者以活动组织者的目标和利益相关者的需求分析为出发点，按照项目管理的"时间、资金和质量"要求，对特殊活动的主要因素进行了重新梳理，将其简要地概括为"6W+2H+1E"，并称之为关键成功要素（KSF），如表 9-3 所示：

表 9-3　特殊活动的关键成功因素（KSF）

要素	描述
为什么（Why）	即活动的目的，其实质是组织者希望通过这次活动能达到什么预期目的，这是一次活动的所有元素（Event Elements）的基础
谁（Who）	指活动组织者需要明确活动观众的人口统计学和心理学信息，其实，广义的"谁"即活动的全部利益相关者，包括主办方、参加者、赞助商、当地社区、合作伙伴等
在哪里（Where）	即活动举办的地点，包括目的地或地理区位以及场馆
什么时间（When）	包括活动举办的季节、日期、星期几和具体时间
预期结果（What）	指主要工作内容，其实质是怎样让不同利益相关者的需求在最大限度上得到满足，包括做些什么、要准备什么、有什么阻碍因素等
风险管理（What If）	指对活动举办过程中可能出现的各种风险的预测、评估、防范与应对。风险管理工作贯穿活动管理的全过程，其应对策略主要有接受、管控、避免、转移等类型
怎么操作（How）	即具体的活动管理技术和手段，包括市场调研、可行性研究、活动策划、工作分解结构、全面质量管理等
费用（How Much）	指活动的总预算，包括进行项目工作分解结构（Work Breakdown Structure，WBS）后的各项任务的支出情况
效果（Effect）	指对整个活动进行综合性、概括性的回顾、评价、归档并制订改进计划的工作过程

资料来源：笔者根据相关资料整理。

（4）熟悉活动管理的一般流程。

Getz（1997）、Goldblatt（1997）、Watt（1998）、O'toole 和 Mikolaitis（2002）、Allen（2002）以及 Shone 和 Parry（2004）等学者或业内从业人员先后提出了理想的活动管理流程或模型，尽管所用的术语不尽相同，但基本思想没有太大区别（王春雷，2018）。其基本过程都包括：调查研究、明确目标及其可行性、策划和制订初步计划、组织和协调、项目实施、结束收尾工作、活动回顾和评价（Tum et al.，2006）。

Watt 于 1998 年提出了活动管理过程模型（The Event Planning Process），该模型把活动管理流程分为 7 个基本步骤，即概念、可行性研究、活动目标、执行要求、执行计划、监控评估与未来方案，这些步骤构成了一个循环（图 9-13）。特别值得一提的是，该模型同时从内部资源与外部环境两个方面对活动管理的每个步骤进行分析，适用于指导空间运营者综合评价活动的内外部条件。例如，他认为，活动目标一方面是由客户需求决定的，另一方面取决于活动组织者的发展计划。

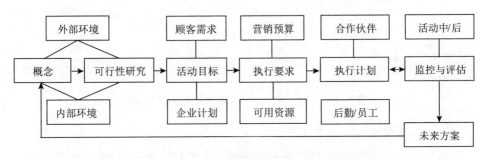

图 9-13　Watt 活动管理模型（1998）

资料来源：Watt，D.C.（1998）*Event Management in Leisure & Tourism.* New York：Addison Wesley Longman.

2005 年，Tum、Norton 和 Wright 根据活动产业的特征提出了新的活动管理模型，他们将活动管理过程划分为分析、详细计划、执行和绩效评估四个阶段（图 9-14）。其中，分析阶段的主要工作是进行活动或组织者的内外部环境分析，并明确活动的目标及目标市场；详细计划阶段的工作内容包括活动选址、产品开发、服务设计、供应链管理、风险管理等举办节事活动所需的所有计划活动；执行阶段主要关注如何按既定的计划进行资源配置，以及人力管理、容量管理和工作时序安排等内容；绩效评估即在活动结束后使用一定的标准来测评和修正活动运营的效果。

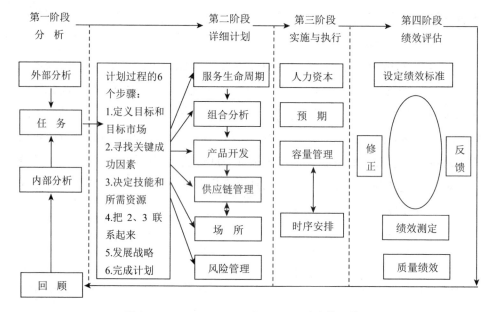

图 9-14 Tum、Norton 和 Wright 活动管理模型

（5）认真完成每一项工作[①]。

当被问及"特别的一天（special day）是怎样"的，几乎所有活动管理专家都会说每天都是特别的，不管他们是在某个企业工作（即 in-house event planner），还是在运营一家活动管理或公关营销公司。活动管理工作适合那些喜欢多任务的人，他们往往兴趣广泛、乐于解决问题，并且对通过各种活动来建立社群充满了热情。正如著名社会学家、符号互动论的代表人物欧文·戈夫曼（2008，P84）所言，不管是葬礼、婚礼、桥牌赛、一次性拍卖、绞刑或是野餐，真正让导演倾心的，都是表演进行得是否平稳、有效，演出是否顺利，是否事先对所有可能的破坏性偶然事件有所准备。

注册协会管理者（CAE）和注册会议专家（CMP）、国际会议专家协会（MPI）的第二任执行总监道格·希思（Doug Heath）在许多年前提出，"会议策划不仅仅是提供一个咖啡柜台"。那时，绝大多数会议和活动策划者只关心后勤服务，如场地布置、咖啡和茶歇，餐饮和视听设备安装等。时至今天，一

---

① 本部分资料来源：[美]乔治·费尼奇.会展业导论（第4版）[M].王春雷，等，译.重庆：重庆大学出版社，2017.

名活动专家的工作往往是具有战略性的，活动策划人要想方设法满足组织或客户的目标。

对于空间运营者特别是活动管理人员，在策划、组织或承接一个活动的过程中，主要职责可能会涉及以下工作中的一部分甚至全部。当然，如果只是作为场地方提供配套服务，情况通常要省力得多：

①确定活动的目标，策划内容和制订设计方案。

②基于活动的目标、观众信息、预算以及议程安排，制定需求建议书（RFP）。

③将需求建议书发送给酒店和会议中心的销售办公室，目的地营销组织（DMOs）或承接活动业务的专业公司。

④制定预算和管理支出。

⑤与一家或多家为活动提供设备、交通、搭建、演讲、娱乐等服务的供应商洽谈合同事宜。

⑥通过网络、印刷等手段宣传推广活动，并对结果进行跟踪。

⑦邀请相关演讲者、培训师和主持人，并管理他们的需求，包括差旅、住宿、注册、会议室布置和视听设备等。

⑧邀请艺人和表演者，并签订合同和提供相应服务。

⑨安排餐饮服务，并处理好合同事宜。为此，必须了解所有参与者的具体情况，包括年龄、性别、身体状况、过敏史、地区来源等，以便做出合理的安排以及确定包括劳务和税费在内的预算及价格。

⑩连同其他工作人员、设备设施管理人员、供应商和紧急救援人员，准备风险管理计划。

⑪做好参与者注册管理工作，或者外包给一家专业公司，以确保信息的准确录入和专业处理。

⑫处理好从活动的概念策划到执行直至后续跟进过程中的各种变化。

⑬时刻关注行业或企业内有关酒店所有者、管理公司、酒店抵押、设备或罢工等方面的最新情况。

⑭保持冷静，并能协调好供应商、团队成员的工作。

参考文献

［1］Barbieri, K. The mall is dropping the ball［J］. Amusement Business, 2005, 118（1）: 52.

［2］Behrer, M.& Larsson, Å. Event marketing: att använda evenemang som strategisk resurs i marknadsföringen［M］. Göteborg: IHM（Institutet för högre marknadsföringsutbildning, 1998.

［3］David, S., Phil, C.& Peter, S. Enlivenment and the Gruffalo: the unfolding story of events in destination shopping centres［J］. International Journal of Event & Festival Management, 2018, 9（2）: 126-146.

［4］Getz, D.（1997）. Event Management & Event Tourism［M］.New York: Cognizant Communication Corporation.

［5］Goldblatt, J.J.（1990）. Special Events: The Art and Science of Celebration［M］. New York: Van Nostrand Reinhold.

［6］Goldblatt, J.J.（2010）. Special Events: A New Generation and the Next Frontier（6th Edition）［M］.Hoboken, New Jersey: John Wiley & Sons Inc.

［7］Pinker, S. The Village Effect: How Face-to-Face Contact Can Make Us Healthier, Happier, and Smarter［M］. New York: Spiegel & Grau, 2014.

［8］Shone, A. & Parry, B.（2004）. Successful Event Management: A Practical Handbook（2nd Edition）［M］. London: Thomson Learning.

［9］Van der Wagen, L.& Carlos, B.（2005）. Events Management: For Tourism, Cultural, Business and Sporting Events［M］. Upper Saddle River, New Jersey: Pearson Prentice Hall.

［10］［美］乔治·费尼奇. 会展业导论（第4版）［M］.王春雷, 等, 译. 重庆: 重庆大学出版社, 2017.

［11］［美］爱德华·P. 亚历山大（E.P.Alexander）.博物馆的解释功能［J］. 宋颂, 译. 东南文化, 1990（4）: 251-256.

［12］［美］戴维·迈尔斯. 社会心理学（第八版）［M］.侯玉波, 乐国安,

张智勇，等，译．北京：人民邮电出版社，2006.

［13］［美］段义孚．空间与地方——经验的视角［M］．王志标，译．北京：中国人民大学出版社，2017.

［14］胡悦晗．茶社、酒楼与咖啡馆：民国时期上海知识群体的休闲生活（1927—1937）［J］．衡阳师范学院学报，2015，36（2）：115-122.

［15］刘春章．活动的要素：是什么构成了活动？［EB/OL］．http://blog.sina.com.cn/s/blog_3c9d72430102wa13.html，2016-04-07.

［16］王春雷．活动与生活——当我们谈论活动时我们在谈论什么［M］．北京：中国旅游出版社，2018.

［17］王春雷．会展策划与管理［M］．北京：高等教育出版社，2018.

［18］苏珊·平克．村落效应［M］．青涂，译．杭州：浙江人民出版社，2017.

［19］宋平．空间活力的表达［EB/L］．https://www.xzbu.com/1/view-11523715.htm，2020-04-11.

第 10 章

第四空间的
"四感"策略

　　要确定人与空间联系中的体验向度并不容易，因为这个问题会涉及无边无际的人类心理和行为变化，这些变化受到各种各样的个人、社会和文化因素以及环境的物理和空间属性的影响……为此，首先应当确定哪些类型的户外体验对于实现和维持最基本的人类福祉具有重要意义：我们首先希望了解人们需要体验什么，而不是体验什么会带来美好的感受（Thwaites & Simkins，2007）。

荷兰鹿特丹的方块小屋   （插图：杨荫稚）

　　鹿特丹的方块小屋一共有51个方块屋，其中，部分是私人住宅，部分为学校、青年旅馆、餐厅、咖啡馆、小商店等，还有自行车租赁站。每个方块屋的结构基本相同，都由三层构成。作为旅游者到鹿特丹的必游之地，方块小屋已成为中心、方向、过渡和区域的融合，能给人社会意向、地标、街景、变化、邻里等立体式体验。

随着体验经济（The Experience Economy）的浪潮席卷全球，各行各业都在被体验的理念和各种创新实践所冲击，反过来，数以万计的企业又从人们的体验消费中获得回报，空间和景观设计界也不例外。在绝大多数时候，人们对某个场所或空间的体验是整体性的，既涉及不同层次的空间尺度，也包括价值依附、定位、邻里意识等多元化的体验维度，既需要有形设施、无形氛围等作为环境，也需要优质产品、温馨服务与精彩活动等作为内容。在论述了文化引领以及场景、产品和服务、舒适物设施、社群及活动的整合后，本章将详细讨论第四空间的基础层：科技感（Intelligence）、设计感（Design）、体验感（Experience）和娱乐感（Amusement）的设计与管理。

一、科技感——线上、线下融合策略

本书第 3 章已提及，站在消费者的角度，空间的科技感主要取决于两个方面：一是科技元素和高科技场景带给人的不同感官体验，包括视觉、听觉、嗅觉、味觉和触觉等。二是对科技的具体应用所带来的人性化和便利程度。换句话说，对于空间，要打造科技感，除了运用声光、全息投影、AR、VR 等技术给消费者带来优质的感官体验之外，核心就是服务和运营的智能化，特别是线上、线下融合。

从 2017 年开始，新零售的概念兴起，促进了线上、线下的快速融合，实体店开始构建线上渠道，电商也开始布局线下实体店，并与现代物流体系相结合。但需要注意的是，线上线下融合是分步骤、分层次的，具体采取什么策略，要根据空间的规模和类型以及经营管理的实际需要而定。

1. 连锁空间：构建全智能的数据生态圈

构建全智能化的数据生态圈对企业的资金、规模等都有很高的要求，适合实力雄厚的连锁型商业空间。其核心功能包括：在数据建设方面，利用无线感知、人脸识别等技术，对每位顾客进行数字化，并实时梳理和同步用户标签及画像数据，同时有效整合现场消费、服务反馈、第三方数据等各类资源，包括数据纵向和横向的安全流动；在会员管理方面，对到访顾客、支付顾客和忠诚会员进行精准识别与管理，以便促进顾客的转化，并开展定制化的服务与营销；在商户管理方面，基于智慧办公系统提高服务效率，基于数据分析结果为商户经营决策赋能；等等。

例如，中粮集团旗下的大悦城在运营上实施 experience（体验式消费）、electronic（电子化应用）和 efficient（高效化管理）。其中，电子化是大悦城提高运营效率、改善顾客体验的关键，它主要体现在顾客服务、商业运营和现场管理三个方面（韩石，2013）。2017 年 10 月，大悦城倾力构建的"悦·云"全面上线。该系统由智慧 POS 平台、中央结算平台、CRM[3] 平台、营销平台、D 客平台、数据交换平台和通用接口平台 7 个子系统构成，旨在打通大悦城体系内的所有数据，助力智慧商场的打造（图 10-1）。例如，依托 D 客平台，各类日常证照审办、各类费用查询和汇缴都移至线上，甚至连每个人员的清查管理都可进行刷脸刷码，大大提高了办事效率，减轻了企业负担。

图 10-1　大悦城悦·云系统的总体设计

2. 单体空间：打造以会员系统为核心的商业平台

对于商业空间，无论是一家体量庞大的购物中心或旅游景区，还是一间独立的咖啡馆或书店，实现线上线下融合的关键都在于打造以会员管理系统为核心的商业生态，在线下体验端、虚拟平台用户端和支付端提供新的产品和服务，对内联手商户、打通资源，对外创新合作、加强推广，实现产品（库存）、支付、消费的统一（图 10-2）。

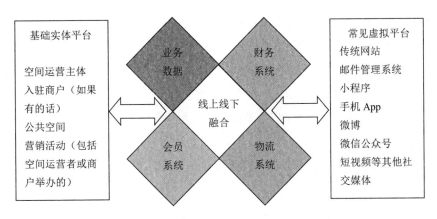

图 10-2　空间实现 O2O 运营的基本框架

　　当然，对于一般的单体空间，核心工作在于倾力打造实体空间（包括高质量的线下活动）的体验价值，发挥其引流作用，同时，根据实际需要精心打理网站、小程序等虚拟平台，特别是微博、微信公众号等社交媒体，逐步把线上需求导入线下门店，实现线上、线下的有机互动。例如，许多商场正在转变成社区型的体验中心，并与电商平台深度融合，以期为商场赋能，使供应过量的商场产生新的生产力和价值。

≪ 经典实例 10-1 ≫

纽约中央公园的官方网站

　　纽约中央公园坐落于曼哈顿岛的正中央，占地 843 英亩，以第 59 大街、第 110 大街、第 5 大街和中央公园西部路（Central Park West）围绕着，是名副其实的纽约"后花园"。中央公园始建于 1858 年，历时 15 年才建成，是一处完全人造的自然景观，里面除了设置草地、人工湖、小森林、庭院、小动物园和美术馆之外，还有网球场、运动场、溜冰场、旋转木马、露天剧场等游乐设施。在近 150 年的历史里，中央公园深刻地影响了这个城市里人与人之间的关系，阶层与阶层之间的关系，以及人与城市之间的关系，乃至持续影响着纽约人的品性，帮助纽约成长为世界最有影响的都市。

　　打开纽约中央公园的官方网站，我们会发现该网站结构清晰、资料翔实、功能完善，主要导航栏有"公园地图"（Park Map）、"游览"（Visit）、"活动"

（What's Happening）、"购物"（Shop）等，其中，单单地图就分了 6 类，包括"中央公园官方地图"（Official Central Park Map）、"运动场地图"（Playground Map）、"跑步地图"（Running Map）、"秋天落叶地图"（Fall Foliage Map）、"自行车骑行地图"（Bike Map）和"无障碍地图"（Accessibility Map）。同时，设有"博客"（Blog）、"提醒"（Alerts）、"支持"（Support）和"电子邮件订阅"（Email Signup）等互动栏目，其中，"支持"包括捐赠、会员、公益活动、志愿者等。此外，通过网站可直接链接 Facebook、Twitter 和 Instagram 账号。如图 10-3 所示：

图 10-3 纽约中央公园官方网站首页

进入"活动 / 发生了什么"（What's Happening）的"日历"（Calendar），浏览者可以查询近期的所有活动列表（包括关键词检索），点击"查看具体信息"后可以了解各活动的详细情况，包括活动内容、价格等，并可以直接在网站上报名（图 10-4）。

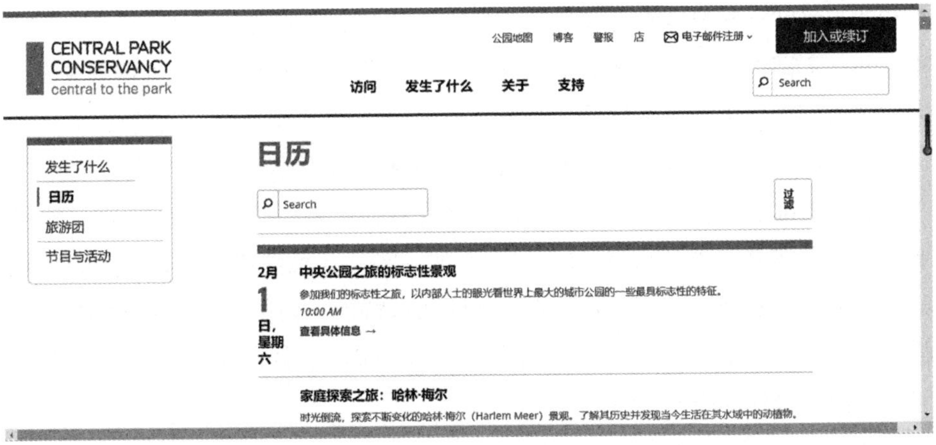

图 10-4　纽约中央公园官方网站的"活动"查询页面

二、设计感——空间设计策略

关于什么是好的空间设计，有很多指南或宝典，如店面设计富有创意和吸引力、减缓购物过程并增加停留时间、动线引导购物路径、布局合理、陈设鼓励消费等。然而，传统的以功能为导向的空间设计缺乏对空间体验的关照，所以逐渐失去了吸引力和独有的价值。在互联网等信息媒介和技术高度发达的今天，人们不再满足于说教式的建筑风格和陈列方式，而是强调自身的参与、体验和感悟。

1. 理解空间设计的本质

诺伯格·舒尔茨认为，"存在空间"由三个存在于不同尺度水平的要素构成，即中心或场所（邻近性）、方向或通道（延续性）和区域（封闭性）。其中，中心是一个能够产生此处感和邻近感并在主观上具有重要意义的位置；方向主要取决于 3 类将此处和彼处连接在一起的相互关联的体验，即线性封闭、路线以及从此处到彼处的动机；区域具有较大尺度上的协调感或主题延续性（Thwaites & Simkins，2016）。

换句话说，中心、方向、过渡和区域是空间维度的 4 个基本要素，这些要素能够与平常接触日常户外环境的具体体验类型产生关联，并且每个都能形成概念并与不同类型的空间体验关联起来。空间设计的本质就是深刻理解并有效回应"人们如何去感受和体验一个场所或一处空间"。

关于特定位置和空间，人们赋予其意义和重要价值主要有三个不同原因：一是它们能够引起社会意象，二是因为具有复健功能，三是因为它们是一些重要社交活动发生的地点（表 10-1）。例如，在社会意象维度上，可能是因为某个空间或场所令人难忘，它具有显著的物理特征，如奇特的造型或结构、鲜艳的色彩等，或拥有商店、创意书店、主题咖啡厅等舒适物，或者具有仪式、工作和娱乐等社会意义。

表 10-1　不同空间尺度的体验内容及其功能

空间尺度	体验维度	主要内容	功能描述
中心	价值依附	·场所的社会意象力（比如，具有特别的物质或社会价值）； ·场所提供的复健机会； ·社会互动和领地性（分为住所、私家花园等初级领地，私人会所等中级领地和公共领地）	能够产生知觉意义或具有社会价值，或者具有有助于脱离干扰、提供舒适和隐蔽的休憩场所等一系列暂时的环境特点，或者能够为社会群体成员的相聚、交流与展示等提供空间
方向过渡	定位	·运动：能体现路线选择、通透性的场景，有吸引力的街道等； ·视野：地标、街景、风景及次序感； ·变化：富有生气，传达氛围、心情或功能上的转变	对于所处的位置，人们需要联系周边环境培养一种熟悉感，并进行积极探索，以期体验多样性和感受变化，同时强化心理上的投入感
区域	邻里意识	·公私意识，包括亲密区域、私人区域、社交区域和公共区域； ·主题延续性：可以通过外表、空间、形状、标志、建筑类型、用途、活动、居住者、维护保养程度等各种元素的协调	作为中心、方向和过渡组合而成的产物和一个可识别的存在整体，区域展示了一种内部一致性，能够让人们体会到一种身在某处而非别处的感觉

资料来源：凯文·思韦茨，伊恩·西姆金斯.体验式景观——人、场所与空间的关系［M］.陈玉洁，译.北京：中国建筑工业出版社，2016.

一般来说，相对于街区、城区等系统化程度较低但又明显相互连接的区域而言，场所体验的多样性更为突出。很多空间特别是户外场所的体验并不是非此即彼的问题，而是一个复合的过程，在这个过程中一种或多种体验暂时处于主导地位。

例如，某个人可能觉得某处特定的位置具有复健功能，同时也可以作为开展社交活动的地点。也有可能某个空间的社会意向力并没有吸引力，但他很喜欢这里的氛围。好比在一个艺术展览会现场，"好的展览空间，即便艺术家的作品不是那么受追捧，但观众依然愿意在这里停留。他／她会在这里小憩、读书、会友或者戴上耳机安静地听听音乐。这样的展览空间也是成功的，因为它临时营造了一种闲情雅致的艺术生活氛围，让人们在这里得以暂时忘掉功利性的念头，静下心来观照自己的内心"（文心访艺，2019）。

概括而言，空间设计应该努力在中心、方向／过渡和区域 3 个尺度上保持平衡，对价值依附、定位和邻里意识等不同体验维度的主要内容进行系统考虑。此外，人们对景观和空间的感应是多样化的，包括视觉、听觉、触觉、嗅觉、味觉等各种感官。设计师在设计空间和体验式景观时，要充分调动人们的各种感知，并基于自身对自然环境和空间的深入理解（李珊，2014）。

──《 经典实例 10-2 》──

2010 年上海世博会上的英国馆

在 2010 年中国上海世博会上，英国馆以独特的视觉效果展示了英国在物种保护领域的全球领导地位，以及英国在开发面向未来的可持续发展城市方面发挥的重要作用。

英国馆的设计是一个没有屋顶的开放式公园，作为展馆核心的"种子圣殿"外部生长有六万余根向各个方向伸展的触须。这些触须状的"种子"顶端都带有一个细小的彩色光源，可以组合成多种图案和颜色。所有的触须随风轻微摇动，在展馆表面形成了各种不断变幻的光泽和色彩。白天，触须像光纤那样传导光线来提供内部照明，营造出现代感和震撼力兼具的空间；观众将通过"绿色城市""开放城市""种子圣殿""活力城市"进入"开放公园"，如图10-5 所示：

图 10-5　2010 年中国上海世博会上的英国馆

2. 处理主体和客体的关系

我们经常会遇到这种情况：走进一个地方，心里顿时产生一种莫名的喜欢之情，但自己却说不清楚，可能是因为空间带给我们的氛围，如温暖的灯光、淡淡的香薰、生机勃勃的植物、舒缓的轻音乐、穿着得体的服务员，也可能是因为舒适的设施或可爱的道具，如软硬适中的沙发，甚至是摆在桌子上的一个精致摆件……

与体验式景观设计一样，空间设计重视人与空间在各个层面和感官上的相互作用，进而产生情感体验。当消费者处于一种特定的空间、场所或景观环境，从中获得情感上的某种认同感而不只是被动地使用体验时，他或她能在满足景观功能的前提下，通过体验的方式与空间产生良性互动。

因此，对于空间设计，基本出发点是要处理好主体和客体之间的关系，其中，主体是指观众或消费者，客体是指空间的功能、形态、色彩、展品、场景、图片、影音、材料、工艺、技术等各种物质存在、参与性的活动及各种要素内在的关联。而主体和客体之间的相互作用和关联构成了空间的情节（童小明，2013）。

派恩和吉尔摩（1999）认为，情节是空间体验的基础，而体验必须通过深刻的印象来实现，所谓的印象深刻就是体验的结果（Pine II & Gilmore，2008）。从情节设计的角度来看，主要空间体验要素包括题材、思想、故事内容、空间场景、主题道具、材料和细节，以及空间场景的编排等。

──《经典实例 10-3》────────────────────

一个与众不同的洗车空间——莫斯科 Black Star 洗车店

莫斯科的 Black Star Wash 洗车店，创造了一个与众不同的洗车空间，具有极强的艺术性，让人眼前一亮。与此同时，该洗车店也确保了空间的功能性，为所有的设施提供合适的存放和工作空间（图 10-6）。

图 10-6　莫斯科 Black Star 洗车店实景

该项目之所以能获得巨大成功，GRETAPROJECT 公司的法宝是充分考虑和尊重了人的需求，包括洗车过程中消费者的体验管理和工作人员的工作环境。他们的主要做法如下：

①因为项目位于市中心一座建筑的地下，这意味着空间层高较低，缺少自然光线。因此，建筑师的设想是从视觉上扩大空间，同时改变其几何形状。最后的解决方案是将深石墨色、书法般明亮的图案纹理和灯光装置相结合，将设计概念应用在实体空间上。

②积极探索颜色对空间体验的影响。BLACK STAR 的品牌标识是一个黑色的太阳，这个图形以一种环形照明设施的形态被用在了清洗仓的上空。在清洗空间的入口区域，则安装了 X 形的照明装置，从而与环形的品牌标识形成对比。

③在洗车店入口附近，设置了一个洗车流程（包括车体的内外清洗、抛光等工序）的展示空间，从而创造出一种与众不同的视觉效果，同时也吸引了顾客的注意力。

④在供顾客休息的咖啡厅内部，通过一系列复杂的几何图案设计来延伸简单的空间折射，这样便可以将规则的矩形转变为复杂的几何图形。

---

3. 关照所有体验设计要素

在体验经济中，企业有6种增加消费者对自身产品需求的常用方法：（1）将产品融入带有体验性的品牌之中，这意味着，要创造鲜明的品牌形象，强调消费者购买、使用或占有该产品时的良好体验，如耐克鞋、哈雷摩托等；（2）随着消费者对能够帮助带来良好体验的产品或服务的需求增加，需要提供更多的刺激感觉的道具，如纪念品；（3）在产品中加入更多的能引发消费者情感共鸣的元素；（4）有意造成商品的短缺，以激发消费者的占有欲，进而转化为消费行为；（5）发起有关产品的特别活动；（6）组织产品俱乐部（上海乔斯商业设计，2017）。从上面的框架中，我们至少可以提炼出多个空间体验的设计要素，如品牌形象、道具、情感、稀缺、活动和社交等。

从上述分析可知，要将消费者对空间体验的所有要素都罗列出来几乎是不可能的。我们再回到 Thwaites 和 Simkins（2007）所提的框架上来，在某种意义上，中心、方向、过渡和区域（CDTA）是场所体验的基础模块，代表了在特定位置的整个场所体验的连贯过程中人们可以察觉到的变化。我们可以参照上述4个模块，来逐一分析和判断某一空间可能使用的体验设计要素，如图10-7所示：

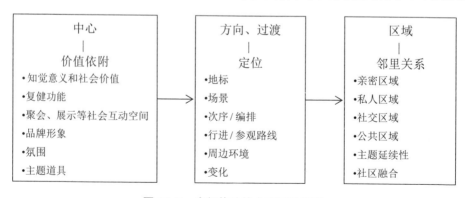

图 10-7 空间体验的主要设计要素

──《经典实例 10-4》────────────────

鹿特丹的斜房子

在荷兰的港口城市鹿特丹，最具代表性的建筑之一就是倾斜的方块小屋（荷兰语是 Kubuswoningen，英文为 Cube House，中文俗称"斜房子"）。远远望去就能看见一排巨大的倾斜的黄色方块儿矗立在蓝天之下，房子下面是宽敞的马路。这里一共有 51 个方块屋，其中，部分是私人住宅，部分为学校、青年旅馆、餐厅、咖啡馆、小商店等，还有自行车租赁站（图 10-8）。每个方块屋的结构基本相同，都由三层构成，典型的布局是：一层的三面墙都向外倾，厨房、卫生间和书房各占据一角；二层是立方体的对角面，设置有卧室和浴室，中间有个小客厅；三层作为阁楼或室内花园，由三面玻璃覆盖，以最大面积地采光。

图 10-8　鹿特丹的方块小屋

作为旅游者到鹿特丹的必游之地，方块小屋已成为中心、方向、过渡和区域的融合，能给人社会意向、地标、街景、变化、邻里等立体式的体验。

三、体验感——体验管理策略

空间在不同的尺度水平上具有不同的意义，社交活动的体验能够在多种空间尺度上实现，它可能是城市的中央广场，也或许是位于城市街角的某个咖啡馆。空间运营者要管理好到访客人的体验，必须在明确目标使用者需求的基础上，做到全要素、全过程、全方位。

1. 分析和满足使用者的需求

上海图书馆馆长吴建中（2012）曾提出，"人是图书馆的动力之源，只有当人的要素成为图书馆第一要素的时候，图书馆才能显示真正的活力与创造力"。在 2019 DESIGN 全球教育空间设计者大会上，汉齐建筑（HATCH Architects）联合创始人卫宏涛提出，为培养有想象力和创造力的孩子，通过空间设计去打造一个有创造力的校园至关重要，其中有 4 个关键词——自由、开放、共享、交流。万达集团要求体验式消费一般在万达商业项目中占 50% 以上，尤其是餐饮业，每个项目在招商前要完成当地最受欢迎的 30 家餐饮店的调研报告，然后至少引进其中的 20 家；香港侨福建设集团的侨福芳草地项目在招商过程中重点考虑了 4 组业态：一是引进人气餐饮，打造一个全业态的品牌集市；二是引进影院、书店等文化业态，吸引以中产阶层为主的核心客群；三是引进主力零售品牌集群；四是打造艺术和博物馆类的空间。

我们还能列出无数的例子或观点。其实，图书馆和校园也好，商业空间也罢，从空间体验管理的角度来说，要做好的首先是用户需求分析。所以，优秀的空间设计者首先要具有强烈的用户思维。建筑是生活的容器，在其中上演着各式各样的人生，同样也让我们深刻审视着不同的人生阶段。当我们去设计一个空间时，首先必须了解空间的使用者是谁，这样才能量体裁衣做好设计。

要分析消费者的需求，有很多经典模型，如马斯洛需求层次理论、KANO需求分类排序模型、Censydiam 用户动机分析模型等，这些理论模型均有助于我们分析和掌握消费者的需求，但各有侧重。由于空间消费具有个性化、社会性兼具的特点，所以进行深入的动机分析特别实用。根据 Censydiam 用户动机分析模型，消费者的需求存在于社会和个体两个层面，他们经常需要在寻求群体归属和保持自身个性之间做权衡。面对不同层面的需求，消费者会有不同的解决方案，通过研究他们采取的需求应对策略，企业能够透视其内在动机。该模型的主要内容可以简要概括为"两个维度""四种策略""八类动机"，其中，"四种策略"是指：在集体中寻找到归属和快乐，从众和谐；表达成功的自我，得到他人的赞许；回到自己的内心世界，压制需求；释放内心的欲望，积极享受，探索更广阔的世界。

如果从需求满足的角度来讲，可以将"八类动机"理解为空间体验维度中的价值依附，即明确空间究竟能解决消费者的什么需求，并合理规划空间能满足各种需求的功能结构。如图 10-9 所示：

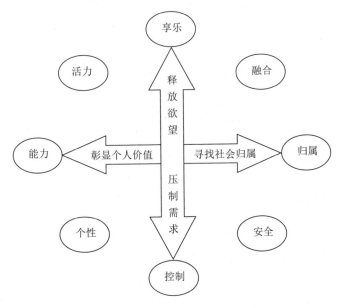

图 10-9　Censydiam 用户动机分析模型

2. 管理空间体验的全要素

对于消费空间而言，全要素管理的关键是根据观众或购物者等不同顾客的行为轨迹来进行全面设计，并在此基础上策划每一次与顾客接触的体验。在价值依附、定位和邻里关系等不同层次上，总能找到相应的突破点。

另外，通过探索人类的精神世界及诉求，可以扩展体验的维度，形成新的认识。随着体验经济的崛起，心理体验和心性体验正在成为企业创新和提供物的新选择，代表了企业竞争的新高度（陈运涛，2017）。由此，可以将顾客体验分为感官体验、功能体验、情感体验、智力体验、宗教体验（表10-2）。这些顾客体验的维度特别适合空间体验的发展趋势，特别是意义、价值、关系、场景、活动等。

表10-2　关于顾客体验的新维度和新认识

体验深度	物性体验		心理体验（狭义）			心性体验		
	感观体验	功能体验	情感体验	智力体验		宗教体验		
	感官	功能	情感	思想	心智	信仰	觉悟	智慧
体验成果	数据	数据	信息	知识	理性	主义	心灵	心性
体验途径或来源	实物 场景 活动	目的 服务 作用	意义 价值 关系	教育 领悟	反思 创造	修炼 仪轨	归依 认同	自性 自由
认知状态	本我		自我			超我（无我）		

参考文献：陈运涛.顾客满意管理理论与实践——现代市场竞争与信息时代企业管理模式探讨［M］.金琅学术出版社，2017：84-90.

≪经典实例10-5≫

《知音号》演艺项目的空间体验全要素管理

由著名导演樊跃执导的文化演艺项目——《知音号》从主题文化表达、空间组织和时间管理三个方面来营造沉浸式的体验感，受到了市场的认可（图10-3）。

《知音号》通过打造一个近乎真实的情境式演绎空间，以及利用新媒体技术、VR技术和现代高科技，将感知体验和认知体验相融合，打破了传统剧场中舞台与观众席相互对立的局面，实现了观与演的融合。从观众还没有上船开始，在码头检票时，戏剧内容就已经开始了。《知音号》场景空间的尺度类型非常多样，内部空间的表现形式也富于变化，但都围绕主题、情节和叙事来展开。

表 10-3　《知音号》演艺项目空间体验的全要素管理

主要体验要素		说明
外围空间	汉口江滩	可以欣赏江上风景，并远眺对岸
	游轮	以 20 世纪初民生公司的"江华轮"为原型打造的蒸汽游轮有着旧式的圆润船头，30 多万颗仿制铆钉和两座老式烟囱
	知音号码头	具有老武汉风情的检票口
引导空间	栈桥和趸船	设有馄饨摊、老石磨、旧报亭、黄包车、老爷车等反映老汉口风情的场景，并有 20 世纪二三十年代卖报装扮的工作人员免费发放老旧模样的报纸，引导观众逐渐进入剧情
	其他游客	西装革履的绅士、穿着旗袍的姑娘、梳着羊角辫的小女孩等
	开船前的告别	开船前轮船上的演员会有一段剧情展示，似乎在描写游轮即将起航，各种不同人物对你挥手离别的场景
主体空间	一层船舱	包括两大情境空间：舞厅和酒吧
	二层船舱	设置了走廊和客房两种情境空间，客房有头等舱和三等舱，十几个角色同时在不同的船舱里表演，房间装饰也符合人物身份
过渡空间	三层船舱	通过走廊上的立体投影声光秀，结合演员的表演，将观众的意识逐渐拉回现实中，情节在这里达到高潮，并开始收官
结束空间	四楼甲板	壮阔的江景、轮船的鸣笛声、现场演奏的爵士音乐甚至是从头顶越过的长江大桥将观众拉回现实，当然，有需要的观众也会被引导到咖啡厅进行酒水消费
氛围、材料	材料	原木的地板、圆圆的舷窗，近百间客房，走廊、灯光、桌椅、床榻甚至门把手等所有道具，均仿照 20 世纪二三十年代的造型精心打造
	声光电	利用声光电展示技术，与情境、表演相融合，营造出沉浸式的体验场景（注：船舱内布置的各类灯光设备都进行了巧妙隐藏，共有 1600 多种灯，几乎全为定制）

　　《知音号》演艺项目采取流程化的动线组织形式，即一个剧情紧接另一个剧情，循环演出，无缝衔接。为此，《知音号》设计了 A、B、C 三种不同的观演路线，避免因人多而影响观众体验。每位观众的票面上标注了应该在哪个登船口上船，A、B、C 3 个登船口代表了 3 条路线，除了观演顺序不一样之外，每条路线看到的内容是一样的。为了使观众有更好的观演体验，导演还制定了

科学的时间管理规划。演出的总时间在2小时左右，分为引导部分（15分钟）、主题体验部分（70分钟）、过渡部分（15分钟）和结束部分（20分钟），剧情节奏总体上呈慢—快—慢交替的关系，这体现了编剧与导演对内容和节奏的要求。各个阶段体验的时间占比如表10-4所示：

表10-4　《知音号》各个阶段的体验时间占比

总时间（分钟）	120			
阶段	引导	主题体验	过渡	结束
阶段时间（分钟）	15	70	15	20
占比（%）	12.5	58.3	12.5	16.7

参考资料：谢华，石利利.《知音号》演艺空间体验设计研究［J］.中外建筑，2019（7）：34-36.

3.设计每一次关键接触

从消费者体验的角度来看，在消费过程中，消费者与空间接触的每一个关键时刻（Moment of Truth）都可能成为抓住顾客的机会。空间运营者通过这些接触点，可以向消费者传达关于空间的信息，这些信息使消费者能对空间的具体形象、功能等进行感知和联想，加深消费者对空间的印象。

为此，可以利用每一次接触来教育和影响顾客，让顾客有参与感，进而构建品牌的亲和力。具体方法包括：（1）整合各种接触途径，但传达统一的形象和声音（Speak with One Voice），列出触点清单（Touchpoint Inventory）；（2）评估顾客旅程中的每个接触点，确定顾客的需求和痛点；（3）尽可能创造更多的个性化标签和参与的机会，越个性化，和参与者有越多的关联，空间就越有吸引力。

◀◀《经典实例10-6》▶▶

宜家的"外出游玩一天"式购物体验

宜家上任全球CEO安德斯·代尔维格（2015）在《这就是宜家》一书中提到，作为一家享誉全球的家居用品零售商，宜家满足了顾客的五大需求：设计精良、功能性强且物美价廉的产品；独特（斯堪的纳维亚式）的产品设计；灵感、想法和完整的家居解决方案；一站式购物；"外出游玩一天"式的购物体验。其中，"外出游玩一天"式的购物体验反映了宜家打造微目的地的理念。几乎所有的宜家家居店，除了陈列琳琅满目的家居产品之外，还有儿童乐园、食品专区、餐厅、咖啡厅和多种多样的活动。例如，宜家位于昆根斯库瓦（Kengens Kurra）的商场已经成为斯德哥尔摩的主要旅游景点之一。

宜家的经营理念可以从宜家推荐的购物路线看出来（图 10-10）。

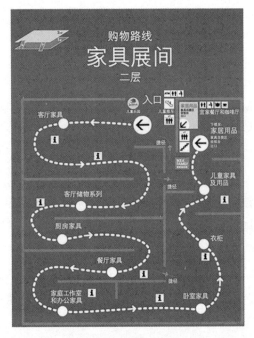

图 10-10 宜家家居某店推荐的购物路线（二层）

上文提到，"客户旅程"是吸引顾客并鼓励他们参与的有效办法。所谓客户旅程（Customer Journey），就是客户首次接触直至购买并享受产品或服务期间与企业互动的全过程。企业与顾客之间的每次交互都影响到顾客的满意度、忠诚度，甚至是底线。使用可视化、图形化的"客户旅程地图"，可以帮助公司从顾客的角度去思考如何与顾客交互，并分析整个交互过程中顾客的情绪，以便寻求增进消费关系的机会。

为了打造卓越的顾客体验，从绘制客户旅程地图的角度，空间运营者要做好"必须有"的所有工作，并努力做到"最好有"。

其中，必须有的方面（Must-haves）包括：

①角色（Personas）。

②时间表（Timeline）：有限定的时间段（如一周或一年）或不同的阶段（如了解、决定、报名、参会……）。

③情绪（Emotion）。

④接触点（Touch points）。

⑤渠道（Channels）。

最好有的方面（Nice-to-haves）包括：

①关键时刻（Moments of truth）。

②辅助角色（Supporting characters）。

图 10-11 是顾客 Susan 在某家星巴克咖啡店的顾客旅程地图，从中我们可以看出 Susan 在这家星巴克店的消费过程及在每个关键接触点的情绪变化。门店经理可以基于此改进设施和提升服务，进而优化 Susan 的顾客旅程。

另外，在管理顾客旅程时，还要充分应用峰终定律。诺贝尔经济学奖得主 Daniel Kahneman 研究发现，人们的体验记忆是由两个因素决定的，即高峰和结束时的感觉。无论是好的还是不好的，人们感受最深的那刻，将会定性他们对某次体验的印象。这里的"峰"和"终"其实就是最关键的时刻。

4. 提高空间的参与性和互动性

任何体验都可以制造短期记忆，但只有重要的体验才能转化成长期增益效应（LTP）——长期记忆。互动（interaction）和参与（engagement）是避免暂时记忆和强化长期印象的关键，而且暂时记忆往往是低价值的，除非它能在经营者特定的努力下转化成冲动或间歇式消费。体验主要依赖于两种互动，即内涵互动和外延互动。前者是指与目标需求、价值、利益、观念高度关联的接触和活动，后者是指通过同伴或回报、奖励鼓励参与的互动（Smith & Hanover 著，黄巍译，2017）。

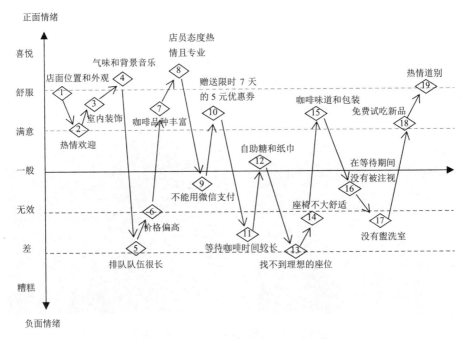

图 10-11 顾客 Susan 在某家星巴克咖啡店的顾客旅程地图

参考文献：陈德生.服务藏于细节［EB/OL］.http://blog.sina.com.cn/s/blog_6ca418b10100nkgu.html，2010-12-02.

　　对于消费者而言，"参与"的本质是消费者在几乎所有营销触点上的参与，它可以为消费者在购买决策过程中的认知及行为提供动力和指导。消费者参与的因素可以是产品、品牌、事件、活动甚至内部管理等任何事物。例如，可能参与企业的意见和建议征询，对企业有更多的认识；可能参与某种活动，如抵制破坏生态环境的产品（吴健安，2011）。以小米手机为例，其参与感主要有三个维度：（1）用户参与营销活动；（2）用户参与产品创新；（3）用户参与公司的内部管理。对这种参与感的管理需要三大基础：定位消费群体；依托微博、微信、QQ空间等社交平台，执行社区战略；开展内容营销。

　　对于空间消费而言，为提高参与性，运营者需要通过各种手段，对所有触点上的用户的互动信息进行收集，并把同一个用户的各种信息归集到一起，获得更加精准的用户画像，同时基于这些信息，为该用户在不同场合、环境、触点、时间等情况下提供相应的营销内容与体验。从关键接触的流程和要素出发，增强空间的参与性和互动性的主要突破领域如下：

①联系方式与沟通渠道，包括网站、需求建议书（RFP）在线提交、客服电话、官方微博、微信公众号及其他社交平台。

②空间的功能定位和服务范围。

③场景布置，包括设施设备、装置和色彩、灯光、音乐等（图10-12）。

图 10-12 某购物中心的创意涂鸦墙

④顾客生成内容（UGC），包括营销、空间内容生产等。

⑤参观路线或服务方式设计。

⑥各类特色活动。

⑦社群管理（例如，会员制）与社区关系。

⑧志愿者计划。

四、娱乐感——娱乐设计与管理策略

从企业的角度来讲，体验经济的实质就是从日常生活与特殊情境出发，塑造感官体验及思维认同，以此抓住顾客的注意力，改变其消费意识和行为，并为商品和服务找到新的生存价值与空间。其中，"娱乐"（entertainment）在倡导消费导向、提升顾客体验、建立品牌与顾客之间的情感联系方面具有与生俱来的优势。因为娱乐往往代表着新鲜或创意，更容易满足人们求新求奇、自我表现的天性；同时，娱乐能以轻松活动、参与性强的形式，借助消费主张、价值观念、新的生活方式等载体，获得消费者的感性认同。

丹尼尔·平克（2006）认为，娱乐感的三大表现是游戏、幽默和快乐，这对空间运营者打造空间的娱乐感颇有指导价值。对于第四空间的运营者，以下是一些至关重要且容易操作的娱乐策略：

1. 确定总体娱乐策略

空间运营者首先要明确在一段时间内的总体娱乐策略，包括两个方面：一是选择什么样的娱乐感，是游戏化、幽默感还是单纯的快乐和欢笑；二是确定希望能激起目标消费者怎样的个体情感状态。其中，游戏化不是简单地把游戏机制套用在空间运营上，并期望以此改进与员工和客户的互动，而是利用行为经济学原理、忠诚度计划和游戏设计理念，打造能够提供内在意义并引发用户互动、参与的体验（兹彻曼、林德，2014）。

由环境刺激而引发的个体情感状态有三种基本类型：快乐、唤起和支配（Mehrabian & Russell，1974）。有研究表明，娱乐体验对消费者情感和商业集聚魅力度有正向影响，消费者情感的不同维度对商业集聚魅力度的影响各不相同，其中："快乐"可以增强购物者的停留意愿和再惠顾意向；"唤起"可以增强购物者的停留意愿，但不能带来购物者的再惠顾意向；"控制"不能增强购物者的停留意愿，但可以带来更多的再惠顾。商业空间运营者可以据此设计不同的环境刺激来控制消费者的情感，进而提升商业空间的魅力度（魏胜、吴小丁、任朝阳，2017）。

2. 挖掘传递娱乐感的载体

娱乐感需要以特定的形式和载体表达出来。从理论上讲，凡是能带给人们喜悦、乐趣或放松，并带有一定启发性的事物都可以成为娱乐元素。根据表 10-3 中顾客体验的途径和来源，娱乐感可以表现在物理体验、心理体验和心性体验等所有体验层次上，其中，感官体验中的实物、场景和活动最为常用（图 10-13）。常见的载体可以是有形的道具、厕所和道路标识、人造制品、雕塑等，也可以是无形的灯光、音乐、声音，或者是表演、竞赛等丰富多彩的文娱活动。

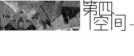

| 某景区的身材挑战门 | 某商场地面的 3D 画 | 某超市的拖鞋陈列区 |

图 10-13　无处不在的娱乐元素

例如，全球第一座以 VR 游戏体验为主题的乐园 The Void 通过与迪士尼合作，引入电影 IP《捉鬼敢死队》和《星球大战：帝国的秘密》，再配上自身研发的冲击体感设备，可以让游客在现实世界中感受虚拟的游戏世界。The Void 自主研发的设备解决了无线行走问题，并缓解了 VR 带来的晕眩感等问题。再如，沉浸式戏剧 Sleep No More 使用整栋建筑作为演出空间，观众佩戴面具以幽灵的身份参与演出，并可以自由选择想要跟随的剧情，进入剧中的一个房间，抑或是吧台休息甚至喝杯小酒。这些沉浸式的产品通过场景营造和参与设计，打造了独特的观众体验。

3. 在品牌推广中植入娱乐元素

娱乐体验是品牌向消费者推介产品信息和渗透价值主张的有效工具，它摒弃了传统的说教或诱导，取而代之以"润物细无声"的方式，因而更容易被人们接受。在注意力已成为一种稀缺资源的今天，娱乐有助于品牌与顾客之间建立亲密无间的朋友关系，进而更好地激发顾客的情感共鸣。然而，娱乐元素不能凭空而造，这要求空间运营者或品牌管理委托方能准确把握社会热点事件、新生现象或关键时间，并找到它们与品牌或产品之间的独特联系，然后以合适的娱乐方式体现出来。

一个非常经典的案例是，2012 年夏天，为了推广品牌，雪碧公司在巴西和以色列的一些沙滩上搭建了巨型的雪碧淋浴机，邀请人们享受"透心凉心飞扬"的沐浴体验，赢得了消费者在精神层面的认同（图 10-14）。

图 10-14　沙滩上的雪碧淋浴机

4. 策划娱乐活动，为空间引流

根据活动目标和目标受众的情况，设计有吸引力的娱乐主题，如欢快、家庭幸福、青春活力、拼搏奋进等。开发员工、会员俱乐部、商户、活动组织者等多种资源，开展多样化且参与门槛低的娱乐活动，常见的形式有游戏、音乐舞蹈等文艺演出、选秀、体育比赛、竞技等。无论采取什么模式，都要线上线下互动，及时传递活动信息，包括时间、地点和参与方式等。在活动举办期间和活动结束后，更是要通过传统媒体和微信订阅号、微博、短视频等各类社交媒体，多途径地传播活动内容和品牌信息。

Behrer、Larsson 和 Sandgren（1998）从营销的角度，将活动营销分为 4 种基本类型，其中，现场活动营销（Action Marketing）是一种富有创意的促销形式，而且必须发生在产品销售的地方；以建立关系为导向的活动（Relation Building Events）是富有情感的，并以一种特别的方式让观众参与进来，其主要内容是活动本身，而不是活动举办的场地。如图 10-15 所示：

图 10-15　活动营销（Event　Marketing）的基本类型

参考文献

［1］Thwaites，K. & Simkins，I. Experiential Landscape：An Approach to People，Place，and Space［M］. London and New York：Routledge，2007.

［2］Norberg-Schulz，C. Genius Loci：Towards a Phenomenology of Architecture［M］. New York：Rizzoli，1979.

［3］［美］丹尼尔·平克. 全新思维：未来将属于那些拥有与众不同思维的人［M］.林娜，译.北京：北京师范大学出版社，2006.

［4］［美］克里·史密斯，丹·哈努福.体验式营销［M］.黄巍，译.北京：中国工信出版集团／人民邮电出版社，2017.

［5］［瑞典］安德斯·代尔维格.这就是宜家［M］.彭晶，译.北京：中华工商联合出版社，2015.

［6］［英］凯文·思韦茨，伊恩·西姆金斯.体验式景观——人、场所与空间的关系［M］.陈玉洁，译.北京：中国建筑工业出版社，2016.

［7］陈德生.服务藏于细节［EB/OL］. http://blog.sina.com.cn/s/blog_6ca418b10100nkgu.html，2010-12-02.

［8］陈运涛.顾客满意管理理论与实践——现代市场竞争与信息时代企业管理模式探讨［M］.金琅学术出版社，2017：84-90.

［9］谷晓迪.以空间体验为导向的精品酒店空间设计研究［D］.西安美术

学院，2016.

［10］李珊.体验式景观设计［D］.河北农业大学，2014.

［11］那敢情好了.实拍探访鹿特丹两大建筑奇迹，一个倾斜了世界，一个 10 年耗资 12 亿［EB/OL］.https://baijiahao.baidu.com/s？ id=1641841519296862547&wfr=spider&for=pc，2019-08-14.

［12］上海乔斯商业设计.体验经济到底是什么？［EB/OL］.http://www.sohu.com/a/206618879_100006245，2017-11-25.

［13］童小明.对空间体验的观照——展示空间中的情节设计［J］.艺术教育，2013（7）：172-173.

［14］魏胜，吴小丁，任朝阳.娱乐体验中情感因素对购物中心魅力度的影响［J］.数理统计与管理，2017（5）：853-865.

［15］文心访艺.对一场艺术展览来说，空间体验比你想象的还重要［EB/OL］.https://baijiahao.baidu.com/s？ id=1631044951074218428&wfr=spider&for=pc，2019-04-17.

［16］吴健安.市场营销学（第 4 版）［M］.北京：高等教育出版社，2011.

［17］吴建中.转型与超越：无所不在的图书馆［M］.上海：上海大学出版社，2012.

［18］谢华，石利利.《知音号》演艺空间体验设计研究［J］.中外建筑，2019（7）：34-36.

［19］最武汉大学生.抖音上爆红的武汉神剧《知音号》的深度攻略，上船前必须收藏［EB/OL］.https://www.sohu.com/a/232740295_121246，2018-05-24.

［20］［美］盖布·兹彻曼，乔斯琳·林德.游戏化革命：未来商业模式的驱动力［M］.应皓，译.北京：中国人民大学出版社，2014.

案例分析篇

第 11 章

书店——言几又广州 K11 旗舰店

要相信，在一个城市里，无论老少，都有热爱看书的群体。那么，一个理想的书店就应该是能够提供各种与读者沟通的活动的地方，并且善于实行合理的折扣策略。同时，书店还应该懂得关注员工福利。每个城市都应该把书店看成文化资产，作为文化基础设施。政府以及城市管理者需要关注城市书店的发展，并且给书店经营提供宽松的环境，提高其创新和竞争力。(詹姆士·钱伯斯，James Chambers，2017)

言几又书店（上海虹桥天地店）　　（插图：杨荫稚）

这座占地 2200 平方米的生活空间，融合了实体书店、咖啡文化、文创产品、文化沙龙、儿童乐园、手工作坊、高端生活服务与活动空间租赁等多种业态。作为新生活方式的提案者，言几又的到来为整个虹桥天地及周边地区增添了一抹文化亮色。

实体书店作为重要文化空间和城乡基础设施，对提高我国文化软实力起着重要的作用。在新零售模式的冲击下，实体书店逐步从单一图书载体空间，向融书店、咖啡厅、艺术画廊、文创生活馆、创意孵化地等于一体的多元文化空间转型。在这种背景下，以言几又为代表的一批新型实体书店应运而生，它们不仅助推了我国文化软实力的提升，而且创新和赋能了城市空间结构，优化和挖掘了文化的新价值。我们相信，在未来，实体书店还会顺应数字时代的洪流，从"空间中物的生产"转变为"生产的空间"，以文化为核心的多元业态混合将在书店中进一步彰显。

一、实体书店产业发展速描

"书店"在我国古代早期叫作"书局"，后来随着读书人不断增多、书籍产量上升，书店的雏形也得以应运而生，称为"书肆"。随着书肆在全国范围的普及，它不仅承担着刻书、卖书、出版社、承印人、销售商等多重角色，还被赋予了促进文化交流与传播的使命。直至清代乾隆年间，"书店"的称呼逐步取代"书肆"。

在计划经济时代，我国特有的综合性全国连锁书店——新华书店逐步扩张，从分散经营走向统一集中式直线管理模式，这也是我国图书发行事业的一个历史转折点。但由于市场约束等多方面原因，实体书店未得到进一步发展。直到 1995 年，国家新闻出版署开始倡导出版物代理制，民营书店得到相应政策支持，从而推动了实体书店呈井喷式发展。据统计，1999 年全国民营书店已达到 36282 家，占全国书店数量的 3/4。

随后，在互联网冲击下，实体书店开始遭遇行业寒冬。2007—2009 年，中国民营书店减少了 1 万家，国有新华书店的发行网点减少了 1000 余个。2013 年，我国发布《关于开展实体书店扶持试点工作的通知》；2016 年，中宣部、国家新闻出版广电总局等 11 个部门联合印发《关于支持实体书店发展的指导意见》，得到各地积极响应及落实，同时也促使图书零售市场发展总体向好。据统计，2018 年全国人均图书消费量为 5.34 册，人均消费金额为 66.41元；人均图书消费数量同比增长了 5.7%，达到 2003 年以来全国人均图书消费数量的最高峰。人均消费金额也有所上升，增速为 8.49%。

直至 2020 年，我国基本形成"布局合理、功能完善、主业突出、多元经营"的实体书店发展格局。其一，虽然受新冠疫情影响，但实体书店总体呈扩张趋势。据百道网《2019—2020 中国实体书店产业报告》，在数量上，2019年我国实体书店数量超过 7 万家，美团公布的数据也显示，2019 年新开书店超过 4000 家，关闭的书店有 500 多家。在渠道上，2020 年 1—8 月，实体书店渠道同比增长率为 –39.83%，与上半年相比，降幅明显收窄。其二，实体书店复合转型，环境适应弹性增强。以上海市为例，2019 年新开品牌书店近 30家，其中有 7 家西西弗书店、3 家中信书店、3 家新华系统门店，还包括言几又、中版书房和朵云书院等连锁品牌的新开门店。其三，将阅读与咖啡、文创、饮食休闲、戏曲艺术、服饰和展览等业态相结合，不断延伸着书店的内涵。本书中所提及的言几又书店就是集实体书店、咖啡文化、文创产品、文艺沙龙、特色体验店等于一体的新生活方式体验空间。

二、言几又广州K11旗舰店简介

2018 年 5 月 26 日，言几又首家黑金旗舰店正式亮相广州 K11。这座占地近 3000 平方米的超大生活空间，融合了实体书店、咖啡文化、文创产品、文化沙龙、儿童乐园、互动体验与高端生活服务等多种业态（图 11-1）。作为新城市生活空间的探索者，言几又的到来为广州增添了一抹文化鲜亮。

图 11-1　言几又广州 K11 旗舰店内部

言几又走过北京、上海、成都、杭州等多个城市，每次不一样的相遇都会创造出很多有趣的东西，这一次和广州依然如此。作为言几又的全国旗舰店，K11 门店坐落于广州珠江新城 K11 购物艺术中心。在这一亚洲闻名的创意集群里，以 2870 平方米超大体量彰显着新城市空间、新生活方式的美学。该门店将黑色作为主色调，大块的黑色覆盖在空间里，为整体打下了深沉的基调。而在每块黑色的临界点，又恰当地出现了木质的黄色，两种分明的颜色在碰撞，让黄升华成了暗金，使整个空间呈现出黑金的感觉（图 11-2）。

官方网址：http://www.yanjiyou.com

图 11-2 颇具科技感的 K11 黑金旗舰店（入口）

三、言几又广州K11黑金旗舰店的C–SPACE–IDEA分析

（一）文化——知识与艺术的迷宫

1. 企业文化：传达·生活·可能

言几又的品牌理念是旨在探索介乎家与写字楼的第三种可能，打造人与文化、人与生活、人与人相互连接的未来空间，具体表述如下：

"传达"——"从来不止是书店的想象力"。言几又以"书"作为媒介线索，以"书店"作为场景外壳，以开放包容的态度，侧重传达其品牌价值观——新生活方式美学及未来科技新体验。

"生活"——"引领复合化的生活方式"。2019年4月15日，言几又CEO但捷先生在接受采访时表示，"在新零售下，言几又是混合跨界业态复合化产物，一方面是体验复合化生活方式的内容与产品，另一方面是体验城市的公共空间和体验空间的多元业态"。

"可能"——"+的艺术：空间赋能和产业赋能"。从空间赋能角度来看，言几又书店（场景）成为文化的载体，在书店内融合咖啡馆、文创实体空间、儿童乐园、策展小剧场等产品和舒适物设施，开展不同类型的现场活动，满足各类社群的需求，从而实现"文化引领和四感交融"。从产业赋能角度来看，言几又自始至终都以文化内容为黏合剂，融合图书产业、咖啡产业、食品产业、文创产业、艺术产业等业态，给城市公共空间赋能复合价值及发展可能性。

2.k11×言几又文化概念：知识与艺术的迷宫

基于言几又的品牌理念决定了不同门店的包容开放，千店千面，多元并蓄。广州k11旗舰店的空间设计打破了以往文化空间比较生活化的设计，结合广州K11艺术型商业形态的定位与言几又的品牌精神，以"感官世界"作为创意灵感，融入大量"未来""科技"元素，将整个书店空间打造成以"时间"（Timing）主题贯穿的"知识与艺术的迷宫"。这次设计是言几又的又一次多样性探索，也是对品牌不断升级、不断探索的表达，是在持续探索商业新物种的可能性。

（二）场景营造——以 Timing 为主题

1. 未来感与设计感的视觉设计

空间站大概是很多人对于这家店的第一印象。设计团队大胆使用黑色作为主色调，并配以木质暗金，呈现出黑金的视觉效果。这不仅可以在设计上凸显产品与主题区域，进一步强调"Design Beyond Eyes"的体验式设计理念，同时，黑金效果带来的未来感与科技感又契合了书店给人无限智慧和无穷探索的隐喻。

空间顶部布满银色的或弧形的线条结构，又让K11旗舰店有着浓厚的未来感，俨然一个安放在城市里的空间站。当置身于此，时间会慢下来，空间会凝固起来，但触手可及处尽是世界意识的精华。

2. 以书籍为串联的场景动线

言几又的空间远不止是书的空间，但书籍是场景主题的重要承载和场景串
联的核心媒介。在广州 K11 言几又的空间场景设计中，以图书 / 文创区作为主
通道引领，以两个环形光影书架为聚焦打卡点位，将充满生活多元可能的各类
业态不动声色地融入整个空间场景里；同时，在书籍的场景动线上巧妙融入了
一系列很特别的谜语设计，引导读者探索整个空间，解密无尽想象的知识旅
程，最终在主题演讲区找到答案。言几又广州 K11 旗舰店的功能分区示意图
如图 11-3 所示。

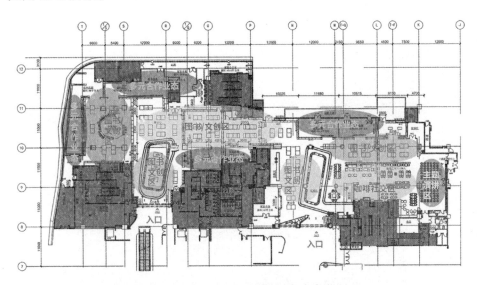

图 11-3　言几又广州 K11 旗舰店的功能分区

（1）围合式光影书架。

从 K11 言几又门店的两个入口进去，中庭处都有一处大型的围合式光影
书架，这里是店里最热门的拍照打卡地。因为与 K11 商场的中庭贯穿，从商
场上层的电梯往下望去，一排排彩虹书被装在一个巨大的散发柔光的盒子里，
吸引过路人不自觉地想一探究竟。这两个围合式光影书架兼顾了开放和隔断两
种效果，不仅是阅读空间，也可以延展为策展艺术空间（图 11-4）。

图 11-4　言几又广州 K11 旗舰店的围合式光影书架

在 2018 年 5—6 月门店开业期间，其中一个光影书架区域就呈现了一场由艺术家黄成带来的个人作品展——"疗养院"，这是一组超写实的硅胶仿真动物图，十分吸睛（图 11-5）。

图 11-5　言几又广州 K11 旗舰店举办的黄成个人作品展

（2）书架上的谜题设置。

细心的顾客在浏览书架时会发现，在一些书架和墙面上有奇怪的图案装置，有的像视力测试表的排列样式，有的像乐谱图案，底端都配一位著名作家的名字。这其实是一个关于书的谜题，代表这位作者的一本书，有兴趣的顾客可以带着这个谜题在空间里寻找到答案（图 11-6）。

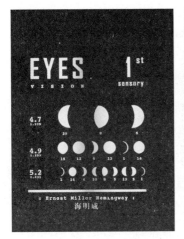

图 11-6　言几又广州 K11 旗舰店的空间谜题设计

（3）Timing 主题演讲区。

　　跟随书籍的动线引导和具有未来感的顶部线条结构延展，就步入了 K11
言几又的演讲区空间。独特的光影营造，进一步烘托出空间的未来感和科技感
氛围。这个区域的地面有一个很特别的设计，看起来像一面巨大的时钟，但与
普通时钟不同，它的刻度以 26 个数字为一个周期。26 为月亮的周期，暗含时
间之意；对应左侧黑色的镜面上 26 个不同形状的月亮，指月亮因潮汐的变化
而形成不同形状；每一个时刻点对应月亮的形状，同时也对应一个英文字母，
隐含了对前述空间谜题的提示（图 11-7）。

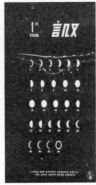

图 11-7　言几又广州 K11 旗舰店演讲区的空间设计

演讲区本身的功能性决定了要吸引不同的人在这里聚集交流，富有特色的设计，一方面能带来话题感，另一方面也是空间的一个凝聚点，能投射出城市文化会客厅的定位意图。

（三）产品与服务——赋能书籍新价值

但捷表示，言几又坚持用先锋设计精神和更多美学设计来改变书店的氛围——"从来不止是书店的想象力"，同时重构书店陈列逻辑，以书为媒介营造拥有更多创意语言的场景空间。未来的商业需要更多的体验和创新，言几又K11黑金旗舰店立足开放式核心地带，以丰富业态表达新生活方式美学。

1. 图书选品与陈列

书是言几又的产品核心载体而非产品本身，言几又倡导的是"用阅读引领生活"。围绕图书，言几又在做的是采集和梳理与读者有关的生活方式，以书籍为核心进行场景式主题提案。改变传统图书馆式的密集陈列方式，围绕场景主题将图书、文创、咖啡等业态组合，形成独特的、具有言几又风格的美学阅读空间。

K11言几又旗舰店馆藏书籍约10万册，其中外版图书1.5万册。在品类占比中，科学艺术类图书比重最大。通过特色的陈列方式，呈现出"遥远的相似性"——相同时代不同空间的相同声音，"对照记"——西方艺术和中国艺术的对照，从古希腊到清朝的艺术容器呼应等主题陈列场景，极致地呼应了整个空间场景的Timing主题。

2. 联合书单

但捷曾表示，经过多年发展，言几又不断突破边界，但最核心的能力还是书店本身，这是其他功能和场景的大背景。不过，相较于传统实体书店，但捷希望将重点从图书销售转移到图书推荐上，虽然最终目的还是图书购买，但如何触发购买欲望和提高用户体验成为图书推荐环节的重点。

除了线下图书陈列和分类模式之外，在线上言几又也有自己的一套逻辑。在线上，但捷同样希望让大家发现更多未知的东西，核心逻辑就是编辑和陈列，并根据消费者兴趣爱好做出不同的分类。因此，基于快节奏、碎片化的时代背景，从"消费者需求出发"，根据城市独特调性，言几又团队针对不同人群进行书单整理及推荐，满足不同社群的文化需求。例如，2020年9月，言几又 K11 联合 Co-Lib 推出了一份社会议题联合书单，并以此为根基延伸了五个项目，包括线上开航"议题科考团""社创 DISCO""议题研学""线下城疯凉""BEYOND BOX"。

（四）舒适物设施——生活方式新提案

1. 特色文创与饮品

与门店的艺术调性相匹配，契合言几又"有颜、有趣、多元、自我"的品牌精神，广州 K11 门店配置了超过 40 个品牌，3000 多个品类的特色文创产品，覆盖生活居家和办公学习的各类场景，并与图书融合分布于店内各处。

同时，言几又咖啡馆为这家门店定制了一款特色饮品——"沉光流转"。底层浓厚的褐色咖啡上满溢着小山状的奶油，可食用金箔螺旋式地分布在上面，让人不禁联想到毕达哥拉斯的黄金分割圆，金箔在和咖啡激荡之后，金色不再耀眼，却更为沉稳，轻抿一口，入口即化和回味无穷都能被极强烈地感知。这款饮品呈现的同样是黑金的视觉效果，与空间的黑金设计一脉相承。

言几又咖啡馆是言几又旗下的空间子品牌，同步配套所有的言几又门店空间。言几又曾经是最早在书店空间中融入咖啡空间的独立书店品牌，曾经遭遇过质疑，后来几乎成为书店的标配。咖啡馆之于言几又的意义，不仅仅是售卖一杯饮品，它和书一样，是载体而非产品本身。咖啡馆承载了言几又空间的社交功能，在这里书和咖啡都不是最重要的，重要的是停下来感受生活，建立久违的连接。

2. 专属儿童乐园——"YJY KIDS 言宝乐园"

言几又为 K11 这家旗舰店布局了旗下儿童子品牌——YJY KIDS 言宝乐园，占地面积大约 100 平方米，涵盖儿童书籍、儿童生活周边、儿童互动活动空间。作为一个专为小朋友量身定制的集阅读生活、创意设计、体验互动于一体的儿童专属空间，言宝乐园旨在传达"成长中多样的体验，享受成长之乐"。在这里，从童趣产品到亲子课程，大朋友们将更好地体验、陪伴小朋友的成长，小朋友们也能在更有趣的连接中认识、理解大朋友的爱与用心。

3. "治愈系"生活体验空间

在这个近 3000 平方米的空间中，言几又围绕图书做了大量的陈列重构，背后想要传达的是言几又的生活态度，并以此建立人与文化、人与生活、人与人的连接。每一个言几又的门店都是一次对未来城市生活空间的探索，都是在建造一个关乎生活的实验室。

广州 K11 旗舰店开业就汇集进驻了"Mustard BARBER"男士精英生活馆、"Blankpage"艺术休闲体验空间、致力于打造亲子共享美学空间的新概念形象沙龙馆"kraemer""小浣熊的花花草草"、具有建筑质感的家具设计空间"及木""普格菲照相馆"光学摄影体验沙龙、"朵利丝"水晶世界、"C.life"潮品生活、"会空间"艺术策展空间等多个生活业态品牌，他们以特色体验店的形式镶嵌在整体空间内，构成了言几又广州 K11 店这样一个全新生活方式的岛屿。"想读者之未想，行读者之未行"，激发读者探索内心潜藏的渴望，引导到这里来的人们找寻到适合自己的私人订制式的生活方式。

（五）社群

社群主义思想家查尔斯·泰勒认为，个人核心价值在"共同体"和"社群"中会得到很好的发展，共享式的自我个体一定在特定社群中存在。因此，互联网时代的社群是以情感交流和兴趣爱好为纽带的聚合，互联网时代的阅读也就呈现出"社群化阅读"的特点。

因此，作为文化产业的重要载体，黏合裂变社群、深耕提升服务是当今时代下实体书店面临的关键课题。言几又基于自身品牌理念，线上线下联动，多元平台宣发营销，形成立体社群服务矩阵，从而有效建立可持续连接，增强用户黏性及认同感。下面，笔者将从 3 个层次进行简要分析。

1. 阶层划分

（1）面向设计师、公务员、律师等新中产阶层人群。

从空间场景归属感来看，这类人群追求优质的文化环境及空间体验，从而满足他们"小资"的生活品调。言几又致力于打造"生活方式新美学"，独特的品牌文化、优质的实体环境、完备的会员服务等都十分契合此类社群，从而形成连接。而从社群归属感来看，言几又舒适高格调的品牌空间不仅能使他们找到消费和文化认同，而且言几又的营销逻辑与这个群体的炫耀性消费特征也不谋而合。

（2）从事管理工作的中产阶层人群。

对于管理工作的中产阶层人群而言，传统的思想滋养让他们寻求城市空间的落脚点。而言几又定位于家与写字楼之间的第三种可能，也正是本书所提出的第四空间。这类传统人群占人口比例高，消费占比也较大。言几又为他们提供的第四重空间正是击中他们亟须心灵停泊站的痛点，这里既是他们工作之外放松休憩的心灵温柔乡，又是他们花费经济成本换取相对匮乏的文化资本的加油站。言几又让文化不再悬于空中，而是落地拥有烟火气，黏合住这类人群的精神命脉。

2. 年龄划分

（1）Z 世代人群。

"Z 世代"群体泛指 1995 年以后出生的人群，是一类拥有着约 3.7 亿、占据中国人口约 27% 的庞大群体。他们具有个性、潮流、时尚的消费理念，注重娱乐消费和体验消费。言几又 K11 黑金旗舰店通过独具特点的谜题设计和文创融合活动，极大地凝聚了"Z 世代"这批潜在的消费社群。

（2）"80 后"人群。

对于"80 后"人群，他们处于时代动荡更迭的时期，思想介于传统与创新之间。因此，当他们渴望家庭与工作之间的过渡空间时，对言几又这类复合新空间的接纳度很高。另外，言几又 K11 黑金旗舰店不仅设有专门为儿童打造的"YJY KIDS 言宝乐园"，还时常举办家庭成员共同参与的活动，如"画说公益创意展""言几又公开课""如何让孩子爱上自己"等。这不仅满足了这类人群家庭生活的需求和圈层认同感，还无形中造就了一个可再生的消费生态圈，使每个家庭成员都能在空间中找到社交需求和精神满足，从而内嵌出新的生态社群闭环。

3. 目的划分

（1）观光打卡人群。

但捷曾表示，"颜值是吸引顾客最基础的内容"，而言几又一直在努力将颜值与文化极致融合。言几又 K11 黑金旗舰店由世界青年设计师大赛全球总冠军陈峻佳设计——处处皆是大片，面面皆可打卡，从而通过社群圈进行隐形营销宣传。这一场景设计迎合了观光打卡人群的炫耀性消费动机，满足其打造自身优良形象并在公众面前展示，从而可能获得他人对自身认可的面子心理。

（2）活动志愿者人群。

言几又 K11 黑金旗舰店规模较大且业态丰富，因此经常会举办各类活动，需要相应的志愿者担任活动辅助执行。一方面，志愿者人群以年轻人为主，书店短期内为其提供优质的学习平台，而群体服务成本低且宣传裂变效益高。另一方面，多元行业人群均可参与书店志愿者活动，这又有利于打开书店社群资源的横向与纵向边界。

（3）爱好读书人群。

一方面，言几又K11黑金旗舰店会定期和各领域优质品牌联名，提供品质级的书类整理推荐，并延伸多样社群活动，建立社群连接。另一方面，书店本身独特的黑金设计感提供了舒适的阅读氛围，且将阅读区域与走道分隔开，以打造舒适的社交距离，营造良好的阅读空间，这契合了爱好读书人群的阅读需求。

（六）活动——"书店+"生活方式

言几又K11黑金旗舰店不仅秉承了言几又近年来对场景零售的重构与创新的思考，而且体现了其对文化内容的提升与对品质生活提案的创新。在有限的空间场景中挑战无限的文化、业态、社群等可能性。

特别是在活动角度，K11旗舰店对"书店+"做了4类创新尝试：一是"艺术+"：音乐鉴赏、观影会、大师会话课、互动戏剧体验、展览、脱口秀等。二是"生活+"：烹饪、甜品烘焙、花艺木工、陶艺、茶艺、首长制作、彩绘、服装制作等。三是"思想+"：作家分享与签售、名人讲座对谈、阅读活动、健康心理沙龙、旅行摄影分享等。四是"梦想+"：儿童绘本阅读、儿童剧、DIY手工、儿童创意设计、亲子课程、儿童艺术启蒙课等。

（七）科技感

首先，言几又K11黑金旗舰店最独特之处在于以真实场景空间（以"黑洞·引力场"为创意灵感）极致塑造跨未来感。其次，其巧思之处还在于用装饰引领未来。不仅是色调结构让人感受到强烈的科技感，在细节配件上也尽显科技未来理念。例如，设计师选用反光材质黑镜，配上动态LED显示屏，营造出强烈的时空未来感；特色地台设计也给人一种不同空间穿越的时间凝固错觉；室内选用不锈钢材质也迎合了时代格调。最后，言几又通过线上线下联动，实现场景输出。不仅线下多重空间碰撞出火花，线上也以"言几又云店"作为主体平台，仍以"书"作为文化介质，采取"精选、礼品专区、旧识与新知、文学力量、创意文具、管理进阶"等分类，积极拥抱新零售。

（八）设计感

1. 空间美学设计

黑金的深沉基调配以木质暗金，呈现出黑金视觉效果，空间顶部布满银色的线条结构，华丽的复古味和浓厚的未来感在有限的空间内展现出奇妙的造物美学。

2. 舒适人性化

儿童区域和可阅读区域，分别位于整个店的左右两侧，是相距最远的距离，不仅最大限度地避免了互相干扰，保证读者的沉浸阅读不受干扰，还打造了舒适的社交距离。

3. 艺术生活化

设计师以各导视系统的延续性和差异性，强化了空间体验的艺术感和品质感。将原本"读不懂"的艺术通过"书籍"介质及"书店"场景映入大众眼帘，并让大众感知到生活方式新美学，从而建立起人与空间之间的对话。

（九）体验感

1. 互动式谜题

设计师在空间的不同位置上利用柜身和墙身位置，设计谜语，引导顾客解谜、思考谜题与空间之间的关系。而且，设计师还利用视觉和听觉两种主题谜语，极大地加深了顾客的体验感。更值得一提的是，每一位顾客根据谜语的提示，得到的答案也是不尽相同的。

（1）视觉主题。

设计师以测试眼睛的验眼表融合月亮月圆的周期，形成密码，解码的方式便是把数字与对应英文字相匹配。

（2）听觉主题。

音乐的五线谱被设计成十三线谱，解码的方法是将线上音符的位置与英文字对应。

2. 隐喻式空间

（1）为顾客揭示空间谜题的新鲜体验感。

设计师设计门头装饰板面上的发光字，呈现文字发展的三大重大时刻，象征发展与探索，即是空间内隐喻的开始。埋下伏笔，让顾客带着好奇心去探索与体验书店的奥妙。

（2）演讲区（人流汇聚处）象征着空间引领。

顾客站在这里，会想起时间的刻度却又不尽相同，26 个数字为周期，也代表着 26 个英文字为周期，是对整个空间谜题的提示。设计巧妙，吸引顾客逐步沉浸在体验中，意欲解开谜题。

3. 内嵌式艺术

书店将高级艺术品装置用高高的书墙包裹，人们通过"艺术之门"即可近距离观看和感受艺术，体验艺术的奇妙——人群穿梭、徜徉艺术、和鸣书籍。而空间顶部的"空"不仅延展了顾客的想象力体验，也让外部人群形成一种互动式呼应。

（十）娱乐感

一方面，为了解决被建筑中空打断的空间布局问题，言几又 K11 黑金旗舰店对室内进行了二次规划，设计了两个特色主题艺术区域，布局合理又不乏设计感。更值得一提的是，倘若用户仔细观察会发现，书店的灯光围合书架处的顶部其实是 K11 中庭，从高楼层看下来又别有一番趣味。而且，两个围合空间兼顾了开放和隔断两种效果，既可以办展览又可以陈列相关书籍，不仅有效连接了不同业态，而且实现了产品和空间的融合。

另一方面，黑金旗舰店用心的会员服务制成为书店本身的额外附加值。极具设计感的会员卡与伴手礼，让会员感受到尊重及个性化的体验。办理会员卡时会有八种不同书签供挑选，这都大大增加了顾客的新鲜感。在 2019 年，黑金旗舰店在言几又周年庆期间推出了盲盒礼包：限时推出时光、告白、温柔、利刀，每一款都代表了言几又的格调，这无疑能增加顾客的娱乐感。

四、对实体书店的启示

如今，在经历了几轮洗牌与变革后，实体书店逐步成为具有文化消费意涵的社交空间以及集人文、社交、生活等一体的个性化复合业态空间。在新零售与体验经济消费升级的新常态下，实体书店不仅要加速实现"人—书—场"的三维整合，还要形成独具特色的"消费环境—需求—观念"营销链。言几又顺应体验经济时代下产品与服务有机结合的要求，以其独特的生活方式和新美学的定位在数字时代走出了一条属于自己的路，即从消费者出发，融合产品与服务的双向度，重视消费行为发生时的顾客心理体验。

概括而言，言几又 K11 黑金旗舰店对实体书店有以下启示（表 11-1）：

表 11-1　言几又 K11 黑金旗舰店对我国实体书店的启示

维度	主要启示	备注
文化引领	以"书"作为线索媒介，以"书店"作为场景外壳，以开放包容的态度，赋能空间与产业，传达新生活方式美学及未来科技新体验	
场景营造	以未来感与科技感为视觉设计核心，以用户的娱乐感和体验感为设计理念，以书籍为串联的场景动线，设置多元业态空间	
产品和服务	以场景主题和城市文化作为选品标准和陈列逻辑，并以"消费者需求出发"联动各类品牌推出线上书单	
舒适物设施	注重品牌延伸产品，如特色文创饮品、专属儿童乐园、生活体验空间等	
社群管理	根据层次划分进行有针对性的社群管理；建设和完善线上会员管理系统	现今，实体书店逐步"去书店化"，成为城市复合型文化空间，故定位的针对性社群营销及运营是十分重要的
活动组织	在空间维度上有针对性地开展活动，且不背离书店本体，实现"书店＋艺术/生活/思想/梦想"	
科技感	不仅在线下通过真实场景空间和巧妙装饰配件，营造具有未来科技感的空间，而且融合线上新科技——VR 云逛店、小程序一站式服务等，增强体验感	科技感不是距离感，而是连接感，旨在给用户带来极致的书店消费体验
设计感	通过设计，传达且让用户感知到言几又的空间美学理念——舒适、人性化的空间体验以及优雅、艺术化的生活方式	将美学与生活方式和书店相匹配，是言几又独特的品牌观念
体验感	通过巧思设计，形成听觉和视觉上的互动式谜题、隐喻式空间暗喻、内嵌式艺术氛围	
娱乐感	书店空间多区块业态互动，使不同人群都能获得舒适的娱乐体验；此外，还有贴心的会员制度及礼品福利	

在新冠疫情之后，关于实体书店倒闭的新闻或许又会层出不穷，但我们相信在美好生活建设的新常态下，实体书店将迎来新的春天。因为，消费社会的升级是人类需求层次升华的必然，而实体书店成为城市文化新空间已是大势所

趋，更是满足了人们的更高层次需求。因此，如何定位自身品牌格调，找准目标社群，提升场景感知力，融合不同业态等是当下实体书店亟待解决的课题。

言几又的外观可以拷贝，但却无法复制其文化与理念。其成熟的 IP 特性，已经形成较为稳固的品牌立体矩阵，并真正做到了"制度、资本、消费者"三方合谋，共创城市文化新空间，顺势更新空间与文化再生产。

参考文献

［1］蔡国诚.商业模式的演变与实体书店的转型［J］.出版广角，2016（20）：16-19.

［2］李育菁.当代实体书店的空间与消费美学探讨［J］.艺术教育，2018（2）：121-122.

［3］阎峰."经营顾客"——台湾诚品书店商业模式的一种解释［J］.出版发行研究，2007（9）：72.

［4］李秀玲，徐凯.新华书店实行股份制改造的理论分析［J］.中国出版，2003（9）：16-17.

［5］梁德学.生活书店经营管理研究［D］.兰州大学，2009.

［6］陈露瑶.创意书店经营模式现状及未来发展探讨［J］.当代经济，2016（6）：85-86.

［7］李傲霜，马海群.新形势下传统书店经营方式变革研究［J］.商业时代，2010（18）：43-44.

［8］井琪.中国实体书店经营的现实困境、国际经验借鉴与路径选择［J］.图书与情报，2017（3）：114-119.

［9］银昕.言几又书店是如何成为"黑马"的［J］.中国经济周刊，2016（32）：68-69.

［10］张越.言几又：当创造遇上创业［J］.中关村，2014（7）：42-43.

［11］王晓彤.言几又：在一百种可能的野心里寻求自救［J］.文化月刊，2020（4）：14-15.

［12］但捷."言几又"：探索书店的新物种实验［J］.新阅读，2018（12）：37-38.

第 12 章

图书馆——西雅图中央图书馆

图书馆不应该只是一个获取信息的地方，而应该是一个交流空间、一种媒介，我们应该思考这种媒介能为市民提供什么功能以及如何去完成图书馆服务于人长期学习的愿景。在网络社会里，图书馆存在的意义已经从工业时代的教育和文化机构变成了一个开放的非正式学习中心。以丹麦的图书馆为例，当代的图书馆应该是一个灵感空间、学习空间、表演空间和聚会空间，并强调通过用户的参与来构建一个面向全社会的服务平台。（罗尔夫·哈佩尔(Rolf Hapel)，2016）

美国西雅图中央图书馆 （插图：杨荫稚）

　　雷姆·库哈斯在设计西雅图中央图书馆时确定了"5个平台"：办公、书籍及相关资料、交互交流区、商业区、公园地带。这五个平台从上到下依次排布，形成一个独具魅力的综合体。平台之间的空间就像交易区，"不同的平台交互界面被组织起来，这些空间或用于工作，或用于交流，或用于阅读"，给人一种特别的空间交错感。

丹麦奥尔胡斯图书馆馆长罗尔夫·哈佩尔（Rolf Hapel）曾经提出，在网络社会里，图书馆存在的意义已经从工业时代的教育和文化机构变成了一个开放的非正式学习中心。当代的图书馆应该是一个灵感空间、学习空间、表演空间和聚会空间，并强调通过用户的参与来构建一个面向全社会的服务平台。诚然，作为市民日常生活、学习和创造不可或缺的一部分以及城市的客厅和书房，许多城市的图书馆已经成为当地人获取和共享知识、扩展社交、激发创意的第三空间。但这还远远不够，未来的图书馆一定是一种智能化、开放式、多功能的学习和社交空间，是一个以书为载体的平台。

一、图书馆行业发展速描

随着信息化的普及，如何实现图书快速可靠借还、快速盘点、查找、乱架图书整理等的智能化，是一直制约图书馆行业发展的瓶颈。更为严峻的问题是，和音乐、出版等诸多领域一样，图书行业正在面临互联网带来的巨大变革——在电子书如此方便、搜索引擎如此强大的今天，人们能够便捷地找到某个知识点，为什么还要去图书馆或者购买纸质书籍？随着移动互联迅速普及，这个问题会变得更加严重。

作为普及公共教育及科学研究的有力推进者，公共图书馆是公共文化服务体系的重要组成部分。改革开放以来，我国公共图书馆事业取得了长足进步，但同样，随着科技的发展以及人们生活质量的提高，图书馆正面临越来越大的挑战，如资源存储能力欠缺、运营模式落后、信息技术应用不足等。

根据国家文化和旅游部的统计数据，2012—2017 年，全国公共图书馆机构数量呈现逐年增长态势，截至 2017 年年底，全国共有公共图书馆 3166 个，比 2016 年增加了 13 个。相应地，公共图书馆每万人拥有公共图书馆建筑面积呈现逐年增长的态势。2012 年，中国公共图书馆每万人拥有建筑面积约为 78.2 平方米，到 2017 年已提高至 109.0 平方米，比 2016 年增加 6.0 平方米。在馆藏数量方面，2012—2017 年，全国公共图书馆总藏量从 68827 万册上升至 96953 万册。其中，截至 2017 年年末，全国公共图书馆藏有古籍 2701 万册，与 2016 年基本持平，电子图书 102627 万册，同比增长 15.6%。

从空间设计上来看，在当代图书馆的设计中，设置供各类展示或活动弹性使用的楼层被视为一种比较流行的设计理念。而实际情况是，在很多图书馆里，书架几乎布满了所有空间，并无有着独特设计风格的独立活动或展示空间。随着藏书量的增加，楼层中的活动空间无可避免地会逐渐减少，这样的结果最终造成无多余空间展出不同风格且具有吸引力的展览或藏书，或举办相关主题活动。

例如，本章所讨论的西雅图中央图书馆在 20 世纪 20 年代便开始面临空间不足的问题，因为数量激增的藏书及物品开始堆放在地下室及图书馆外的其他空间，这是所有传统图书馆必将或正在面临的问题。

二、西雅图中央图书馆简介

西雅图中央图书馆是美国华盛顿州西雅图公共图书馆系统（Seattle Public Library）的旗舰馆，它位于西雅图市中心，是一幢由玻璃和钢铁组成的建筑，共 11 层，高 56 米。该图书馆于 2004 年 5 月 24 日正式向公众开放，这个 34000 平方米的公共图书馆容纳了约 145 万册书籍和其他资料，其中包括 400 多台电脑，另设有一个地下停车场，开放第一年的总接待人次就超过了 200 万人。该项目使得总部设立在荷兰鹿特丹的著名设计公司——大都会建筑事务所（OMA）于 2004 年获得《时代杂志》最佳建筑奖，于 2005 年获得美国建筑业界最高成就奖——AIA 荣誉奖。2007 年，西雅图中央图书馆被美国建筑师学会评为 150 个最喜爱的建筑之一（第 108 名）。

官方网站：https://www.spl.org

三、西雅图中央图书馆的C-SPACE IDEA分析

（一）文化

荷兰著名建筑师雷姆·库哈斯（Rem Koolhaas）在建造西雅图中央图书馆时，秉承了以下设计思维：

（1）互联网使得传统上以收藏图书为主的图书馆模式发生了变化，交流无限制要求图书馆的所有空间也应具有交流的特质；（2）灵活布置的需要，要求图书馆必须打破传统的单一大空间；（3）图书馆所肩负的社会责任，要求其在建筑上表现为多功能、多内涵的社会中心；（4）为实现各种信息获取方式的平

等性，就要化解书籍的影响；（5）地基的有限性决定了图书馆各层次呈竖直方式布置。

概括而言，西雅图中央图书馆的文化核心是以书籍收藏和阅览为载体，以实现交流为目的，打造多元的社会功能空间。这种文化意蕴决定了图书馆的功能定位、设计理念、整体空间结构甚至日常运营管理等所有领域。例如，在图书馆入口处，地面上印有 "Seattle Public Library" 的大字；在一层，印有 11 种语言文字的软木地板让人们仿佛置身于历史与文化的长卷中。

（二）场景

从街道的景观到入口，再到内部的大厅，通过会议室和混合交互区到达螺旋书库，最终以阅览室收尾，西雅图中央图书馆给读者提供了一种不同于传统图书馆的空间体验和心理感受。风格各异的空间相互贯穿，丰富多彩的色彩交替呈现，柔和多变的光线彼此交织，徜徉其中给人一种心灵上的洗礼。

西雅图中央图书馆的所有功能区都采用统一的标识样式，指示清晰、风格突出，既方便读者识别，又成为整体环境装饰的有机组成部分，可谓实用与审美兼具。例如，在各层扶梯上，均在斜面的背面印有 "电梯" 的英文字样，而且无论是上行还是下行，都在扶梯的侧面标明了即将到达的区域或出口方向，这对读者来说是极为人性化的指引，同时增强了空间的活泼感。在儿童区，柜台上用鲜明的粗体字标出了 "Children's" 字样（图 12-1）；4 层的会议室全部采用红色，具有很强的可识别性和现代感。

以大厅为例，西雅图中央图书馆大厅是一个多功能的开放空间，可供不同的社群自在活动。书架是一排排半人高的矮书架，看似无序摆放，但从楼上往下看，它们犹如过江之鲫摇头摆尾，极具动感。书架下垫的是水草般的地毯，错乱的图案更增加了鲫鱼的生动。所使用的座椅是现代风格，虽然见棱见角，但坐上去十分舒适。用色主要是红色、黑色、紫色和绿色，配上蓝色玻璃的墙壁，色彩搭配和谐，且创意感十足（图 12-2）。

图 12-1　西雅图中央图书馆部分功能区的标识设计

图 12-2　西雅图中央图书馆的大厅布置

（三）产品和服务

西雅图中央图书馆拥有 200 多万份馆藏资料，包括图书、有声读物、音像资料、报纸杂志、缩微资源、电子书等，其中，100 多万件图书和音像资料可供外借。电子数据库包括 2 万多种本地、全国和国际报刊。总馆的图书馆藏还有航空史、家谱、西雅图地方志等资源。自建数字图书馆资料来源于图书馆特殊馆藏，包括历史照片、文件、城市名录等，是全美公共图书馆最大的数字资源收藏之一。总馆设有语言中心，提供西班牙、越南、俄罗斯和东非语言图书外借。分馆藏书量一般为 4 万 ~10 万件，外借资料包括普通图书、音像资料、图画和盲人资料等（冯洁音，2013）。

在传统的书库，读者常常会有这样的经历：走到书架尽头才发现，要找的书在另一个区域甚至在不同的楼层。西雅图中央图书馆的阅览区（第 6、第 7、第 8、第 9 层）采用了书螺旋（books spiral）的方式来解决上述问题，其排列方式利用了杜威十进制图书分类系统，按书号的顺序，从"000"到"999"依次排列，沿坡道徐徐上升，形成一条连续的书带，方便读者查找（图 12-3）。各楼层之间没有明确的界限，依靠倾斜的坡道来连接。

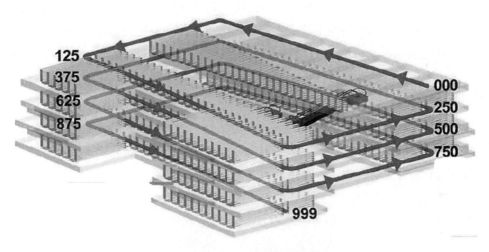

图 12-3　西雅图中央图书馆的螺旋式书库

所谓杜威进制图书分类系统，即利用十进制来对所藏图书进行分类和编号，所有图书被分成十大类，每一个大类又分成十个小类，每个小类又可再分，以此类推，每个数字代表某一个级别的分类，数字位数越多，所指的类别就越具体。比如，与"蝴蝶"相关的书，代码是 595 789，各数字的含义分别为：5 指自然科学、9 指动物学、5 指无脊椎动物、7 指昆虫、8 指鳞翅目、9 指蝴蝶。

倘若借鉴 O2O 模式，一方面，图书馆可以依托官方网站和各类社交平台，为用户提供馆藏检索、图书咨询、活动报名、座位预约等服务，充分发挥图书馆的资源服务效能、宣传推广功能以及社交聚合功能；另一方面，通过场景感知，可以精准洞察读者和市民当下的需求，让自己的资源与服务拥有更多的机会去连接用户（倚海伦、李晶，2017）。在西雅图公共图书馆所有的 27 个地点都有电脑和 Wi-Fi，读者可以免费使用。读者可凭图书卡在任何有互联网连接的地方使用西雅图中央图书馆的免费在线资源和数据库（online resources），可以参加消费者调查、学习免费的在线技术课程、阅读大城市的报纸等。图书馆为各个年龄段的学生提供丰富的资源，包括终身学习、学生研究和备考工具。西雅图中央图书馆还通过社交网站为读者提供信息导航和发布新闻。此外，还专门开设了两个博客，Shelf Talk 面向普通读者，Push to Talk 面向青少年，这两个博客都提供大量图书、音乐和电影评论，并有馆员亲自推荐新书。

除了面向读者提供多样化的服务之外，西雅图中央图书馆还致力于促进多元社区的发展，努力使图书馆成为社区的中心，让图书馆资源惠及大众。西雅图中央图书馆非常注重开展市民和儿童读书活动，旨在加深读者与书籍的联系，其中最有名的活动是"西雅图读书"。该馆为作者提供自出版服务，包括 self-e 平台和各类主题培训，其中，self-e 平台可以为作者提供包括作品设计、编辑、出版和分发在内的全过程服务（樊咏梅，2016）。此外，还向成人和儿童提供免费继续教育课程，尤其注重为寻找工作的读者和新移民提供服务，每月有 400 多种免费课程和教育活动，教授英语、计算机等课程。

特别值得一提的还有，西雅图中央图书馆秉承用户至上的理念，倡导使用移动设备，减少桌面式服务，降低用户因咨询和检索产生的移动距离（王丽娜、钱晓辉，2014）。为了提高服务效率，该馆给每位馆员配备了 Vocera 设备，这是一种免持式手机，其启用有效地改善了几种传统设备存在的不足：有线电话受区域限制；手机或无线设备有后续通信费用，而且信号不一定能保证万无一失；对讲设备又会影响读者。

（四）舒适物设施

西雅图中央图书馆的建筑范围分为 5 组功能区，即停车（parking）、后

勤 / 办公（staff）、会议（meetings）、书库（stacks）和管理（administration），五个区的功能定位各不相同，大小体量也不同，并且根据使用功能的不同，各区分别采用不同透明度的墙面。在 5 组功能区之间又设有 4 个公共流动空间，分别是儿童区（kids）、公共休闲区（living room）、多功能区（mixing chamber）和阅览区（reading room），如图 12-4 所示：

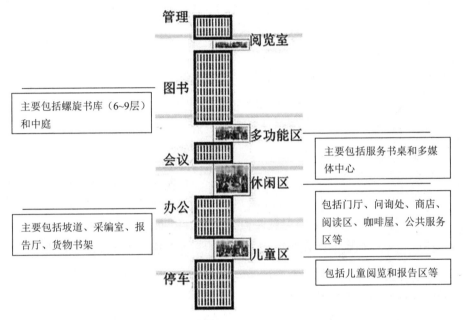

图 12-4　西雅图中央图书馆的功能区划分

西雅图中央图书馆好比西雅图的城市客厅，除了拥有丰富的藏书、视频等资料之外，这里还有儿童区、阅览室、商店、咖啡厅、舒适的桌椅、阶梯式的报告厅、会议室、电脑和 Wi-Fi 等各类设施，可以满足读者和市民多方面的需要。以最具创意的螺旋书库为例，这个容量约 145 万册的大书库沿缓坡盘旋而上，占据了整整 4 个楼层，不仅充分考虑了读者（包括残疾人）取阅书籍时的便利，更重要的是，这种连续性的图书排列方式，不会因为书目的增减而造成分类放置上的困扰。

再以位于 3 层的大厅为例，作为室内和室外的过渡，西雅图中央图书馆的大厅是一个有几层高的挑高空间，体现了该馆希望能够突破传统图书馆的固有功能，而将其拓展为市民公共活动区域的构思。这里敞开大门迎接所有人光临，并配备了咖啡屋和工艺品商店，可供读者和市民们休憩、闲谈或品尝咖啡，这无疑有助于强化公共图书馆的社会属性。所使用的座椅看上去方方正正，其实坐上去非常舒适。

（五）社群

上海图书馆馆长吴建中先生（2012）曾提出，"人是图书馆的动力之源，只有当人的要素成为图书馆第一要素的时候，图书馆才能显示真正的活力与创造力"，这里的"人"不仅包含来馆的读者，还包括图书馆的虚拟用户和其他利益相关者。当场景体验日渐成为人们的需求时，图书馆需要找到应用的碎片场景，并借鉴社群理论，想办法把自己的用户变成粉丝（倚海伦、李晶，2017）。西雅图中央图书馆秉承社群思维，精心打造和谐的社区关系，下面分5类利益相关者做简要分析。

1.面向广大市民

西雅图中央图书馆围绕图书信息资源创建学习型社区，不仅关心青少年教育，还为市民提供高质量的免费课程和活动，以期让学习融入市民的日常生活。拓展相关性和启发性强的馆藏资源，让图书馆成为市民获取信息和激发创新的途径。与政府部门和社区团体结盟，使西雅图居民受益。与市民建立伙伴关系，提升人们的生活品质。

2.面向学校和教师

西雅图中央图书馆为西雅图地区的托儿所、学校和其他社区机构提供多种服务，面向儿童和青少年提供内容丰富的服务。馆方还通过"学生成功项目"（Student Success）和在线资源中的"学生研究项目"（Student Research），来帮助学生取得更大的进步。

3.面向孩子和家庭

西雅图中央图书馆为孩子和家庭提供许多免费节目、活动和服务。孩子们可以在作业上得到帮助，或者参加暑期学习项目。图书馆还为婴幼儿和学龄前儿童提供多种语言的故事时间。馆方也支持父母、照顾者和老师与孩子们一起工作。只要注册电子邮件，便可以接收关于儿童节目和书籍的相关信息。

4. 面向青少年

西雅图中央图书馆为青少年提供大量资源，包括电子书（Teens' eBooks）、免费的技术课程、课外活动、家庭作业辅助和游戏。通过青少年服务学习计划（Teen Service Learning Program），青少年不仅可以获得服务学习时间，还能掌握工作技能和帮助自己的社区。训练有素的志愿者还可以帮助青少年做好上大学的相关准备。

5. 面向志愿者

西雅图中央图书馆拥有 500 多名志愿者，他们为读者提供服务，帮助图书馆工作人员维护、整理馆藏资料，积极参与社区活动，并将不同的人、不同的想法和信息关联起来，是图书馆的重要合作伙伴（SPL，2016）。

概括而言，与美国许多公共图书馆一样，西雅图中央图书馆的志愿者项目主要分为两大类：（1）与图书馆业务相关的志愿者服务项目，常见的包括图书阅读讨论小组引导者、分支机构或部门支持、图书保养以及游客中心志愿者；（2）与知识辅导相关的志愿者服务项目，主要包括成人家教（为那些想提高阅读理解、写作、数学能力的成年人提供辅导和鼓励）、计算机教学助理、非母语英语课程（ESL）课堂助理、家庭作业辅导老师（帮助 K-12 完成各种家庭作业，特别是提高他们的读写能力和数学能力）、西班牙语学习强化项目协导员、"故事时间"助理、"对话练习"引导者（为移民提供练习英语对话的机会）以及学习伙伴（薛静，2016）。

（六）活动

如果打开西雅图中央图书馆的官方网站，读者可以通过"活动日历"（Event Calendar）专栏，了解当前正在举办以及未来一段时间即将举办的活动信息，而且可以根据关键词、活动类型、举办场地等进行迅速检索（图12-5）。馆方对该栏目有这样一段描述：每周在属于你们的图书馆，都有几十个免费的活动供读者选择。我们提供多种语言的作者见面活动（author events）、课程（classes）、故事时间（story times）和阅读小组（book groups）等丰富多彩的活动。你可以学习技术、技能，提高你的英语水平，参加音乐表演或欣赏电影等。

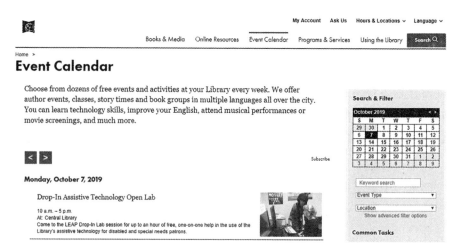

图 12-5　西雅图中央图书馆官方网站的"活动日历"导航栏

西雅图中央图书馆有各式各样的房间和空间可供租用，包括可容纳 375 人的微软礼堂，可容纳 8~160 人不等的会议室，以及在图书馆闭馆时可用于举办特殊活动的空间（图 12-6）。其中，4 层是相对安静的会议区，6 间面积及容纳人数不同的会议室相对独立地敞开，透明的楼层面板设计使得人们可以越过 4 楼的楼板俯瞰 3 层。房间租金根据房间的大小和使用房间的组织类型而有所不同。

图 12-6　西雅图中央图书馆官网上的会议室预订界面

（七）科技感

双层保温隔热的镀膜玻璃和三角形状的钢结构，为整个建筑创造了一个巨大的凹斜采光玻璃顶棚，除了最大限度地使用自然光以及让室外的光线变得柔和之外，还与巧妙的垂直绿化相得益彰，并采用了雨水采集装置和循环灌溉系统。内表皮则采用金属网，营造出一种朦胧的美，可以起到划分功能、遮挡视线的作用（图 12-7）。

图 12-7　西雅图中央图书馆的金属网顶棚

由于西雅图中央图书馆采用了无线射频识别（RFID）系统，书库的天棚都安装了图书传送轨道，图书借出和归还均可由系统自动完成，图书的取出与归位按尺寸被分拣，这样大大节省了人工，同时提高了工作效率。

此外，除了英文之外，西雅图中央图书馆的官方网站还有中文、俄文、韩文、西班牙文、索马里文等界面，并在 Facebook、Twitter、YouTube、Instagram、Pinterest 和 LinkedIn 等社交平台上都有自己的主页，方便图书馆开展网络宣传，并与读者进行实时互动。

（八）设计感

传统的图书馆，建筑设计趋向扁平，楼层决定了各空间的使用目的，对某一空间的挪用会影响到其他空间的使用，这样便无法应付预期外的成长对空间的需要。西雅图中央图书馆的整体构造独特，错动的水平楼板构成了透明性不同的丰富多彩的空间，为人们的交流和活动提供了良好条件。其外观一点都不像传统意义上的图书馆，且与城市风格不大协调，其大胆而新颖的设计落成后，引起了当地居民的一些批评，但这个造价接近两亿美元的经典建筑也赢得了设计界的不少好评，并将西雅图推向了国际建筑艺术的舞台。

在最终的设计方案中，库哈斯确定了"5个平台模式"，各自服务于专门的组群。这五个平台分别是办公、书籍及相关资料、讨论交流区、商业区和停车区（公园地带），形成了一个多功能的综合体。"不同的平台交互界面被组织起来，这些空间或用于工作，或用于交流，或用于阅读"，有一种特别的空间交融的感觉。建筑形体随着平台面积和位置的变化形成新奇的多角结构，具有新现代主义的某些特征（图12-8）。

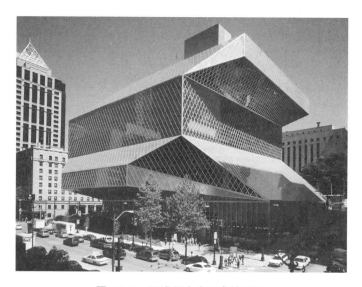

图 12-8　西雅图中央图书馆外观

采取水平错位的设计，主要有两个目的。一是要创造适当的阴影空间，这一方面是由于图书馆的建设规范，譬如不能有阳光直射，另一方面也可以服务周边社区的居民，因为西雅图经常下雨，设计建筑悬挑可以方便人们避雨。二是为了满足周围城市景观的连续性。由于错位的存在，周围建筑中的居民的视线不会被这个庞然大物的公共建筑所阻挡，视线便可以通透。

另外，西雅图中央图书馆在色彩设计上也独树一帜。不同的空间采用不同的色彩也是西雅图中央图书馆的一大特色。例如，会议室采用全红色，并配以曲线，营造出一种神秘的氛围，楼梯和地面局部也是采用红色，别有一番风味。黄色的扶梯、红色的廊道和充满现代气息的单色家具，让整个空间瞬间变得灵动起来。另外，使用单一颜色，使家具有缩小感，从而让空间显得更加宽敞（图 12-9）。

图 12-9　充满现代气息的单色家具

特别值得一提的是，在书籍及相关资料区有一个大楼梯——书螺旋（books spiral），也就是前面说到的"螺旋书库"，这种楼梯形成的破碎空间也是库哈斯常用的手法。

其实，人性化的设计理念在整个西雅图中央图书馆无处不在。例如，在借还台后的电子屏，会实时显示当天馆内图书的流通量和非书文献的流通量；在4 楼的多功能区，在位于咨询台后面的巨型电子屏上会显示读者检索主题的分布情况；读者阅报用的电脑显示器则为大的竖屏。

（九）体验感

在西雅图市中心有许多购物广场，人们在避雨的时候可以去，但却没有多少自由的空间。西雅图中央图书馆将自身作为一个面向公众的自由空间，且不同的空间相互贯穿，不同的色彩交替呈现，加上柔和多变的光线，为读者营造了非一般的体验。

西雅图中央图书馆的各类标识设计与制作精细、活泼，极富人性化。首先，在电动扶梯入口，半透明玻璃材质的导航指南，除了具有一般功能之外，还重点标明了工作人员所在位置、洗手间方位、所藏资源类型、区域开放时间等信息。让人感到特别温馨的是，指南采取了国外许多著名博物馆的做法，即指南就是建筑外形的剖面图，楼层错位式走向、层高等均按实际比例制作。在每个楼层的导航图上，所在层以红色突出标记，其他楼层动静分开，分别用黄色和绿色标明。其次，电梯内的按钮指南既标明楼层，又标明各层的功能，特别值得一提的是，还清晰地标出了6~9层书库分别存放的图书类号。

在打造体验感方面，西雅图中央图书馆还有许多可圈可点的地方。不同的空间还设置了不同的吊顶。例如，阅览室空间采用白色吊顶，旨在利用其吸声作用来降低室内噪声，从而为读者提供一个安静的阅览环境；在活泼的交通空间则采用黑色的吊顶。通往采编区或螺旋书库的自动扶梯采用明亮的黄色，颇为醒目，方便读者找到通往下一个目的地的路径（图12-10）。在大厅、阅览区等有许多海绵椅，地面铺有纹路多彩的地毯，艺术味十足，营造了一个丰富的阅读环境。

图12-10　通往螺旋书库的自动扶梯

（十）娱乐感

在西雅图中央图书馆官方网站的"乐趣与游戏"（Fun & Games）导航栏中有这样一段说明：无论你属于哪个年龄段，你的图书馆都能让你从学习中获得乐趣。你可以在我们的某个问答活动（trivia nights）中测试你的知识水平，或者在卡拉 OK 活动中分享你的发声技巧，或者在图书馆实验室（Library Lab）学习更多的科学、技术、工程和数学概念。我们全年都会举办各种有趣的活动和项目，无论是在我们的分支机构，还是在社区。

　　概括而言，西雅图中央图书馆的娱乐感主要通过三个方面来表现：（1）作为解构主义建筑的代表，其结构、色彩、家具、标识系统等设计既强调人性化，同时也具有一定的娱乐感。例如，在公共艺术品区安装了会说话的自动扶梯，并装饰了有 120 个茶杯的墙；在图书馆一楼的文化用品商店，陈列着各种特色纪念品，如图书馆建筑外形影像杯、捧书阅读的吉祥鸭等。（2）面向儿童，打造寓教于乐的天堂。为此，在一层设置了儿童中心，并用粉红、黄色来吸引孩子们的注意力，设计师还专门设计了一款名为"泡芙"的儿童座椅，这些都会让每个孩子很快爱上这里。（3）策划和组织音乐会、舞蹈、艺术表演、作者朗诵会等一系列文化和娱乐活动。

四、对图书馆经营的启示

　　正如大都会建筑事务所（OMA）合伙人、建筑师乔书亚·普林斯·瑞姆斯（Joshua Prince Ramus）在 TED 演讲中所提到的：我们不知道图书馆的未来，我们也不知道书的未来，但我们知道，西雅图中央图书馆避免了人的行为的相互干扰和影响，这个建筑借助现代技术，使书的社会责任得以延伸。西雅图中央图书馆以设计大胆、突破传统而成为引领世界图书馆潮流的代表，其设计和运营能带给我国图书馆诸多启示（表 12–1）。

表 12–1　西雅图中央图书馆对我国图书馆的启示

维度	主要启示	备注
文化引领	延伸图书馆责任，将图书作为媒介，整合图书馆的信息、藏书、文化、阅读与休闲等多种功能，打造城市客厅	西雅图人赋予它一个神圣的称谓：全民图书馆（Libraries for All）
场景营造	风格各异的空间相互贯穿，丰富多彩的色彩交替呈现，柔和多变的光线彼此交织；所有功能区都采用统一的标识样式，指示清晰、风格突出	

维度	主要启示	备注
产品和服务	除了 145 万余份书籍资料之外，还提供开放性的多媒体应用；除了为读者提供多样、便捷的服务之外，还致力于促进多元社区的发展	
舒适物设施	各功能区相得益彰；根据读者和市民的多样化需要，设计和安排硬件设施	
社群管理	服务广大市民、学校和教师、孩子和家庭、青少年等不同细分市场；依托志愿者、社会组织、读者等社群力量	国外许多图书馆、博物馆、美术馆等都采取类似的策略：面向不同顾客，设计定制化的产品和服务
活动组织	在官方网站上设立"活动日历"（Event Calendar）专栏；租赁场地和策划、组织活动并举；不同性质和类型的活动相得益彰	
科技感	真实的图书馆空间和虚拟的网上空间被纳入同一个建筑计划进行设计，并且形成互动关系；线下和线上融合	
设计感	打造丰富多彩的空间，为人们的交流和活动创造良好条件；在色彩设计上独树一帜；人性化的设计理念无处不在	最好的设计就是以人为本
体验感	不同的空间相互贯穿，不同的色彩交替呈现；各类标识设计与制作精细、活泼，极富人性化	
娱乐感	将"乐趣与游戏"作为图书馆项目与服务的重要内容，并精心打造儿童中心；策划和组织一系列文娱活动	

　　诚然，处于信息时代的图书馆，不再只是关于图书的文化机构，而是所有新旧媒体共存、互动的场所。在这种大背景下，我国图书馆的唯一出路是借鉴国际前沿理念，在发扬本土文化特色的基础上进行大胆创新。值得欣慰的是，国内已经有一批图书馆从业人员看到了场景时代和信息革命带来的巨大变革，并开展了积极的探索。

　　以时下非常流行的社群运营为例，2016 年 11 月，在第七届信息技术与教育国际学术研讨会（主题为"图书馆里的创造力——人人参与的创客空间"）上，丹麦奥尔胡斯图书馆馆长罗尔夫·哈佩尔指出，丹麦的许多图书馆与各种社会组织机构跨界合作，从而零成本地创造了许多富有创意的活动，更好地服务市民学习的需求，这种公私合作（PPP）的思路值得借鉴。

2015 年 6 月，成都图书馆正式成立了"阅创空间"（http://www.cdclib.org），服务团队由图书馆的资深学科馆员组成，可以为创客们提供专利检索、科技查新等专业信息检索服务。两年多时间，入驻团队达到近 10 家，推出了"创客散打""创客机器人""力剧场""灵慧亲子读书会""麋鹿青年成长计划"等系列品牌项目。

参考文献

［1］Joshua Prince-Ramus. Behind the design of Seattle's library［EB/OL］. TED，2014-06-04.

［2］http://www.oma.nl/projects

［3］倚海伦，李晶. 图书馆如何迎接场景时代？［J］. 新世纪图书馆，2017（5）：36-39.

［4］吴建中. 转型与超越：无所不在的图书馆［M］. 上海：上海大学出版社，2012.

［5］雨中独舞. 我爱图书馆（十二）——西雅图中央图书馆［EB/OL］. https://www.douban.com/note/267693869，2013-03-21.

［6］冯洁音. 美国大都市图书馆服务述略——以纽约、芝加哥和西雅图公共图书馆为例［J］. 图书与情报，2013（3）：19-25.

［7］薛静. 美国公共图书馆志愿者服务项目的分析及思考——以美国纽约、西雅图、洛杉矶公共图书馆为例［J］. 2016（15）：97-101.

［8］The Seattle Public Library. Volunteer Opportunities［EB/OL］. http://www.spl.org/about-the-library/support-your-library/volunteer-opportunities，2016-05-15.

［9］樊咏梅. 美国公共图书馆自出版服务实践及启示［J］. 图书馆工作与研究，2016（6）：96-99.

［10］王丽娜，钱晓辉. 突破·重塑·延伸——西雅图中央图书馆功能深度探究［J］. 山东图书馆学刊，2014（4）：74-76.

第 13 章

博物馆——大都会艺术博物馆

博物馆是"奇怪"的边缘地带：论及教育，它并非学校；论及研究，它并非大学；论及价值，它并非商店或银行；论及治疗，它并非医院；论及休闲娱乐，它并非游乐场。但若博物馆有意做到，它可以满足各类群体的不同需求。（哈里森·莫利（Harrison Molly），1967）

美国纽约大都会艺术博物馆　　（插图：杨荫稚）

　　纽约大都会艺术博物馆（MET），是一个有着舒适休闲的空间环境、丰富珍贵的馆藏文物、身临其境的文化场景、精美多样的文创产品、面向各种人群的教育课堂、丰富多彩的文化活动，并具有科技感、设计感、体验感和娱乐感的世界一流博物馆。

自 1946 年成立以来，国际博物馆协会（ICOM）对博物馆的定义进行了 7
次修订（崔波，2017）。2007 年 8 月，国际博物馆协会（ICOM）在《国际博
物馆协会章程》中将博物馆定义为"一个为社会及其发展服务的、向公众开放
的非营利性常设机构，为教育、研究、欣赏的目的征集、保护、研究、传播并
展出人类及人类环境的物质及非物质文化遗产"。

近年来，作为城市的空间 IP 或标志性建筑，博物馆以场景体验和展示宣
传为导向的媒介化趋势越来越明显。与此同时，越来越多的博物馆更加注重明
星展品、品牌展览及相关活动的传播效应，竭力将其打造成自身形象的代表并
融入博物馆工作各个环节。本章将以美国纽约大都会艺术博物馆（MET）为
例，探讨如何利用空间设计，将博物馆与主题展览、沙龙、音乐会、时装秀等
活动相结合，让博物馆真正"活"起来。

一、博物馆的发展速描

根据文化和旅游部的统计数据，1996—2017 年，我国博物馆数量呈逐年
快速增长趋势，从 1219 个迅速上升至 4721 个，占文物机构的 47.5%，年复
合增长率达 6.6%。博物馆数量的持续增长，也带来了博物馆藏品的扩容。截
至 2017 年，全国文物机构共拥有文物藏品 5096.32 万件，较上年同比增长了
14.4%，其中，博物馆文物藏品 3938.32 万件 / 套，占文物藏品总量的 77.3%。

博物馆的核心功能与主要业务包含征集、保存、保护、研究和展示。但随
着互联网、云计算、大数据等新兴技术的出现，原有的藏品展示形式和场馆空
间布局在一定程度上发生了改变，对传统博物馆业造成了很大冲击。博物馆提
供的基本功能已无法满足公众的需求，博物馆的转型势在必行。在市场竞争日
益激烈的今天，博物馆需要转变传统的经营管理方式，打造兼具实用性和娱乐
性的多功能空间。

关于《国际博物馆协会章程》中规定的博物馆的"非营利性"，前故宫博物
院院长单霁翔指出，"非营利性"并不意味着反对博物馆在经营中获取正当利益，
而是强调关注博物馆的本质（单霁翔，2013）。事实上，在全国 4000 多座博物馆
中，超过 70% 的为国有，收入主要依赖于政府支持。如果想要获得长远而高质
量的发展，博物馆需要在现有基础上拓宽业务类型和资金渠道（魏峻，2018）。

二、大都会艺术博物馆简介

大都会艺术博物馆（Metropolitan Museum of Art，MET）是美国最大的非营利性艺术博物馆。该馆位于纽约第五大道 82 号大街，占地 13 万平方米，是与北京故宫、英国伦敦大英博物馆、法国巴黎卢浮宫、俄罗斯圣彼得堡艾尔米塔什博物馆齐名的世界五大博物馆之一，与其他博物馆不同的是，大都会艺术博物馆并非国家级博物馆，而是由私人创办的非营利性组织。截至目前，该馆共有 5 大展厅、248 个陈列室，收藏展品达 300 余万件，是世界上首屈一指的大型博物馆。在世界品牌实验室（World Brand Lab）编制的《2018 世界品牌500 强》中，大都会艺术博物馆排名第 307 名。

大都会艺术博物馆官方网站：http://www.metmuseum.org

三、大都会艺术博物馆的C-SPACE IDEA分析

（一）文化

1865 年南北战争结束，美国迎来了工业快速发展时期，纽约作为经济繁荣的国际大都市，吸引了大批外来移民涌入。为稳定政治形势，构建文化认同，在 1866 年 7 月 4 日的美国独立纪念日，美国最高法院首任大法官的孙子，著名律师约翰·杰伊（John Jay）在巴黎的一次沙龙上提出了"在纽约建造一座艺术博物馆"的想法。在一群银行家、商人、艺术家的倡议下，于 1870 年4 月 13 日通过了《大都会艺术博物馆宪章》，规定建馆是"为了鼓励和发展艺术在生产和日常生活中的应用，推动艺术的通识教育，并为大众提供相应的指导"。1872 年 2 月 2 日，大都会艺术博物馆正式开馆。

大都会艺术博物馆作为面向世界的艺术品收藏与保护中心，藏有各地艺术珍品 330 余万件。其中，美国本土文物藏品在世界范围内最为完整，而埃及文物收藏也是除开罗外藏品最丰富的。作为艺术展览的殿堂，大都会艺术博物馆策划的"蒙娜丽莎"巡展和"图特卡门宝藏"特展创下了数百万人次的参观记录（江振鹏，2019）；被称为"时尚界奥斯卡"的 MET Gala 慈善晚宴每年 5 月都会在大都会艺术博物馆举办，2019 年以"坎普：时尚笔记"（Camp：Notes on Fashion）为主题，成功带火了"坎普风"，而且随着互联网的迅速发展，大都会艺术博物馆

不再局限于时尚活动现场，而是将视线投向了线上，与 TikTok 在全球 20 多个国家展开合作，并开设了官方账号。大都会艺术博物馆还正式入驻天猫，在平台上销售自己的文创产品，将馆藏文物所独有的文化韵味与当下流行文化相融合，运用到人们的日常生活中。大都会艺术博物馆的官方抖音号如图 13-1 所示。

图 13-1 大都会艺术博物馆的官方抖音号

注：数据截至 2020 年 11 月 15 日。

大都会艺术博物馆现任馆长麦克斯·霍莱因（Max Hollein）认为，当下博物馆的挑战之一是如何打破单一的叙事模式，让大都会艺术博物馆变得更加多元而包容，将博物馆打造成一个除景点身份外还能激发文化艺术创造力的平台，并形成跨社区、跨种族、跨地区性的影响。

（二）场景

大都会艺术博物馆分为五大展厅，包括欧洲绘画、美国绘画、原始艺术、中世纪绘画和埃及古董展厅。在博物馆一楼北侧的埃及展厅中有一座宏伟的古神殿，这是在埃及以外世界上仅有的一座埃及古神殿，名为丹德神殿（The Temple of Dendur），由埃及政府赠送。该神殿是馆内颇具怀古意境的景观，由砂岩建成，长约 25 米，高约 8 米，刻有大量精美的浮雕与文字。为体现尼罗河的文明之光，在神庙前特设了一个宽敞的水池，通过巨大的落地玻璃窗将外面的光线摄入水面，让人仿佛置身于尼罗河畔（图 13-2）。

图 13-2　位于大都会一楼北侧的埃及展厅

在博物馆二楼北厅的阿斯特庭院（Astor Court）有一座中国明式庭院，它仿造苏州网师园而建（图 13-3）。庭院中，假山、亭阁、廊道等富有水乡特色的景观体现了中国古典园林的意境美。园林旁边的小室"明轩"仿照中国文人的传统居室而建，桌椅床榻、琴棋书画应有尽有，彰显着浓郁的文人雅趣（张月，2018）。玻璃窗上相互交错的格纹，与博物馆内部的古典园林建筑形成鲜明反差，阳光透过格纹窗在园林内形成了明暗交错的独特景象，让整个园林变得更加富有生机和韵味。

图 13-3　位于博物馆二楼北厅的中式明代庭院

2012 年，《中国花园：亭阁、书斋，退隐之地》艺术特展在此举办，策展人围绕"明轩"，开设了 8 大展厅来展示以"中国花园"为主题的文化瑰宝，内容涵盖了皇家园林、亭台楼阁、郊外寺庙、文人雅集、文人书房、花园花鸟、一年四季和岁寒三友，展出作品包括清代画家袁江的《九成宫图》、元代画家唐棣的《滕王阁图》、元代画家钱选的《王羲之观鹅图》等。

位于纽约福特·特赖恩公园（Fort Tryon Park）的大都会艺术博物馆分馆——隐修院于 1938 年创建，主要展出中世纪的艺术和建筑，包括雕塑、壁画、彩色玻璃、泥金写本、双角兽图案挂毯、圣物箱、圣餐杯、象牙制品、金属器等，每年接待观众 700 余万人次。几乎每周都会在此举办中世纪音乐会，深受观众欢迎（图 13-4）。

图 13-4　在大都会举办的隐修院音乐会

总的来说，不论是在场景、展品丰富度，还是在活动设计上，大都会艺术博物馆的每个分馆都各具特色，横跨历史长河，将不同时期的展品、人们的生活场景以及文化艺术淋漓尽致地展现在观众面前，让参观者身临其境般地感受到不同时期不同国度的文化氛围。

（三）产品和服务

大都会艺术博物馆的藏品在初期主要依赖个人捐赠，但从 1873 年开始，在出版商乔治·帕尔默·普特南和艺术家伊士曼·约翰逊的指导下，博物馆通过对外收购迅速扩张。博物馆共3层，共有248个陈列室，藏有埃及、巴比伦、亚述、远东和近东、希腊和罗马、欧洲、非洲、美洲前哥伦布时期和新几内亚等世界各地艺术珍品共 330 余万件，包括古今各个历史时期的建筑、雕塑、绘画、素描、版画、照片、玻璃器皿、陶瓷器、纺织品、金属制品、家具、古代房屋、武器、盔甲和乐器等。

大都会艺术博物馆的"亚洲艺术部"展厅占地面积 5992 平方米，收藏有从新石器时代到 21 世纪的 6 万余件亚洲艺术品，横跨东亚、南亚、东南亚和喜马拉雅地区。大都会艺术博物馆有 2 个中国佛教雕塑展厅，被誉为中国之外最好的佛教雕塑收藏地。此外，大都会还以丰富的绘画和书法藏品闻名于世，包括中国唐宋元明清时期的名家之作、日本的屏风和版画、印度的微型绘画以及尼泊尔和中国西藏等地的绘画（常青，2019）。

大都会艺术博物馆的 T.J. 沃森图书馆于 1964 年建立，藏书 18.5 万余册，是世界上艺术、考古类题材藏书最多的图书馆之一。餐厅位于博物馆 4 楼，从早餐到下午茶再到晚餐，各类餐饮丰富多样，甚至还有专门为孩子提供的早午餐，官网提供菜单查询和座位预订服务。在博物馆 2 楼还设有咖啡厅和酒吧，是休闲交谈的好去处。

为拉近博物馆与公众之间的距离，满足艺术和历史爱好者对纪念品的需求，大都会艺术博物馆在 2019 年 5 月 10 日正式入驻天猫（图 13-5），国内的文创产品爱好者足不出户便可以买到大都会的周边产品。大都会试图通过销售文创产品来展现馆藏文物和艺术品的文化价值，通过讲述产品背后的文化内涵和背景故事来激起消费者强烈的求知欲，进而与博物馆之间形成紧密的情感联系。

（四）舒适物设施

除了展厅之外，大都会还设有版画素描研究室、青少年博物馆、书店、纪念品商店、观众中心、餐厅等各类设施。

图 13-5　大都会艺术博物馆的天猫旗舰店

　　在大都会楼顶有一个名为 Iris and B.Gerald Cantor 的屋顶花园，它不仅是一个花园，也是一个酒吧，在这里，参观者可以一边品尝鸡尾酒，一边欣赏纽约最美的天空或俯瞰中央公园的绿茵。同时，屋顶花园还是装置艺术的殿堂。2008 年，艺术家杰夫·昆斯（Jeff Koons）运用其标志性的金属反光元素在这里打造了一条狗、一颗心和一页书，备受孩子和家长们欢迎。2010 年，双胞胎兄弟道格（Doug Starn）和麦克（Mike Starn）用 6800 棵竹竿和 70 英里长的彩色绳索，在花园打造了著名的竹林展"大竹子"（Big Bambú），参观者可以在竹下乘凉或在竹道间穿梭。2016 年，英国艺术家科妮莉亚·帕克（Cornelia Parker）受画家爱德华·霍普（Edward Hopper）名作《铁道旁的房屋》和惊悚大师希区柯克（Sir Alfred Hitchcock）的获奖影片《惊魂记》的启发，在花园设计了一座充满复古感的猩红色"惊魂谷仓"。2017 年，以"消失剧场"为主题，阿德里安·维拉·罗哈斯（Adrián Villar Rojas）对博物馆数百件作品进行

了数字扫描和3D打印，将黑白雕塑置于餐桌周围，并利用绿植和凉棚营造出庆典的氛围（图13-6）。

图13-6　大都会艺术博物馆的楼顶花园及装置艺术

此外，大都会坚持以观众需求为导向，在博物馆的各个角落都设置了长椅或沙发供观众休憩；在服务台处放置有博物馆的参观地图，供观众随意取阅，配合地图在每个展馆入口和出口处的墙上都有编号，可以帮助参观者更好地在博物馆内进行游览。

（五）社群

1. 面向青少年

博物馆主要的教育对象是学生，美国从小学生到研究生的相当一部分课程是在博物馆的展厅、库房和图书馆内进行的，可以说博物馆是学生的第二课堂（胡俊，2013）。大都会艺术博物馆免费为13岁以上的初中或高中生提供青少年活动，包括艺术创造、表演、音乐等。同时，大都会也为10年级或11年级的学生和即将迈入大三大四的学生提供带薪实习的机会，他们可以在博物馆内与专家见面会谈，寻找导师，结交朋友，获得专业经验。另外，大都会常年接待学校组织的集体参观，并在班级参观后赠送家庭票，鼓励学生和家长再次前来并参与家庭项目。

2. 面向成年人

面向成年人，大都会艺术博物馆主要提供三项服务：第一，MetFridays，指在每周五下午 5 点到 9 点在博物馆内举行的画廊对话、艺术创作和节日庆祝等活动。第二，为有兴趣在艺术博物馆工作的大学生、研究生或社会人员提供实习机会。第三，奖学金项目，大都会资助美国及国外的学者参与和大都会艺术博物馆收藏等相关的研究或实践工作，让这里成为艺术和思想的实验室。

在大都会艺术博物馆官网上可以找到最新版的成年人参观手册，其中包括画廊讲座、巡回展览、讲座、周日活动等，观众也可以在在线日历上找到最新的活动列表。另外，大都会还与周围的大学、社区中心和图书馆达成了友谊合作，在博物馆外共同举办面向社会公众的系列活动。

3. 面向孩子和家庭

大都会专门为儿童设计了儿童参观地图，孩子们可以在一位家庭导游的带领下开展一场博物馆大冒险。同时，针对不同年龄段的孩子，博物馆设立了不同的家庭活动。每个工作日上午，博物馆会为 8 个月至 6 岁的孩子和家庭举办故事会，通过看、听、玩、画等方式来度过愉快的亲子时光；针对 6 岁及以上的孩子和家庭，博物馆会发放一美元的音乐会或歌剧表演门票，并根据年龄段准备各种亲子活动，致力于让家长和孩子一同学习、一同成长（图 13-7）。大都会艺术博物馆也会与社区开展合作，组织各种馆外的家庭教育活动，开展一系列充满互动趣味的讨论或体验项目。

图 13-7　大都会艺术博物馆组织的家庭活动

4. 面向大学和科研机构

大都会艺术博物馆一方面为有兴趣从事艺术博物馆工作的高中生、本科生和研究生提供实习机会，另一方面设立奖学金来资助国内外从事与博物馆收藏和实践相关的学者。通过提供实习机会和奖学金资助，大都会让更多对艺术博物馆感兴趣的学生或学者加入到这个充满活力的社群中。同时，博物馆与院校联合开展了"博物馆学习"项目，让博物馆工作人员走进课堂，讲授相关课程。

5. 面向教育工作者

大都会艺术博物馆欢迎学校组织学生在博物馆向导的带领下学习藏品知识，也为 K-12 教育工作者提供了各种各样的教学项目（注：K-12 教育是 kindergarten through twelfth grade 的英文简写，是美国基础教育的统称，指从幼儿园到高中的教育）。例如，通过探索博物馆藏品，以物品教学的方式实现跨学科课程整合；根据课程需要，在博物馆内举办讲习班；鼓励学生亲身体验艺术创作，并获得相应技能。针对教师，博物馆还设计了一系列讲座和研讨会，并邀请院校老师参加，共同探讨如何实现跨学科研究。

6. 面向残障游客

针对不同类型的残障游客，大都会艺术博物馆也提供了多样的体验方式。例如，为视力有缺陷的游客提供特色讲习班，以语言成像和触摸藏品的方式来帮助视障人士获取独特的参观体验；为有学习障碍或自闭症的访客，专门设立工作坊；为患有痴呆症的访客和他们的护理伙伴，单独设立画廊和课堂艺术项目，帮助他们成为社区中的一员；对于失聪游客，博物馆也提供各种各样的手语节目，配有手语翻译和实时字幕（图 13-8）。

（六）活动

大都会艺术博物馆每个月都会在展厅举办周末诗歌朗诵活动，每年 9 月至次年 6 月还会有国内外著名音乐家在此举办音乐会，同时，在博物馆内也能经常看到一些公益性文化活动，如戏剧表演、展览和家庭活动等。除了每年策划的大型学术性艺术展览之外，大都会还举办各类节日庆典、文化讲座、发布会与放映礼以及一系列市民文化活动。

图 13-8　大都会艺术博物馆面向残障游客的社群活动

例如，在 2019 年新春佳节之际，大都会艺术博物馆以"欢乐春节·猪年迎新"为主题，开展了 25 项文化艺术活动，并与中国文化和旅游部、北京艺术基金会联合策划了"欢乐春节"专场演出《观·音》，同期推出猪年特展，展出了 6 世纪的陶猪雕像和十二生肖玉雕等精美文物。针对家庭，还推出了一系列互动体验项目，如剪纸教学、拉面表演、绘制生肖年画等。

在大都会官方网站上设有专门的"活动"（EVENTS）栏目，访客可以查询正在举行、已经举办过的以及将要举办的活动信息，并且能通过筛选活动日期和活动类别进行快速检索（图 13-9）。如果有组织或机构需要在博物馆内举行活动，可以通过官方邮箱自行申请，可申请的活动包括：公司招待会和晚宴（Corporate Receptions and Dinners）、公益性招待会和晚会（Nonprofit Receptions and Galas）、会员专属用餐（Private Dining for Members and Patrons）、音乐会电影放映前期宣传（Concerts, Film Screenings, and Upfronts）、会议（Meetings and Conferences）和毕业典礼演出（Graduations and Recitals）等。

图 13-9　大都会艺术博物馆官网的"活动"导航栏

为提升大都会在公众心目中的形象，2011 年，在前任馆长托马斯·坎贝尔（Thomas Campbell）的努力下，大都会艺术博物馆推出了全新设计的博物馆官网，该网站成为人们与博物馆互动的线上渠道，观众可以通过官网浏览到艺术品的图片和相关信息。针对儿童，博物馆推出了"Museum Kids"项目，儿童可以在网页上进行学习和互动。例如，在"凡·高如何成名"项目中，孩子既可以在网站上阅读有关艺术家的传记，欣赏绘画作品，同时还可以在电脑上借助绘图软件创作素描作品，在线游戏以趣味的方式实现了寓教于乐，凸显了大都会的教育功能（刘鹏，2016）。

（七）科技感

大都会艺术博物馆近年来积极践行"新博物馆"理念，不再局限于现实空间，力图为博物馆注入新的活力和价值。官网 The Met 对所有公众开放，并允许在官网上免费下载和使用公布出的图片。此外，博物馆在 Facebook、Twitter、Pinterest、Instagram、YouTube 等社交平台上也设立了官方账号，便于与游客进行实时互动和分享。

博物馆提供纸质门票和电子门票，网上下单出示电子票即可直接入园，大大提高了工作人员的工作效率。在与官网"The Met"同名的 App 上，观众可以直接检索展厅、艺术品以及查询博物馆最新新闻、活动、设施和配套资源。

在该应用上还可搜索展览最新资讯，实现在线浏览馆内藏品，并支持通过社交媒体账号进行实时分享。

　　为方便游客观览，大都会艺术博物馆提供了租赁语音导览服务，可切换英语、法语、德语、意大利语、日语、韩语、汉语、葡萄牙语、俄语和西班牙语十种语言。观众也可以在博物馆的官方 App "The Met"中选择"Audio Guide"，输入藏品的编号来获取讲解。此外，博物馆还提供 10 人以上的团体参观服务，通过官网或者 Museum Map 都可以提前进行预订。

（八）设计感

　　大都会艺术博物馆的建筑风格颇具设计感，高台阶和大廊柱是博物馆的经典配置。一进入大都会，游客便能看到一组宏伟而厚重的楼梯（图 13-10），不断向外延伸的层层台阶仿佛带领着参观者走进了人类文明演进的洪流之中。不同的展厅展现了不同国家和地区在不同时期的场景，从公元 1 世纪的古罗马风格、法国的洛可可风格，到中国风的楼台庭院，再到 19 世纪后期的美国摩登风格，处处都体现了设计者的良苦用心，观众置身其中，能切实感受到艺术品带来的历史美感。

图 13-10　大都会艺术博物馆门口的大楼梯

在大都会一楼的罗马展厅中，陈列着一座座洁白的大理石雕像，这是人们对古典艺术的幻想，英俊健美的少男，含情脉脉的少女，仿佛在讲述着美好缠绵的故事，这些雕像似乎冲破了时空的枷锁，把一种隽永之美凝结在了空中，营造出一种古老的花园气息，参观者可以尽情地沉醉在这古典浪漫的氛围之中。

随着时代潮流的演进，大都会艺术博物馆也对 LOGO 进行了革新。最早的博物馆 LOGO 诞生于 1971 年，黑色双层，呈字母"M"状，具有厚重的历史感。为了更加凸显博物馆的鲜活，2016 年大都会对 LOGO 进行了重新设计，采用猩红色英文单词"THE MET"，表达遇见，希望能吸引更多人访问博物馆（图 13-11）。为保持视觉的一致性并增强辨识度，博物馆在门票、海报和网页上都采用了相同的设计。

图 13-11　诞生于 1971 年的旧 LOGO 和最新版 LOGO

（九）体验感

从对艺术作品的欣赏和解读中获得愉悦，是观众走进博物馆时应该享受到的一种美好过程（张硕，2018）。大都会艺术博物馆坚持体验式的导览模式，讲解员并不会对展品进行直接讲解，而是鼓励参观者发挥自己的主观能动性和想象力，在欣赏展品时独立思考、自主解读，主动提出问题并找到答案。因此，大都会以游戏形式让观众参与其中，从而获得前所未有的互动乐趣和沉浸体验。

大都会秉持以人为本的理念，为防止参观者因为时间限制等因素无法尽情观览，特别推出门票贴纸，观众凭借门票贴纸可在三天内随意出入博物馆。为减少语言障碍，在大厅服务台放置了多语言版本的参观地图，观众可免费领取。为了减少秋冬季节的观览负担，馆内还设立了衣帽间，可以存放大件外衣、外套。

当参观者走进大都会，就像走进了一部生活剧。馆内设有多个不同风味的餐厅，可以随时在古董旁边享受美食；每个展厅内都放置了舒适的座椅可供参观者休憩聊天。为方便参观者了解展品，博物馆提供多语言讲解器，在选择合适的语言后，输入相应的展品编号便可以听到详细解说。除此之外，也有专门的讲解人员可提供专业的讲解服务。

（十）娱乐感

大都会的娱乐项目根据不同人群进行了差异化设计，例如，针对儿童推出了 "Museum Kids" 项目，让儿童既可以通过大冒险的形式探索博物馆奥秘，又可以通过线上互动小游戏来了解艺术家和藏品；针对成人，博物馆推出网红参观项目，邀请 Instagram 上的网红在闭馆后进行参观拍摄，将馆中丰富的馆藏照片拍照发布在 Instagram 上，标记 #emptyMet（空无一人的 The Met），通过社交媒体让 The Met 走进年轻人的生活，让更多的年轻人对古老文物产生兴趣。此外，博物馆也会针对社会公众，策划和组织一系列有主题特色的展览、音乐会、时装秀、歌剧表演等文化娱乐活动。

四、对博物馆经营的启示

大都会艺术博物馆已走过近 150 年的悠长历史，作为大都会任期最长的掌门人和博物馆界公认的最具影响力的人物之一，菲利普·德·蒙特贝罗（Philippe de Montebello）强调，博物馆诞生的本质不是为了某种实用性或宗教性目的，而是因为艺术，为了满足审美需求，为了给平凡世界中人们的日常生活带来特殊的意义。概括而言，大都会的成功实践对一般博物馆的经营管理主要有以下启示（表 13-1）：

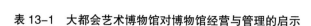

表 13-1　大都会艺术博物馆对博物馆经营与管理的启示

维度	主要启示	备注
文化引领	鼓励文化和艺术走进日常生活，以博物馆为平台推动文化、艺术的通识教育，并为大众提供相应的指导	文创产品是文化理念输出的一种重要方式
场景营造	文化、艺术氛围应当与艺术品、展品所处的时代相对应，并通过场景布置和环境设计来尽可能地还原时代背景，让参观者身临其境地感受到展品所处的时代及背后的故事	
产品和服务	线下对展品进行强体验感的展览展示；线上利用社交软件，随时更新博物馆的最新动态，并与观众实时互动	如果有必要，可以制作专门的 App
舒适物设施	根据市民和公众的需求，不断完善馆内的硬件设施和服务，为观众提供人性化、舒适的参观环境	
社群管理	做好社群分类，将市场细分，针对不同的群体设计不同的产品和服务，从而提升自身的竞争力	丰富多彩的活动是博物馆强化社群凝聚力的重要方式
活动组织	不断扩大博物馆的经营范围，举办主题性的展览、音乐会等活动；在博物馆官网上设置"活动"专栏，便于查询活动信息和预订活动场地；开发线上趣味活动	
科技感	在展示手段和形式中应用新科技；博物馆资源共享；多语言导览；建立线上、线下强有力的互动连接	
设计感	将历史的厚重与设计美感相结合，打造符合时代风格的特色展厅；推出符合时尚潮流并令人印象深刻的 LOGO 设计	
体验感	鼓励参观者发挥自己的主观能动性和想象力，通过互动和沉浸体验来获得乐趣；以人为本，从参观者视角考虑观览的便利性与参与性	
娱乐感	针对不同群体，推出富有特色的活动项目；针对社会公众推出文化娱乐活动，拉近艺术与生活的距离，减少疏离感	

在博物馆的经营创新方面，故宫博物院近些年的实践可圈可点。"让故宫成为一种生活方式"是故宫博物院近年来让文物"活起来"、弘扬中华传统文

化的新理念。2009 年，第一本《故宫日历》出版。在故宫开发的系列 App 中，既有学术气息浓厚的"韩熙载夜宴图"，也有注重移动端和互联网语言的"皇帝的一天"。在"故宫社区"中，用户还能够"建造"属于自己的房子，体验一个"故宫式"的线上生活空间。2016 年，故宫博物院教育中心正式启用。基于故宫现有的教育资源，教育中心开展了针对不同年龄段参观者的教育或研修活动，尤其为中小学生及家庭提供了专题活动。在位于故宫中轴线交泰殿东侧的景和门南端设立了故宫儿童文创体验店，通过提供为儿童专门设计的文创产品来传播故宫文化。同时，在故宫官网上可以随时随地 360° 全景式地浏览故宫，并配有文字讲解。

在未来，参观博物馆将成为大众的一种生活习惯和休闲方式，博物馆不仅仅是作为旅游景点或网红打卡地。世界上的艺术品本是零散的，博物馆需要做的便是把零散的艺术品变得秩序化和有意义化（陈儒斌，2013），让文物和艺术品通过博物馆走进民众的生活，让参观博物馆和在博物馆里学习、交流成为大众的生活常态。

参考文献

［1］Harrison M. Changing Museums：Their Use and Misuse［M］. London：Longmans，1967.

［2］崔波. 博物馆定义大盘点［N］. 中国文物报，2017-10-25（005）.

［3］单霁翔. 博物馆市场营销是一把"双刃剑"［J］. 故宫博物院院刊，2013（4）：6-19，159.

［4］魏峻. 关于博物馆定义和未来发展的若干思考［J］. 中国博物馆，2018（4）：3-7.

［5］http://www.360doc.com/content/18/0628/16/45328207_766132552.shtml

［6］http://www.worldbrandlab.com/world/2018/brand/brand.html

［7］http://www.sohu.com/a/246423241_694489

［8］江振鹏. 纽约大都会博物馆的历史及文化功能［J］. 公关世界，2019（22）：38-43.

［9］http://www.chinanews.com/cul/2019/08-21/8933351.shtml

［10］张月. 大都会艺术博物馆里的中国风［J］. 公关世界，2018（12）：30-31.

［11］陈儒斌. 亭阁、书斋、退隐之地 纽约大都会博物馆"中国花园"特展［J］. 收藏，2012（21）：128-133.

［12］常青，范丽娜. 美国纽约大都会艺术博物馆及其中国艺术收藏［J］. 中国美术，2019（3）：154-159.

［13］https://www.sohu.com/a/210954681_99927619

［14］胡俊. 关于美国博物馆公共文化服务的研究及启示——以大都会艺术博物馆等为例［J］. 上海文化，2013（12）：121-127.

［15］刘鹏，陈娅. 大都会艺术博物馆志愿者运作模式对国内美术馆的借鉴［J］. 美育学刊，2016，7（4）：54-60.

［16］张硕. 博物馆教育，释放公众的想象力和创造力——美国大都会艺术博物馆参观启示［J］. 走向世界，2018（4）：82-85.

［17］https://finance.sina.com.cn/roll/2019-03-08/doc-ihsxncvh0963080.shtml

［18］陈卓. 中国博物馆事业的发展与现状分析［J］. 文博学刊，2019（1）：57-67.

［19］陈儒斌. 收藏与展览是艺术博物馆的核心竞争力——以纽约大都会博物馆为例［J］. 中国博物馆，2013（1）：30-35.

第14章

咖啡馆——星巴克臻选上海烘焙工坊

　　不仅要在星巴克门店的这四堵墙以内有所作为，而且必须在移动平台和社交媒体上有所作为。向顾客传递星巴克体验时，不仅仅是在我们星巴克的物理空间里面，我们希望将它延展到社会化媒体和数字的空间，包括移动的平台上。（霍华德·舒尔茨（Howard Schultz），2014）

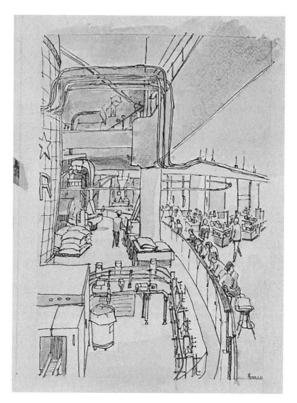

星巴克臻选上海烘焙工坊 （插图：杨荫稚）

　　星巴克不仅将这座占地 2700 平方米的烘焙工坊作为一间旗舰店，更是一座咖啡烘焙工厂，在这里，消费者仿佛走进一个咖啡的殿堂，了解咖啡豆的一生，从生长的家乡、精密的加工，到工业化的烘焙和艺术化的冲煮，直至完成使命成为杯中饮品。消费者获得的不仅是一杯咖啡，更是一个动人的故事。

一、咖啡馆行业发展速描

咖啡馆是现代公共空间的重要组成部分之一。随着现代人消费与娱乐需求的不断升级，咖啡馆从早先仅作为品尝咖啡的场所，逐步演化为供人们聚会聊天、休闲娱乐、商业洽谈，举办各类活动的多维空间。如今，咖啡馆已成为一种彰显时尚的现代化生活的重要标志。

1999 年，星巴克进入中国，以其标准化的生产和品控模式迅速带动了中国咖啡市场，推动了咖啡馆的规模经济发展。根据咖门和美团点评研究院于 2017 年发布的《中国咖啡馆生存状况数据报告》，截至 2016 年年底，全国咖啡馆数量已突破 10 万家，但闭店率也高达 13.5%，究其原因，可总结为：咖啡馆市场基础薄弱、个体创业者运营管理能力不足和细分市场供需不匹配。央视财经公布的数据显示，截至 2018 年年底，全国咖啡馆数量突破了 14 万，其中，星巴克有 3700 多家门店，从门店数量上来看，仅占中国咖啡馆市场的 2.6%。2017 年，瑞幸咖啡成立，其线上线下融合的新零售模式对实体咖啡馆造成了一定冲击。

随着咖啡馆数量的日益增多和运营管理方式的日益更新，如何实现咖啡馆的成功转型并形成规模化的咖啡品牌成为商界关注的热点话题。目前，许多咖啡馆秉承了消费体验至上的理念，通过提供高品质的产品与服务，将咖啡馆打造为生活、工作 / 学习之外的第三空间，以满足人们不同程度上的休闲社交需求。尽管第三空间的理念为咖啡馆经营提供了理论支撑，但若想在竞争激烈的"红海市场"中脱颖而出，必须打造线上线下相融合、以主题文化为核心的第四空间。

本章将以星巴克臻选上海烘焙工坊为例，深入剖析其经营管理模式，进而为其他咖啡馆提供经验借鉴。

二、星巴克臻选上海烘焙工坊简介

作为众所周知的咖啡品牌，星巴克的门店实行金字塔形的层级管理模式，包括：（1）最底层的普通门店，仅提供一般的咖啡与轻食；（2）臻选柜台的常规门店，提供臻选咖啡豆与手冲咖啡，相比普通门店，会为顾客带来更好的服务体验;(3)独立臻选门店,提供臻选系列的高端咖啡、意大利高端烘焙品牌焙意之的面包、比萨,以及各类茶饮、酒饮;(4)烘焙工坊,负责向顾客传递星巴克的企业形象、品牌文化及核心价值观,相比于一般门店,更注重以文化引领为核心的经营理念(李致尧,2018)。

星巴克臻选上海烘焙工坊(Starbucks Reserve Roastery Shanghai)位于上海最新的顶级商务休闲体——兴业太古汇(上海市南京西路 789 号)内。这座面积达 2700 平方米的烘焙工坊分为两层,一楼由主吧台、品鉴吧台及制作各类意式美食的烘焙工坊所构成,二楼由茶瓦纳、长吧台和 BAR MIXATO 构成。烘焙工坊不仅是一家旗舰店,更是一座咖啡烘焙工厂,在这里,消费者可以真正走进咖啡的世界,了解咖啡豆的一生,从种植的产地、精密的加工,到工业化的烘焙和艺术化的冲煮,再到完成使命成为杯中饮品,消费者获得的不仅是一杯咖啡,更是一个动人的故事和学习的里程。

官方网站:http://roastery.starbucks.com.cn

三、星巴克臻选上海烘焙工坊的C-SPACE IDEA分析

(一)文化

"长久以来,我们一直渴望创造一个超乎想象的地方。在这里,我们将挥洒激情、追逐理想,去呈现每一段咖啡之旅所蕴含的魔力。在这里,我们讲述星巴克的过去、现在以及未来。我们挑选了全球极少数的城市,去创造这空前的咖啡礼赞。我们倾注一切的激情成就了这座咖啡圣地。从咖啡、烘豆机,到材质、手工细节,这里的一切都令我们深深着迷。"

这是星巴克臻选上海烘焙工坊官网首页上的一段话。星巴克自 1971 年成立以来,一直奉行三大品牌理念:第一,坚持直营,拒绝加盟;第二,注重氛围管理和个性设计,将文化融合在体验之中;第三,以饮品和甜品为主销,辅之以衍生产品(何佳讯,2020)。相比咖啡本身,星巴克更注重的是文化与知识的传播,星巴克兜售的不仅是咖啡体验,更是一种生活方式。此外,为满足消费者日益多样的体验需求,星巴克臻选上海烘焙工坊在已经成型的非家非办公状态的"第三空间"基础上,将线上线下相融合,力图打造以文化为核心的专属于星巴克的"第四空间"。

（二）场景

星巴克臻选上海烘焙工坊将全感官咖啡体验融入场景设计中，从设计构思、构建布局到材质选择，每一处细节都向顾客呈现着星巴克对咖啡的热情与追求，同时基于中国情境，工坊将带有中国风的点缀与装饰融入，东西方文化在这里碰撞出了别有韵味的火花（图 14-1）。

图 14-1　上海烘焙工坊里具有中国风的点缀与装饰

步入这座咖啡奇幻乐园，首先映入眼帘的是两层楼高的巨型金属铜罐，1000 多个传统印章和篆刻图案装饰将咖啡与中国风完美融合，讲述着咖啡豆与星巴克的故事。这座铜罐由本地的能工巧匠打造，用于静置烘焙过后的咖啡豆。天花板上有 5 条细长的铜质通道，名为"咖啡交响管"，将大铜罐与主吧台、长吧台串联起来，铜罐里的熟豆通过"交响管"输送倒入 5 个透明的熟豆储存罐中，或被送往各个吧台被制作成饮品。

在木质天花板上，装点了些许红铜，不禁让人联想起中国传统节日点燃的盏盏天灯。在这一过程中，工作人员熟练地进行着操作，向人们讲述咖啡的一生。吧台由胡桃木手工打造而成，缀以红铜和中国传统红漆。在吧台边，消费者可以自由挑选自己喜欢的座位，一边欣赏咖啡师的熟练操作，一边观察大铜罐的咖啡运送，这一过程无形中也成为人们品尝咖啡时的一种休闲体验。

茶瓦纳吧台位于工坊 2 楼（图 14-2），琳琅满目的陶瓷茶具和饰品，搭配浅青色的装饰画与吧台介绍，将中国传统陶瓷美学淋漓尽致地呈现，独特的茶饮特调和创意匹配更是给茶重新下了定义。吧台旁一面色彩缤纷的茶包墙也是茶瓦纳吧台的一大亮点。与吧台相对的是 BAR MIXATO，在这里，顾客可以切实感受到咖啡与酒的优雅碰撞，享受别具一格的文化体验。

图 14-2　上海烘焙工坊的茶瓦纳吧台设计和 BAR MIXATO

（三）产品和服务

1. 星巴克的产品开发逻辑

星巴克针对中国市场推出了一系列带有中国元素的风味产品。例如，2016年推出的"福满栗香玛奇朵"便是将中国街头的糖炒栗子融入丝滑柔顺的玛奇朵之中；2019年推出的"黄金芝麻豆奶拿铁"是将中国人早餐桌上的豆奶、芝麻与香甜的拿铁相结合；每年端午节推出的星冰粽将中国节日元素与西方甜点相结合，富有创意性的产品设计既符合中国的文化情境，又满足了年轻群体的猎奇心理（张鸣驹，2019）。

星巴克在咖啡的命名上也独具匠心。例如，"桃花满满抹茶拿铁"便是选自唐朝诗人崔护《题都城南庄》中的"桃花依旧笑春风"；"核桃曲奇风味拿铁"中的"核"与"奇"象征着"和和美美"和"旗开得胜"；情人节推出的限定饮品"咖啡为爱粉了心"系列，包括"遇见你"和"在一起"风味拿铁。为了符合情人节主题，除名称创意外，星巴克还在包装上进行了巧思设计，在杯套上方画有一个小小的爱心，拿下杯套便能看到杯子上的情话注释。星巴克在进行产品推广时，注重将地方文化与时尚创意及品牌理念相结合，深入了解当地受众的喜好和偏向。

2. 上海烘焙工坊的特色产品

星巴克臻选上海烘焙工坊的产品与星巴克普通门店不同，除咖啡外，还提供茶饮、酒品以及纯正的意式新鲜烘焙面包。各具特色的咖啡饮品分布在不同区域，在茶瓦纳吧台可一品清香温和的茶饮，在 BAR MIXATO 吧台可感受激烈热情的鸡尾酒，在焙意之吧台则可品尝到意大利手工烘焙品牌 Princi 带来的纯正意式面包，感受传闻中的"米兰精神"。

除即时饮品外，星巴克臻选上海烘焙工坊还推出了许多相关产品。在一楼的臻选市集，顾客可自由挑选中意的特色咖啡豆（图 14-3）。在茶瓦纳吧台，也有专门的茶具瓷盘销售。工坊还开发出许多衍生产品，并以线上线下相结合的形式对外销售。此外，工坊与阿里巴巴达成战略合作，将星巴克的业务延伸至天猫的星巴克会员官方旗舰店，在线上除了可以购买星巴克的常规产品之外，还可以在臻选栏中挑选星巴克臻选上海烘焙工坊内的产品，包括臻选咖啡豆、咖啡器具、茶瓦纳、星礼卡等。

此外，星巴克还推出了线上工坊，通过这一线上平台，消费者可以随时随地添加自己心仪的饮品或产品到心愿单中，通过移动支付即可完成订购。线上平台的臻选市集将工坊的产品进行了分类，包括限定系列、精选系列和冲煮系列，顾客可以在这里清晰地了解到每款产品的相关信息，并允许在线上咨询后再下单。

图 14-3　星巴克臻选上海烘焙工坊一楼的臻选市集

3. 上海烘焙工坊的精致服务

特别值得一提的是，线上工坊还提供咖啡图书馆服务。通过线上浏览，顾客可以清楚地了解到咖啡的生产加工过程，并可进入咖啡豆档案馆了解每一种咖啡豆的品种、产区、加工方法等。通过线上学习，顾客可以更深刻地感受到星巴克所传达的咖啡文化魅力——一杯好的咖啡需要经过道道工序，每一段咖啡之旅都充满了魔力。

在星巴克的经营哲学里，咖啡只是一种载体，服务才是成功的关键。在星巴克臻选上海烘焙工坊内，随处可见经过严格培训的工作人员面带微笑地为顾客提供服务。咖啡大师不仅拥有娴熟的操作技能和赏心悦目的调制手法，更会向顾客耐心解释不同咖啡的区别与口感，并根据顾客喜好推荐适合的饮品。通过线上下单的顾客也一样可以享受咖啡大师提供的咨询服务。良好的互动体验有助于培养客户的忠诚度，进而维持友好、长远的客户关系。星巴克将高品质的产品与优质的服务相结合，抓住星巴克与顾客之间的情感触点，为走进工坊的顾客打造了良好的产品与服务体验。

（四）舒适物设施

星巴克臻选上海烘焙工坊的空间格局是开放式的，各个区域之间没有明显的分界，顾客可以随意走动参观。一楼分为主吧台、臻选市集、品鉴吧台、焙意之、工坊品鉴室以及以大铜罐为中心的咖啡豆生产流水线。二楼是长吧台、茶瓦纳、咖啡图书馆、烘豆机以及冷萃冰滴塔（图 14-4）。正对大门，工坊还设有一个小型服务咨询台，放置了许多小册子，并且专门安排了工作人员为顾客答疑解惑。

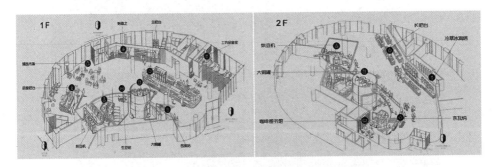

图 14-4　星巴克臻选上海烘焙工坊的总体平面图

　　工坊内几乎每个区域都根据空间设计摆放了适量的桌椅，错落有致，供顾客休息和品尝咖啡。每个吧台边都提供高脚凳，顾客可以坐在吧台边，一边欣赏咖啡大师冲煮咖啡，一边等候或者品尝咖啡。二楼的咖啡图书馆陈列着许多星巴克的珍贵历史照片、经典咖啡豆卡及相关书籍，四周配有许多小圆桌和椅子供顾客阅览和休息。以大铜罐为主的生产线是工坊内独特而具观赏性的场景，吸引着无数顾客驻足。为方便顾客观赏，工坊二楼打造了全透明玻璃式的防护栏，并配有一小排窄窄的置物架，供顾客放下手中的咖啡或杂物，静静观赏咖啡的一道道生产工艺（图 14-5）。

（五）社群

　　相比普通的星巴克门店，星巴克臻选上海烘焙工坊面向的社群更加广泛。为满足不同群体的社交娱乐需求，工坊除提供高品质的产品与服务外，还设计了一系列体验活动，吸引着大批咖啡爱好者与观光打卡者。同时，工坊特有的工坊品鉴室面向社会各种团体开放，为企业开展团队活动提供便利场所。上海烘焙工坊利用其自身优势，不断拓宽社群关系，下文将从 4 个方面进行分析。

图 14-5　星巴克臻选上海烘焙工坊的舒适物设计

1.面向以白领为主的追求品位和时尚的中上阶层

在中国，星巴克代表的不仅是一杯咖啡，更是一种生活方式和一种小资情调。以白领为代表的追求品位和时尚的中上阶层，往往会选择星巴克这一"第三空间"作为自己享受生活和社交娱乐的重要场所。为此，工坊设立了许多桌椅供顾客休憩、交谈。同时，为了贴合这类人群对时尚生活的追求，工坊制作的饮品也比一般门店的种类更多、品相更为精致。

另外，为满足小资人群对生活情调的特殊追求，工坊将他们偏爱的茶与鸡尾酒融入咖啡之中，推出了许多富有创意而颇具格调的饮品，并为饮品起了具有诗意的名称，如弄堂晚风、外滩雾晓等。

2.面向咖啡爱好者

与一般咖啡馆相比，星巴克臻选上海烘焙坊更注重体验与咖啡文化的传递。在这里，顾客可以通过工坊了解咖啡的制作工艺，也可以通过咖啡图书馆来了解不同臻选咖啡的独特故事。工坊中每一处细节都能让顾客感受到精致的服务和非凡的咖啡魅力。因此，不少咖啡爱好者慕名而来，愿意花上半天时间坐在吧台边，一边欣赏充满仪式感的咖啡制作工艺，一边品尝大师精心制作的咖啡，感受这种被咖啡香味包围的品质生活。

3. 面向参观打卡者

星巴克臻选上海烘焙工坊以其前所未有的互动式全感官咖啡体验赚足眼球，从开业起就人气爆棚，成为上海的又一网红打卡点。不少美食博主、时尚博主纷纷前来驻足拍照，并在微博、微信朋友圈、抖音等社交平台发布。照片中独特的咖啡饮品、精致可口的甜点面包、具有艺术设计感的装饰与布置都明显区别于星巴克的普通门店及其他咖啡馆。因此，观光打卡也成为许多顾客前来烘焙工坊的目的之一。

4. 企业与团队

工坊品鉴室是星巴克臻选上海烘焙工坊用以开展活动的独立空间，可开展品鉴咖啡、会议、团建、培训等各项活动。工坊向企业和各种社会团体全面开放，接受活动预约，同时还有专业活动策划团队提供定制服务。

（六）活动

承接和组织活动是星巴克臻选上海烘焙工坊的亮点之一，每年举办的周年庆典与跨年活动都会吸引大批顾客前来，工坊也会借此机会回馈老顾客，从而进一步提升顾客的忠诚度。以丰富多彩的活动为媒介，不仅为顾客提供了产品和服务，更传递了星巴克独有的文化价值观与生活方式。

2018 年，为庆祝开业一周年，工坊特意精心策划了一场以"寻宝图"游戏为主题的庆典活动，为顾客设计了 3 条"咖啡探味路线"，并为参与者准备了一周年纪念徽章。同时，工坊还邀请了过去一年内每月至少造访一次的"铁杆粉丝"，授予他们参加 1 小时内畅享饮品和美食的特权，并赠予工坊的周年纪念杯。

在跨年之际，工坊会为顾客策划神秘的跨年派对。2018 年的跨年活动吸引了 1.3 万多人。针对不同群体，工坊设立了多个专属会场与跨年主题套餐，炫酷的特调表演、充满魔幻色彩的虹吸煮制方式和耳目一新的时尚茶饮层出不穷，配以爵士乐队的精彩演出，为顾客创造了无与伦比的体验，零点之际的神秘灯光秀更是将全场气氛推向高潮。工坊也会在圣诞节、情人节等特殊节日为顾客准备惊喜，并在臻选市集上推出许多富有节日特色的限定产品。

品鉴室是工坊为举办活动所划定的专属空间（图 14-6），其大门是一面巨大的 LED 显示屏，不同的活动信息都会在屏上循环播放。品鉴室可容纳 10~50 人，并配备有签到台、白板、投影仪、电视机、音响等相关设备，同时工坊也会根据客户要求进行较为专业的布局摆放。工坊还有专门的活动策划与接待团队，可以为客户设计专属的探味之旅。工坊还能为活动组织者提供餐食和伴手礼服务，让顾客在参与活动的过程中充分感受到工坊所带来的高品质服务与咖啡文化。

图 14-6　星巴克臻选上海烘焙工坊的品鉴室

（七）科技感

星巴克与阿里巴巴人工智能实验室联合开发了 AR 方案，星巴克臻选上海烘焙工坊运用 AR 技术，为顾客带来了数字化沉浸式体验。依托 AR 技术，烘焙工坊成为星巴克首家智慧门店。顾客可以登录"线上工坊"，通过 AR 功能扫视工坊四周，直观地看到咖啡烘焙、生产、冲煮的全过程以及各个区域的每一处细节，即使不出门也可以走进星巴克，品读一颗咖啡生豆变为一杯香醇咖啡的故事（图 14-7）。

图 14-7　星巴克臻选上海烘焙工坊的"线上工坊"体验站

同时，工坊内的咖啡品鉴室大门也是科技感十足，远看好像一扇盈盈发光的木门，走近才会发现其实这是一面巨大的 LED 显示屏，其外表覆上了一层透光率极佳的仿木表皮。LED 屏上会循环播放各种不同的咖啡动画与活动信息，令人眼前一亮。

（八）设计感

星巴克臻选上海烘焙工坊的建筑外观以米色和咖啡色为主，远看像一座圆形的小型堡垒，俯瞰又像一颗巨型咖啡豆。在建筑的大门上深深刻入了咖啡豆的形状，让顾客未进门就先感受到了工坊的艺术匠心。

整个工坊分为两层，以大铜罐为中心，环绕着许多不同主题的营业区。营业区采取开放式设计，顾客可以灵活穿梭于各个区域，并毫无阻碍地看到工坊中心的大铜罐。一楼以不同的吧台及臻选市集为主，为顾客提供多样的消费选择。二楼由咖啡图书馆、茶瓦纳体验区、BAR MIXATO 吧台以及一些休憩区域组成，人性化的布陈设计为顾客休闲交谈提供了舒适的氛围。整个工坊内部基本以烘焙后的咖啡豆颜色为主，衬以暖色黄光，伴着咖啡和面包的香气，给人一种温暖舒适之感。天花板上的"咖啡交响管"也是上海烘焙工坊独具特色的设计之一。头顶上的铜制管道串联起大铜罐与长吧台、主吧台，咖啡豆穿梭其中，如雨滴一般滴落在储豆罐中，大珠小珠落玉盘一般的声响别有一番风趣。在这种氛围下，即使只是来拍照打卡的游客都忍不住会点一杯咖啡，坐一会儿，感受一下这种小资情调。

整个星巴克臻选上海烘焙工坊在设计上融入了许多中国传统文化元素，如大铜罐上的中国传统印章、由一万块六边形实木构成的天花板、用缀以红铜红漆的胡桃木打造而成的吧台等。在工坊的茶瓦纳茶饮体验区，浅青玉色的吧台与以中国陶瓷茶具为核心设计而成的陶瓷墙相映成趣，东西方文化在这里融合得恰到好处。除此之外，一楼还有一面独特的咖啡邮票墙，300多种臻选咖啡豆卡拼成了大大的"SHANGHAI"字样，五彩斑斓，成为工坊内一道亮丽的风景（图14-8）。

图14-8　星巴克臻选上海烘焙工坊的咖啡邮票墙

值得一提的是，星巴克臻选上海烘焙工坊从数以万计的申请项目中脱颖而出，获得了内地餐饮行业首个LEED绿色建筑最高认证。一直以来，星巴克坚持贯彻落实绿色理念，其选址科学、材料环保、绿色节能。以茶瓦纳吧台为例，其底座由3D打印而成，造型古朴，工艺现代，节能环保。在营业过程中，工坊一直坚持高标准，从Logo到员工围裙、纸质吸管等，都以绿色可持续为目标。

（九）体验感

星巴克臻选上海烘焙工坊为顾客打造了全方位的沉浸式体验。从视觉上看，整座工坊充满艺术气息，将咖啡文化与中国传统文化相结合，兼具工艺感与科技感。走进工坊，有一种特别的视觉享受，大铜罐中的咖啡豆通过天花板中的管道颗颗落入储豆罐，再经由咖啡师们娴熟的手法与技术变为一杯杯饮品，这样具有叙事性的生产流程有利于触发顾客的记忆点，通过充满仪式感的流水线吸引顾客再次光临。

声音是上海烘焙工坊给予顾客的又一特色体验。咖啡豆借助气流穿梭于天花板上的铜制管道，如春雨般落入储豆罐中。咖啡豆落下的声响伴随着咖啡机的嗡嗡鸣声以及公告牌有规律、有节奏的翻转声，仿佛一场合奏曲在工坊内此起彼伏，让人不禁沉醉其中。推开工坊大门，咖啡与意式面包、比萨的香气扑鼻而来，让人忍不住一品咖啡与意式美食的风味。高雅的咖啡豆与浪漫而不失严谨的调酒艺术以及充满生机的草本和花果大胆碰撞，各种巧妙的特调饮品，让顾客沉浸在超乎想象的味觉体验中。

（十）娱乐感

上海烘焙工坊的娱乐感主要体现在 5 个部分。第一，通过调动顾客的多种感官，让顾客仿佛置身于一个咖啡大剧场，在了解咖啡文化与工艺中获得无限乐趣。第二，富有创意的设计让整个工坊呈现出一种艺术化的空间效果，满足了顾客的猎奇心理和分享意愿。第三，咖啡图书馆里陈列着星巴克珍贵的历史照片与历年来的臻选咖啡豆卡，顾客在这里可以探索星巴克的历史与咖啡文化。第四，臻选市集内定期出售蕴含上海设计元素的限量周边产品，如臻选咖啡豆卡的拼图、石库门乐园系列的杯子、白玉兰系列的马克杯等，吸引着顾客的目光。第五，工坊品鉴室能为举办各类活动提供空间，在这里举办的各类咖啡品鉴活动、冲煮课程、沙龙讲座等吸引了大批咖啡爱好者参与。

四、对咖啡馆经营的启示

作为现代社会空间的重要组成部分之一，咖啡馆是人们休闲娱乐和社交的重要场所。尽管星巴克以其出色的服务、优质的顾客体验和鲜明的咖啡文化培育了大批忠实顾客，但新零售依然给星巴克带来了巨大压力。

在这个互联网迅速发展的时代，线上线下相结合的零售模式已逐渐铺开，许多咖啡馆着手进行线上设计，同时从卖产品、卖服务转向卖理念、卖文化。

有数据显示，截至2018年9月，瑞幸咖啡已在全国13个城市开设门店1099家，成为中国第二大咖啡连锁品牌，而星巴克为达到这一规模用了近12年。尽管遭遇财务造假丑闻，但瑞幸咖啡推出"无限场景"的品牌战略，利用成熟的移动互联网技术和精准数字营销迅速崛起，仍对星巴克形成了很大挑战。另外，品牌咖啡馆在不断转型，寻求新的商机和模式；小型咖啡馆则努力打造自身特色，如猫咪咖啡馆等，带起了网红咖啡店的热潮。2018年8月，星巴克宣布与阿里巴巴达成全方位深度战略合作，涉及阿里旗下的饿了么、盒马、淘宝、支付宝、天猫、口碑等多个业务线，并于9月中旬上线外卖业务。像星巴克臻选上海烘焙工坊这样通过各类衍生品，给顾客传达自身品牌理念和生活方式的咖啡馆无疑是咖啡馆中的先锋。

星巴克臻选上海烘焙工坊能在原有的第三空间基础上适应时代发展，推出线上线下相结合的新兴模式，转变为第四空间，借助产品、服务和活动等打造独特的咖啡体验。其经营模式与理念为咖啡馆带来了许多有益的启示（表14-1）。

表14-1　星巴克臻选上海烘焙工坊对咖啡馆的启示

维度	主要启示	备注
文化引领	从第三空间向第四空间升级，力求实现线上线下体验的融合，通过文化引领打造专属的第四空间	
场景营造	场景设计涵盖了全感官的咖啡体验，"工厂进店"富有创新性；设计构思、构建布局和材质选择完美融合，充分展现了咖啡文化与企业品牌文化；结合当地的特色，打造独一无二的咖啡馆	"工厂进店"风潮已逐步兴起。从星巴克臻选上海烘焙工坊到本土新式茶饮品牌楽楽茶（LELECHA），都展现了工厂化的流水线制作，借此吸引顾客
产品和服务	高品质的产品与优质的服务相结合，以产品为载体，通过服务传递企业文化；线上线下相结合，在服务过程中，顾客的互动性强	
舒适物设施	开放式空间设计，增强顾客流动性；舒适物注重细节，充分考虑顾客需求	
社群管理	服务白领、咖啡爱好者、观光打卡者等多种群体，以满足不同群体的需求	
活动组织	定期举办大型活动，吸引顾客，提升品牌影响力；设立专业的活动接待团队，通过服务传递企业文化价值	咖啡馆的经营者一定要有活动思维，在硬件和服务方面充分考虑接待各类活动的需要

续表

维度	主要启示	备注
科技感	运用 AR 技术带来数字化沉浸式体验,顾客足不出户也能探索咖啡的故事	
设计感	生产空间与营业空间融合;通过设计营造氛围,将中国传统文化与咖啡文化完美融合;倡导可持续发展理念,建筑材料和产品服务等都注重绿色环保	星巴克臻选上海烘焙工坊还获得了内地餐饮行业首个 LEED 绿色建筑最高认证
体验感	从多感官入手,打造全方位的沉浸式体验;将咖啡制造工艺以工厂化的、具有仪式感的形式呈现出来	
娱乐感	有专门的娱乐活动区域,并结合企业与咖啡文化开展特色活动;在空间设计、体验感、文创等多方面打造独特的娱乐感	

　　星巴克的成功之处在于能将品牌理念与当地文化相结合,打造以文化为核心,线上线下体验相融合的"第四空间"。除了星巴克臻选上海烘焙工坊之外,星巴克在全世界各地的门店都富有特色。例如,2020 年 3 月,坐落于日本东京大型温室花园 Hana Biyori 的"星巴克花园"开业,花园店的墙面由大片透明玻璃组成,店内鲜花与数字光影相结合,顾客在任何一个季节都能感受到春天蓬勃的生机;饮水区按水波纹状排列,体现其"人因水而聚"的设计理念;店内还设置了水獭区和小作坊,供顾客互动娱乐。台湾花莲的星巴克门店以集装箱为建筑原料,搭建出咖啡树的树叶及树枝形状,并融合了当地阿美族的色调元素对集装箱的外壁进行了彩绘。为提升内部舒适度,星巴克还在集装箱上加设了全景的落地窗和天窗,并配备了"得来速通道",使得司机不用下车也可完成餐饮购买。

　　事实上,不仅星巴克试图以文化为核心实现空间升级,其他咖啡馆、茶馆也在更新自己的品牌理念和运营模式。例如,在星巴克臻选上海烘焙工坊开业一年后,一座新的饮品"工厂"在沪建立。本土新式茶饮品牌乐乐茶(LELECHA)旗下首家制茶工厂在环球港正式开业,300 平方米内配有数百万的专业定制流水线制茶设备,涵盖茶叶炒制、烘焙、萃取等多个过程。工坊这一概念为不少咖啡馆和茶馆带来了灵感。

需要再次强调的是，为了传递文化，活动也是咖啡馆经营中必不可少的一部分。通过活动吸引顾客，传递理念价值，才能使咖啡馆不再局限于一个喝咖啡的场所，而是一个真正的能让顾客感受价值与文化的"第四空间"。

参考文献

［1］http://www.199it.com/archives/640002.html

［2］李致尧，余俊杰.基于品牌提升的空间设计创新——以上海星巴克烘焙工坊为例［J］.装饰，2018，308（12）：14–21.

［3］http://roastery.starbucks.com.cn/

［4］何佳迅，张婕，潘霞，等.瑞幸与星巴克咖啡品牌的认同感研究［J］.品牌研究，2020（1）：19–22.

［5］张鸣驹.跨文化传播中产品策略分析——以星巴克的中国元素营销为例［J］.现代营销（下旬刊），2019（10）：74–75.

［6］http://www.sohu.com/a/280062387_100098746

［7］https://www.sohu.com/a/208745043_164290

［8］http://cn.dailyeconomic.com/roll/2019/12/05/91628.html

［9］http://www.sohu.com/a/257109031_323328

［10］http://www.sohu.com/a/343628224_318481

［11］https://mp.weixin.qq.com/s?src=11&timestamp=1587278581&ver=2287&signature=V8JwYXQrS2cZZcLpLscD*gGHBpvpuXc122SbJPZQGSwrw7lPUsqAheyHxFoTD03Ng3U0LHWNBODFHKQlj5-*e8fNjEnJMHBkCBaA0KC6a9nCs8IEe7bzFFvj8GTa5DU–&new=1

［12］https://baijiahao.baidu.com/s?id=1613823918919706913&wfr=spider&for=pc

［13］https://www.sohu.com/a/147072629_355797

第 15 章

购物中心——上海长风大悦城

购物中心因其多元化的便民服务功能及所能容纳日常活动的丰富性，成为市民公共生活的重要空间载体。购物中心更倾向于成为当代城市的市民中心或市民空间，这甚至是脱胎于以往城市组织形式的新城市中心。中国的购物中心往往是强行植入传统城市的中心，这种对于传统文脉的嫁接打破了原有的城市文化，使得文化融合提上了日程。（田欣、曼弗雷德·曼弗雷德尼等，2019）

上海长风大悦城高登公园 （插图：杨荫稚）

以屋顶跑道为核心亮点，长风大悦城策划了国内购物中心首个屋顶综合性潮流运动空间：高登公园 (Gordon Park)。一览无余的城市天际线，长风公园的美丽湖景，突破想象的超级地标——粉红凌空跑道，再加上五彩缤纷的业态，使得高登公园成为一处独一无二的最佳记忆点。

　　购物中心或购物广场是对历史市场的现代适应。购物中心是独立的零售商店、服务和停车场的集合，它们也可能包括餐馆、银行、剧院、专业办公室、服务站等，一般由一个独立的管理公司作为一个单元来构思、建造和维护。但进入 21 世纪以来，购物中心不再是一个单纯的消费空间或商贸空间，而是在娱乐化的道路上越走越远，成为居民日常生活、聚会、表演、学习的综合性服务平台。

　　未来的购物中心一定是一个以顾客体验为导向，同时集商贸、生活、娱乐等多功能为一体的社交空间，并且这个空间会持续扩充其内涵。

一、购物中心发展速描

　　购物中心以古代市场的广场、集市和海港商业区等形式存在了 1000 多年。现代购物中心最早可以追溯到 20 世纪 20 年代，它包括郊区的小型购物中心以及面积达百万平方英尺的超级购物中心。第一家购物中心是由 J.C. 尼科尔斯公司（J.C. Nichols Company）建设的乡村俱乐部广场（Country Club Plaza），于 1922 年在美国密苏里州的堪萨斯城附近开业。1956 年，第一家名为南戴尔的封闭式购物中心在明尼苏达州的伊迪纳（靠近明尼阿波利斯）开业，这家购物中心被认为是第一座真正意义上的购物中心，因为这座购物中心开设在城市中心，而不是原先的乡村俱乐部形式。

　　购物中心在城市中心建设并运营成为新的流行趋势，并且由于其便捷的一站式采购方式，购物中心吸引了大量人流，也引起无数资本的介入。诚然，购物中心有着庞大的占地面积和丰富的商品，这对居民来说具有巨大吸引力，但业主每年也需要支付庞大的运营成本，以商贸和居民消费为主的传统购物中心面临着生存的困境。1976 年，劳斯公司在美国马萨诸塞州波士顿的法尼尔大厅市场开发了第一个"节日市场"。该项目以食品和零售特色商品为中心，重振了陷入困境的传统购物中心。类似的项目也存在于马里兰州的巴尔的摩、纽约市和佛罗里达州的迈阿密，并被许多城市所效仿。购物中心发展进入了一个以节庆活动带动人流为核心的运营新时代。

　　然而好景不长，短短 10 年间，由于购物中心相互模仿，导致竞争加剧，以节庆活动带动人流的运营模式也行不通了。与此同时，伴随美国经济从 20

世纪 60—70 年代的"滞胀"中走出来，新兴中产阶级对高质量的廉价产品有了更高的追求。这一时期，有研究发现，在生产工厂集聚区的购物中心销量很好，其本质是工厂所生产的高质量产品能直接进入附近的购物中心，从而减少了中间流通环节。这一发现大大刺激了购物中心的管理者。20 世纪 90 年代，在购物中心开设工厂直销中心成了购物中心的利润增长点。

与工厂直销中心同时出现的是购物中心的娱乐化。美国购物中心（Mall of America）的前身是艾伯塔省的西埃德蒙顿购物中心（West Edmonton Mall），面积为 550 万平方英尺，是北美最大的购物中心，该中心一直被誉为娱乐业和零售业创新结合的领头羊。这家购物中心运用了科技手段，创造了只有在迪士尼乐园才能享受到的特殊体验，"娱乐化"迅速成为购物中心追捧的新词。消费者在购物中心享受游戏场景，体验虚拟现实游戏，观看现场表演和电影，还能在美食广场或主题餐厅品尝各种食物，而入驻购物中心的租户也乐于将产品娱乐化，并通过科技手段进行展示，以达成吸引人流的目的。

进入 21 世纪后，购物中心不断发展，并增加了服务于社区社会经济发展的要求。随着时尚、食品、娱乐和服务的结合，购物中心在所服务的社区中发挥了更大的作用。在新时代背景下，购物中心已经不单单满足于消费中心和娱乐活动，在其向社区延伸的过程中，购物中心自身的定位和想要创造的空间有了新的变化，需要融入更多人和生活的元素。

自 20 世纪 80 年代中后期从国外引进，我国的购物中心建设速度和规模惊人。据不完全统计，2000—2016 年，全国购物中心的数量以 17.6% 的复合增长率逐年攀升，2016 年已超 4700 家。2018 年，全国开业购物中心总数量超530 个，商业总体量超 4600 万平方米。根据《中国购物中心 2019 年度发展报告》，随着移动互联和社交媒体在我国的迅速发展，新物种、超级 IP 正构建起全新的场景体验式商业，以创新场景构建消费动力，成为购物中心抓住下一轮消费风口的关键。

二、长风大悦城简介

上海长风大悦城是中粮集团下单体投资最大的子项目，位于上海市长风板块，面积达 12 万平方米。延续"年轻、时尚、潮流、品位"的大悦城品牌属性，长风大悦城将项目精准定位为都市女性的 AB 面型格，倾心打造"她的理想城池"，为沪上女主人提供一个"穿高跟鞋也可以遛娃的地方"。

长风大悦城的营造理念是实现海派文化与国际文化的兼容并蓄，打造动静结合的高品质生活聚集区。这里荟萃了国际前沿的时尚品牌，可进行高科技的全景互动式先锋体验；这里弥漫着浪漫与绮丽幻想的生活情调；这里提供吃穿玩乐一站式愉悦之旅。长风大悦城延续了大悦城一贯的创新思路，从目标客群的需求出发，打造了国内购物中心首个屋顶综合性潮流运动空间——高登公园（Gordon Park）和上海潮流地标——凌空跑道，还为时尚女主"她"打造了专属的艺术暖体验街区——女王小径（Queen's Lane）。

官方网址：http://www.shjoycity.com

三、长风大悦城的C-SPACE IDEA分析

（一）文化

自创立之初，大悦城就把文化元素渗透到商业地产的方方面面。大悦城提出，企业的使命是"创造城市永续价值，追求可持续性幸福"，愿景是"更具持续发展能力的城市美好生活创造者"，品牌标语是"大悦中国，赋美生活"。这些愿景、使命和品牌标语无不折射出大悦城对美好生活和美好城市的憧憬，它希望通过商业地产的创新模式打造一个新的空间，这个空间大到可以是一个城市专属的独特空间，小到也可以是一个家庭或个人生活、游憩的空间。

长风大悦城将自身定位为一座以"年轻文化"为标志，秉承"年轻、时尚、潮流、品位"的青年潮城。为此，长风大悦城始终坚持"重构城市，服务生活"战略，以城市综合体为主线，驱动多业态立体联动，着眼于城市运营与升级，构建人民美好生活场景。同时强调住、商、产、文、旅、科产城融合的聚合能力，顺应城市发展需求，切实解决生活痛点，赋能人民美好生活。

具体而言，长风大悦城的文化其实包含了 4 个品牌特质：

（1）功能特质，即"品质创新服务"。大悦城作为中粮集团下属企业，始终秉持执着匠心，不断提升产品与服务品质。其本质是大悦城提供了一个功能性的物理载体，但这个物理载体不同于以往的商业中心，而是一个"第四空间"的概念，并且这个空间更加贴近消费者的生活。

（2）情感特质，即"悦 JOY"。具体而言，就是珍视顾客所需，更在乎顾客所感，以高品质的产品和真诚的服务打动消费者，激发每个人的活力与愉悦。

（3）社交特质，即"益友"。大悦城希望自身的项目是顾客值得信任的挚友，与消费者共同解决生活痛点，重建人际关系。顾客可以在大悦城品尝美食，购物娱乐，参加活动，或进行社交会面。

（4）理念特质，即"追求可持续性幸福"。长风大悦城关心消费者生活点滴需求的不断满足，也关心城市的永续成长，通过塑造人居新形态，打造城市新格局。

（二）场景

打造沉浸式的体验场景是长风大悦城的重要经营战略，其营造的场景以"舒适、温馨、潮流和年轻"为特色，并针对不同的购物群体，营造能勾起他们回忆的特色场景。在锁定核心客群后，长风大悦城还利用独创的"短路径、立体化"垂直动线，按照"纵向空间＋品牌组合"双轮驱动将空间有机切分为四大区块：社交场（与国际同步的快时尚、有格调的生活美学，加上各类时尚潮人喜爱的品牌汇聚一堂的一站式血拼潮聚圣地）、美食间（小资情调、家庭聚会、拔草天地、商务宴请，区域内不二的美食地标）、女王生活圈（国内首个为时尚女主打造的自在生活街区＋中国首家乐高探索中心）和运动图书馆（首个屋顶运动空间，多种新潮运动体验业态，引领上海运动新潮流）。

长风大悦城独具匠心的设计将空间和品牌有机结合，为消费者提供了最简单高效的逛街动线（图 15-1）。

以高登公园（Gordon Park）为例，以屋顶跑道为核心亮点，长风大悦城策划了国内购物中心首个屋顶综合性潮流运动空间。联合国际顶尖建筑设计事务所，依托长风公园独家的景观资源，Gordon Park 是一个全新的时尚潮流运动社交主场，是继静安大悦城屋顶摩天轮之后的又一个现象级 IP。突破想象的超级地标——粉红凌空跑道，长风公园的湖景和城市天际线一览无余的天空花园，再加上缤纷业态，使得高登公园成为一处独具魅力的打卡点。围绕屋顶的运动街区，长风大悦城还通过 1 千米跑道造型的创意动线，将室外街区 2~4 层与屋顶连通，集中网罗了场内运动零售、体验业态，包括 Harley Davidson、安蚁集、NIKE、Adidas、SKECHERS、金吉鸟健身等极具个性的品牌。

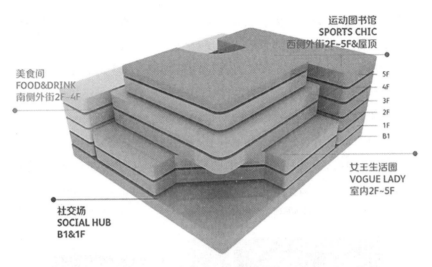

图 15-1　长风大悦城的空间结构示意图（注：是动态变化的）

整个区域被命名为"运动图书馆"，寓意就像找到一本好书，希望消费者通过发现、探索、体验奇妙的动感世界，以运动和乐活的方式感受生活的细节（图 15-2）。

图 15-2　高登公园（Gordon Park）的粉红色凌空跑道

体验区的女王小径则是另外一种场景构建。Queen's Lane 以深度挖掘时尚精致女性的内心需求为目的，集合上海小资情调的各类业态和网红爆品，旨在通过艺术、音乐、文创、美体、轻食等业态，为女性消费者提供理想生活方式提案，推动女性身体管理、形象管理和灵魂管理的全面提升。

值得一提的是，长风大悦城还在街区内精心打造了上海首个购物中心女主艺术体验空间——Herstory，为街区注入了全新活力。Herstory从命名上就体现出浓浓的女性主导意味，将英文单词"History"改成"Herstory"，暗示女性同样是历史的创造者，这赋予了街区更深刻的精神内涵。Herstory的空间设计风格也独树一帜，分为一层的艺术展览空间——ART ZONE和二层的社群养成空间——JOY CLUB，展览、剧场、绘本、活动、游艺和服务六大功能，共同打造全场女主艺术体验领地（图15-3）。

图15-3　女王小径特色场景

未来，长风大悦城还将结合女主街区的特性，在Herstory引入更多丰富多彩的艺术展览和亲子活动，这一区域将成为场内最具活力的空间之一。

（三）产品和服务

对于一家购物中心来说，如何让高质量的商家入驻是管理者首先需要考虑的问题。长风大悦城经过改造后，携手200多家全新品牌焕新启幕，包括中国唯一一家乐高探索中心、绿地全球商品直销中心G-Super、全国首家高颜值黑科技体验馆奇客巴士、兼具颜值和实用性的法国潮包品牌Cote&Ciel等，其中近30个品牌是首次亮相上海，为追求时尚、热衷社交的都市时髦女主打造了差异化的购物天堂。在传承快时尚、餐饮等大悦城品牌优势业态的基础上，长风大悦城进一步结合项目定位，将自身整体业态占比划分为：零售与非零售为55%：45%，共计245个品牌，其中餐饮占比30%。

在开业一年后，长风大悦城将自身定位转为"品质生活中心"，希望为更多的消费者提供更加优质的服务。特别值得一提的是，长风大悦城紧邻长风公园、长风海洋世界，使得其在打造"城市微度假中心"、发展体验式商业方面具有巨大潜力。

为了提升服务品质，长风大悦城在2019年还主动调整了约20%的品牌，增添了很多新品牌，如Timberland、包小姐与鞋先生以及Keep线下店Keepland。这是长风大悦城积极调整以应对市场需求变化的体现。长风大悦城还在不断积极探索体验式业态在购物中心的新玩法，可以预见，更多的体验店将会被引入。

（四）舒适物设施

长风大悦城在舒适物设施建设和改造方面也花了大力气。比如，对外广场进行改造，先前购物中心的外广场建有观光梯和飞天梯。但这些元素对于擅长举办IP活动的大悦城来说属于"鸡肋"，不仅不能增加人们的舒适感，还得面对场地的制约。通过拆除观光梯和飞天梯，大悦城外广场的环中庭动线有了连贯性。外广场还增加了一个漂亮的穹顶，这使得广场空间得以被充分运用，各种各样的活动在这里频繁举办（图15-4）。

除改造外广场外，长风大悦城还对内场进行了点睛式的重新设计与改造。原长风景畔位于东北侧的内场空间是其项目的强侧，乐高探索中心的入驻也带来了较大客流，但实际上该区域的环形中庭结构始终稍显单调。由于室外商业空间的改造余地有限，注定了该区域的重新设计工程难度未必最大，但却最能吸引消费者目光。原来的长风景畔有一个可开合式的圆顶，但几乎没有什么用，大悦城将其改造成了一个封闭式的吊顶，并以彩虹玻璃和飞机美陈为视觉焦点，木纹元素的加入则增加了整个空间的亲和力（图15-5）。

图 15-4　改造后的长风大悦城外广场

图 15-5　改造后的长风大悦城内场场景

（五）社群

长风大悦城通过线上线下互动来构建特有的社群。线上主要是通过建设会员体系，完善积分制度，线下则开辟会员空间，引入星巴克等品牌门店，提供社交场合。其中，线上会员体系主要包括会员中心和订单中心，在会员中心可以搜寻店铺信息、获取积分、享受会员专属权益以及兑换积分礼品，在订单中心则可以查询消费信息以及停车缴费。同时，为了配合高登公园，特地开通了运动云板块，让顾客可以边运动边获得积分。

线下会员空间的设计理念为"庄周化蝶舞，梦随逍遥境"。设计团队接到的命题是在一个 10 米高的商场空间里，设计一处共享客厅，而这座商场的主题是"女主体验空间"，是一个包含游乐地、商场客厅、亲子表演舞台、图书馆等多功能的复合空间。

在项目语境里，蝴蝶即女性。曲率骨架的膜结构，是设计团队对"女性"这个词汇的象形定义。不同色阶的灯光渲染下的膜结构，正是女性的"迷"与"幻"。新建的椭圆旋转楼梯连接 4~5 层的垂直交通，也为整个区域提供了重要的通道及主视觉形象。在功能方面，曲线的落地钢构有效代替了由于功能不同而理应产生的墙体隔断，柔美的空间语言被光与曲线解放。曲线骨架所带来的向心力以及自由平面重新定义了原本枯燥的空间，形成了女性空间所特有的精神。在此项目中，设计团队尝试将场域转化为场所，以独立和优雅的姿态营造出一个个小的漫步空间，注重人的临场感受以及在场所中体验的过程（柏振琦、盛朦萱、薛锦华等，2019）。

（六）活动

丰富多彩的活动是大悦城项目运营的重点抓手，也是长风大悦城项目的优势所在。长风大悦城曾宣称将会在每个月举办不同的主题 IP 活动，以保证购物中心的人气。例如，在 2018 年 5 月曾举办名为"长风花起，幸福梦境"的主题活动，用花卉绿植对整个项目进行装点，引得无数消费者驻足自拍（图15-6）。

2019 年 10 月，长风大悦城在高登公园举办了天空运动季：上海城市业余联赛，亲子运动会。比赛项目既有富有科技感的反应力测试，富有趣味的飞盘掷准比赛，也有具有老弄堂风味的滚铁圈、踢毽子、套圈等家长们拿手的传统项目。为了避免枯燥乏味，天空运动季 2.0 还引入了国漫经典 IP，打造每周一场的国漫英雄主题活动，包括上海美术电影制片厂旗下的经典 IP 形象"哪吒""齐天大圣"，2019 进博会入驻 IP "同道大叔"和"攀登者"大电影跨界泰迪四大形象，将经典与流行结合，共同打造为期一个月的精品国漫英雄主题运动活动。

图 15-6 "长风花起，幸福梦境"主题活动

（七）科技感

自创立起，大悦城便一直看重数据和系统在商业运营上的作用。大悦城地产商管中心自主研发的"悦·云"智慧商场系统、上海静安大悦城的情感云系统，都是实体商业迈向智慧化运营时代的先行者。

为了满足都市人群对健康生活方式的需求，长风大悦城在屋顶运动街区和部分公区设计了极致智能运动体验功能，并在商场原有的会员智慧购物体系的基础上，打造了国内购物中心首个运动云 Energetic Cloud。基于运动云，线下消费、运动和线上积分可以实现无缝衔接，当下消费升级的风口——健身，成为连通全场消费及会员权益的重要纽带。

具体来说，消费者可以通过运动云系统，轻松实现场地和私教预约，还能享受专属跑步仓、储物柜和健康云魔镜等实用性和科技感十足的产品和服务。更为惊艳的是，基于运动云的管理，用户可以使用健康云魔镜和基因检测等服务，实现对自身健康指标的实时监测，从而得到一套基于测评结果的科学运动和饮食方案。同时，运动云的所有权益都与大悦城的会员系统打通，成功将会员权益从消费场景延伸到运动场景。会员在场内一切消费所产生的积分都能够在运动云系统中兑换跑步仓、储物柜等功能的使用权益。与此同时，消费者在场内的运动行为，也能通过领取勋章转化为会员积分奖励，从而创造了全新的"运动—积分—消费—积分—运动"的场景闭环。

（八）设计感

长风大悦城十分注重设计感，正如上文所述，对于空间和建设的设计都有其自身的设计理念。世界闻名的美国捷得国际建筑师事务所曾经提出"捷得定律"来描绘他们对商业建筑设计的观点：事实证明，建筑越是注重难忘的体验，慕名而来的人就越多，创造的社会和经济价值就越大。捷得公司创始人乔恩·捷得曾说，"我试图把购物中心从消费机器包装成一种体验性的事情"。

购物中心的建筑设计包括多个方面的内容，其中能被消费者直观感受到的就是空间的整体环境。在对待空间的态度上，购物中心和百货商场很不相同。百货商场的盈利模式决定了要尽量减小非营业空间面积，每一平方米面积都需要合理规划，以求得最大经济效益；而购物中心则致力于尽可能地规划好公共空间，通过精心打造公共空间，让顾客获得视觉、听觉、触觉等多方面的感官体验。

在创立之初，长风大悦城将项目定位为都市女性的 AB 面型格，希望打造一座"她的理想城池"，为沪上女主人提供一个"穿高跟鞋也可以遛娃的地方"，后来将其变为打造"品质生活中心"。这一理念的转变，势必会对其空间设计产生巨大影响，特有的空中跑道、女王小径都是其理念转变后的产物。

（九）体验感

在体验经济视角下，体验不单是为了给顾客提供一种好的愉悦享受，更重要的是通过打造良好的顾客体验，促进他们花费更多的钱，换而言之，体验还是为了赚取利润。购物中心开展体验营销是行业公认的策略（张蕙、何卓，2016）。长风大悦城之所以对消费者有很强的吸引力，除了琳琅满目的商品、设计感十足的空间和丰富多彩的活动之外，还有独特的互动体验。比如，上文提到的高登公园和女王小径的命名就是购物中心与消费者互动而产生的结果（图 15-7）。

投票已过期

1.时尚女主街区（单选）

Queen's|女王'S

　　　　　　　183票　30%

Queen's Town/Lane|女王镇/小径 (已选)

　　　　　　　232票　38%

Lady J|Lady街

　　　　　　　191票　31%

2.屋顶运动街区（单选）

Gordon Park|高登公园

　　　　　　　333票　54%

HighLine 196运动图书馆 (已选)

　　　　　　　100票　16%

Sky Pace运动图书馆

　　　　　　　174票　28%

图15-7　消费者在线参与高登公园和女王小径的命名

（十）娱乐感

从旅游的视角来看，传统的旅游要素包括"食、住、行、游、购、娱"，也就是说，除了"食、住、行、游、购"之外，剩下的元素基本都属于娱乐这一范畴，但对于购物中心来说，这是不太成立的。购物中心的娱乐至少包括食、游、购、娱，其中，食就是品尝各种美食，游就是逛整个购物中心，购是购买自己喜爱的商品，娱则是享受购物中心所提供的娱乐设施，包括自拍场景、电影院、游戏中心等。

长风大悦城在娱乐方面下足了功夫，除了引进品牌门店之外，还大力推行品牌更新计划，每年会对其中20%左右的品牌进行更新换代，这使得消费者不会对品牌产生疲倦感。同时，每个月举办的主题活动也会布置大量的自拍场景，让消费者充分感受到娱乐感，更别说它本身就有电影院和游戏中心等设施了。

四、对购物中心经营的启示

不得不说，长风大悦城在打造第四空间上具有明显的特征，可能其运营者也没想到自己无意间或者非本意的措施有着更加深远的意味。我们从长风大悦城的设计和运营中能够获得什么启示呢？下文是从十个维度进行简要分析的结果（表 15-1）：

表 15-1　上海长风大悦城对我国购物中心的启示

维度	主要启示	备注
文化引领	自始至终保持理念的统一性，加强理念在购物中心建设、改造和运营中的渗透，并让员工了解、认同并努力执行这样的经营文化	功能特质、情感特质、社交特质、理念特质
场景营造	充分理解场景的作用，采用符合年轻人需求的场景设计，让年轻消费者感受场景的 Youth 和 Cool	要与百货中心等传统购物场景进行区分
产品和服务	吸引高质量的商家入驻，同时要注重产品组合和业态结构，贯彻服务理念	长风大悦城推行品牌更新计划，每年会对 20% 左右的商户品牌进行更新换代
舒适物设施	对不符合购物中心发展和不利于消费者体验的舒适物进行改造，增加空间的设计感和功能的便利性	
社群管理	线上线下相结合，线上提供更加便捷的会员体系，同时辅以激励系统，减少线下现金交易，同时做好线上活动预告，吸引线上消费者	
活动组织	运用活动的理念进行购物中心的经营管理，用活动的思维来吸引客户	
科技感	现代购物中心要充分利用技术，运用科技元素来展现自身的理念，并为客户提供便捷的服务	
设计感	打造丰富多彩的空间，为人们的交流和活动创造良好的环境	最好的设计就是以人为本
体验感	与顾客进行互动，连接顾客所需，增强顾客与购物中心之间的联系和黏性	
娱乐感	发挥好食、游、购、娱等功能，打好吸引客户的组合拳	

参考文献

［1］Bellis，M. The History of the Shopping Mall［EB/OL］. ThoughtCo.，https://www.thoughtco.com/history-of-shopping-malls-4071864，2018-3-31.

［2］商业咔.长风大悦城初探完整体验报告［EB/OL］.搜狐，https://www.sohu.com/a/231431289_141121，2018-05-13.

［3］天霸设计.上海长风大悦城：融合众多创新元素打造游憩型微度假购物中心［EB/OL］.搜狐，https://www.sohu.com/a/272859312_99972147，2018-11-02.

［4］柏振琦，盛朦萱，薛锦华，等.上海长风大悦城会员空间［J］.现代装饰，2019（4）：110-117.

［5］张蕙，何卓.大悦城实施体验营销案例研究［J］.商业经济研究，2016（23）：57-59.

［6］田欣，徐艺倩，石凯弟，等.当代超级购物中心"市民性"和"异质性"的空间特性初探［J］.新建筑，2019（3）：76-81.

第 16 章

酒店——亚朵酒店

随着有个性、追求高生活品质的千禧一代渐渐成为市场消费的主力，酒店的概念也正在逐渐被重新定义，人们不再满足于单一的住宿形式。因此，在酒店内为顾客打造涵盖人文艺术、社交空间、娱乐、购物等生活场景的形势正在开始备受消费者青睐，这样的酒店也被称为"生活方式酒店"。为了满足有个性、追求高生活品质的千禧一代的消费需求，各大酒店集团纷纷推出生活方式酒店品牌或是转型，国内涌现出了一批生活方式酒店探索的先驱者，其中就有亚朵。（刘旷，2019）

亚朵酒店的公共图书馆——竹居　　（插图：杨荫稚）

　　有亚朵的地方就有"竹居"，每一家竹居都藏书近千册，每一本书都不会辜负客人难得的闲暇时光。在竹居，无论是否入住，客人都可以自由浏览，它已成为亚朵分布在城市各地的精神驿站。同时，竹居也是一个社区的免费图书馆，社区内的所有朋友都可以到酒店去阅读、办公或聊天，甚至是带孩子来写作业。

当科技重塑生活，当生活模糊城市边界，酒店就不再只是休憩与睡梦的载体，而是城市生活的造梦场。乔纳·伯杰（Jonah Berger）在《疯传》中写道，"一个好的品牌，要有谈资，有触发器，有情绪，有使用价值，有公共性，还有故事，是这些相互作用，催生出一个值得被传播出去的品牌"。而亚朵，就是酒店品牌中的"疯传"。

亚朵酒店（Atour Hotel）的"第四空间"品牌理念已经初步深入人心——"在路上、家、办公、社交融合到一起，整合成第四大功能空间，其针对现代人对旅行、居住、办公、社交、购物等多重生活行为需求，倡导客房+X的全天候品质生活的温暖体验，为人们带来高品质的生活体验。"本章将聚焦亚朵酒店的这一理念，运用第四空间分析框架来进行剖析，从而引发微目的地空间塑造的火花。

一、酒店行业发展速描

我国酒店的历史最早可追溯到商代中期的驿站，当时承载着官府文书和军事情报的人或来往官员途中食宿、换马的功能。随后岁月变迁，三千余载，中国酒店业经历了两大时代跨越和三次机遇转型。从改革开放之初合资建立的广州白天鹅宾馆、中国大饭店等酒店改变了国人对酒店的认知，到 2008 年后重大活动助推中国酒店业第二春，我国酒店行业不断探索新模式、解锁新功能，并赋能城市新空间。从单体酒店到连锁酒店到规模化、平台化运营，与时俱进，持续创新。

2012 年前后，酒店行业同质化弊端凸显，互相压低成本、大打价格战现象严重。在这种形势下，挖掘除住宿外的延伸功能，推进传统酒店的转型升级，成为酒店行业发展的必然趋势。根据原国家旅游局公布的星级酒店收入及客房数据，从 2012 年至今，酒店行业出租率先出现负增长，随后平均房价也开始下跌；自 2014 年下半年开始，出租率和平均房价保持底部震荡稳定，出租率同比增速开始恢复正值，预示着酒店行业已经见底；国内三大酒店集团平均房价亦开始步入提升阶段。在经历了一个完整周期后，国内星级饭店 2017 年开始复苏。

然而，2017 年，中国酒店应付职工薪酬为营业额的 27.2%，较上年增长

13.3%；房租为营业额的 10.7%，较上年增加 42.7%。成本费用的上涨抵消了营业额增长的空间。总体来看，酒店行业企业负担较重，利润率仅为 1.0%，比上年下降 9.1%，盈利水平低，面临转型压力。同时，中国的酒店行业已逐步发展成橄榄形结构，低端的快捷酒店以及高端的星级酒店在品牌创立上逐渐趋于稳定，更多的酒店创业者依旧选择走中端品牌路线，竞争因此变得十分激烈。

科技层出不穷冲击着新时代，消费不断重构升级，在此大背景下，国内酒店行业迫切需要新的"引擎"来推动行业发展。于是，一家非标准化的、有情怀和人文气息的中端酒店品牌——亚朵应运而生。亚朵致力于通过人文化和社群化的方式，打造"亚朵生活"的 IP，为商旅人群开启第四空间的入口，体验"人文、温暖、有趣"的生活方式。

二、亚朵酒店简介

亚朵酒店是以阅读和摄影为主题的人文酒店，创立于 2013 年。亚朵酒店的名字缘起于云南怒江中缅边境的一个小村庄——亚朵村，那里自然、静谧、温暖、朴实。始于酒店，不止于酒店，亚朵依托于住宿（酒店、公寓）产业，从经营房间到经营空间再到经营人群，致力于打造"新中产品质生活入口"，现已成长为集新住宿、新文化、新消费为一体的生活方式品牌。亚朵通过创造一种生活方式，让旅途中的客人在紧张、疲惫的差旅途中，通过高品质的酒店设施、书籍、音乐、照片及感悟，获得舒适的住宿环境、放松的居停空间，能够在亚朵休憩、充电、得到心灵上的放松及人生感悟的共鸣。

截至 2020 年 1 月 2 日，亚朵开业门店数 458 家，分布于 167 个城市，拥有超过 2000 万优质会员。2018 年 4 月，亚朵获中国饭店协会颁发的"2018 中国酒店集团 50 强"。

官方网站：http://www.yaduo.com.

三、亚朵酒店的C-SPACE IDEA分析

（一）文化

2012 年，耶律胤和亚朵的几位创业者在一次旅行中意外走进了云南怒江边的亚朵村，自然、静谧、温暖、朴实。他们被亚朵村的自然环境和人文环

境所震撼，在那个与大自然混为一体的地方，他们找到了与自然相契合的人文精神，这种人文精神正是他们想要追求的境界。故耶律胤以"亚朵"为品牌名称，希望通过亚朵酒店将亚朵村充满人文、温暖和有趣的生活方式传递给更多的人。

亚朵酒店以"人文、有趣、温暖"作为产品哲学以传达企业文化，并不断内外共生、纵横扩展。以流动阅读、人文、属地摄影为主题切入品牌文化，融合生活化的内容和高品质的服务，为每一位入住者营造"舒适、清新、朴实、静谧"的文化体验。

同时，"慢"也是亚朵酒店的另一大文化创新，即亚朵十分注重住客的归属感。在亚朵，你体会不到传统酒店中"钟点房"的"快节奏"，更多是空间与人文碰撞的"慢温暖"。比如，亚朵酒店从创业之初就坚守"奉茶"，传递"不忘初心"的文化温度。"在前台办理入住时，前台小姑娘给我倒了杯桂菊普洱茶，她看到我母亲生病了，便给老人换上了杯白开水并且贴心地用矿泉水兑到合适温度才递给我母亲。当时那个雨夜，这两杯茶真是太暖心了，而且感觉在另一个城市与'家'不期而遇。"如此温暖的故事，每天都在每个亚朵酒店发生着，而且亚朵酒店公众号也会定期记录、传达温度，定期以亚朵"好邻居"系列讲评激励员工，让这样有温度的品牌文化不曾冷却。

（二）场景

对于酒店而言，过去仅仅是一个单维的场所，有了内容后才变成场景。"亚朵把自己的服务能力、场景能力蔓延出去，包括周边三公里的写字楼、社区、其他商业配套等，以酒店为入口，用内容连接周边三公里的生态，即第四空间。"耶律胤在接受采访时表示，亚朵 4.0 的场景将以"倡导美好生活的兴趣社区"而聚合。下文将介绍亚朵酒店几个经典成熟的场景空间。

1. 阅读场景——竹居 Bambook

亚朵以书为伴，有亚朵的地方就有竹居。每一家亚朵都藏书千册，并有一个专门的团队会把每一本书都读过，精挑细选后才会放到书架上，每一本书都不会辜负客户难得的闲暇时光（图 16-1）。值得一提的是，在竹居，无论客户是否入住都可以自由浏览。而入住的客人则可以把心仪的书籍带到房间阅读，或是无偿借走带在身边随时阅读，客人只需要归还到所在城市的任何一家亚朵。

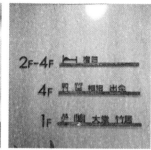

图 16-1 上海虹桥国展吴中路亚朵酒店

可以说，"竹居"和属地摄影一方面重构了酒店的物理场景，使得亚朵不再只是一家酒店，还是一家舒适温馨的图书馆和摄影艺术馆；另一方面也重新赋予了新中产出行场景的意义，不再只是行色匆匆的商务出行，而是可以汲取养分和享受人文的新式旅途场景。

同时，亚朵基于核心的"人文、有趣、温暖"品牌文化，在"竹居"现实场景，跨时空打造"倡导美好生活的兴趣社区"。在"竹居"内，客人不仅可以在舒适的美学场景下与同酒店的"社区用户"一同阅读探讨，而且辐射周边三公里的空间都是"亚朵社区"的一部分，大家可以在这里举办各类有意思的活动，以加深联系。例如，上海亚朵 The Drama 店曾经举办过"亚朵 321 生活节"。对于"竹居"，场景成为文化欢聚的载体，却又是社群外延的归属地——亚朵"社区居民"们在这里共创美好生活。

2. 睡眠场景——亚朵生活瞌研所

进入大住宿时代，中高端酒店竞争激烈，场景营造五花八门，但亚朵却回归初心、坚守本质——打造符合社群需求的极具舒适体验感的睡眠场景——生活瞌研所。瞌研所旨在以舒适、安心的空间、产品及内容作为载体，在睡眠场景下虚化睡眠时间，进而在温柔的梦境想象中连接亚朵与用户。

有趣的是，瞌研所分为意念研究室、智能研究室、声音研究室、睡魔研究室，每个板块都有不同的内容和相应的形式，为每一个睡梦人提供独特的睡眠仪式。但相同的是，亚朵想通过睡眠场景传递的品牌文化——"人文、温暖、有趣"。例如，声音研究室就是通过声音潜入用户头脑中勾画出或光怪陆离，或有趣嬉皮，或复杂奇妙的剧场，在立体的声音场景中徜徉温柔乡。此外，未来亚朵酒店还将发布亚朵生活瞄研所五感一念睡眠体验房，通过五感共融的体验去帮助每个人寻找到各自与睡眠相处的办法，这一切无不透露着亚朵的核心品牌文化。

3. 电商场景——所见即所购

亚朵通过开发自有的品牌软件来实现线上线下联动，创造出亚朵独有场景下的"所见即所购"的线上购物场景。更值得一提的是，为推出这一场景创新，亚朵并不是闭门造车，而是选择跨领域与多 IP 共创——亚朵通过互联网，把用户、IP 产品、服务供应商三者连接在一起，共创场景新价值。

在线下酒店场景中，以 IP 作为社群情感的触点（touch points），活跃流量，连接线上电商场景。例如，杭州滨江的"亚朵 × 网易严选"酒店是联名初尝，将亚朵沉浸式的体验场景和网易严选优质的生活产品融合，以优化用户的居住体验驱动购买场景产品的意愿。在这里，用户体验到的任何场景产品都可以线上购买，如床垫、四件套、沐浴乳、茶叶等——让用户在家中体验"亚朵"，在亚朵回归"家"。这一 O2O 场景的打造，不仅使亚朵强化和丰富了社群对于线下场景的体验感、娱乐感等感知，而且拓宽了用户对赋能空间"人文、温暖、有趣"文化的想象。

（三）产品和服务

约瑟夫·派恩和詹姆斯·H. 吉尔摩在《体验经济》一书中曾用"产品和服务已经远远不够"作为副标题，一语道出当下的商业世界充斥着同质化产品和服务，单靠产品和服务已不足以支持企业利润持续快速增长。因此，亚朵酒店从创立之初就以用户需求为导向，根据"峰终定律"布局品牌服务蓝图，在"第四空间"内提供符合"人文、温暖、有趣"文化理念的产品和服务。一方面，亚朵提倡"跨界创新的产品思维"布局立体品牌；另一方面，亚朵倡导自然、健康的生活方式，这里有清新、舒适的环境，雅致、开放的空间，真诚、有爱的服务。

1. 亚朵系列品牌——立体产品矩阵

在完成了酒店业从"房间经营"到"空间经营"的转变之后，亚朵转入对"人群"的经营——围绕新中产的住宿场景，为之匹配相对应的子品牌，通过打造品牌矩阵完成品牌生态与"新中产"生活的融合（邱敏、王紫，2019）。

亚朵酒店品牌矩阵的本质就是把酒店作为产品，以产品吸引消费者前来体验，为其带来价值并使之成为亚朵的"家人"。

（1）横向系列布局。

目前，亚朵集团旗下酒店品牌包含：亚朵酒店、亚朵轻居、亚朵 S 酒店、ZHotel、A.T.House、SAVHE 以及高端长租公寓品牌 A.T.living。不同的子品牌针对不同的人群，从而以用户画像出发，以用户需求为核心，去设计具有针对性、独特性又不失娱乐感、体验感的产品。

亚朵酒店：是亚朵集团旗下高品质的人文酒店品牌。亚朵酒店以流动阅读与属地摄影为特色（图 16-2），秉持"人文、温暖、有趣"的产品哲学，为用户提供有温度的舒心服务。在亚朵酒店，总有不期而遇的温暖。

图 16-2　上海两家亚朵酒店的客房

亚朵轻居：亚朵集团旗下新兴商旅酒店品牌，延续亚朵的人文产品和优质服务，亚朵轻居以探索、有趣为导向，致力于为都市探索家提供轻松自在、物超所值的入住体验，成为都市年轻商旅一族的首选。

亚朵 S 酒店：亚朵酒店的升级品牌，"S"为"Special"的英文首字母缩写。除氛围设施、公共区域、客房用品等优化升级外，亚朵还为 S 酒店赋予了"社群"的属性，以音乐、篮球等主题聚集各领域细分生活方式人群，为其提供与众不同的空间体验和场景服务。

Zhotel：亚朵集团全新打造的生活方式酒店空间，集住宿、音乐、艺术、选物、美食为一体，是属于 Z 世代自成潮流的全新生活方式品牌。

A.T.House：亚朵集团旗下潮流生活方式品牌，以开放式的大堂社交空间和创意十足的格调客房为特色，不仅是旅途中的下榻之处，更是生活里的潮流休憩之所。

SAVHE 萨和：亚朵全心打造的高端度假品牌，其品牌主张是在会呼吸的空间里，抛却杂乱心绪，重获稳定内心，贴近对生命的体验。SAVHE 起源于傈僳族语言中"呼吸"一词，旨在营造让人自如居住的居所。

A.T.living：亚朵旗下的高端分布式公寓管理平台，致力于为中高端客户提供高格调服务的租住空间。A.T.living 深度连接亚朵酒店，除了专业酒店管家、保洁、维修等常规服务之外，还提供鲜花绿植、熨衣洗衣、图书更换、酒店健身等多达 24 项专属服务。

（2）纵向跨越布局。

从纵向来看，亚朵探索的触角也从未停歇。

一方面，亚朵大胆尝试跨行业产品孵化。2020 年年初，亚朵推出亚朵LAB，即全智能的酒店产品。亚朵 LAB 融合"人文科技、智能体验和有趣社区"三大主元素，公区和客房共采用 14 项智能应用——用户通过亚朵 App 办理入住、选择心仪房间，进店只需刷脸即可进入全细节、智能化的房间，享受"贴心"的灯光、音响、窗帘、马桶、墨镜等，甚至智能机器人为用户提供无微不至的服务。亚朵这一大胆尝试让科技产品有了生活温度。

另一方面，亚朵开展跨品牌 IP 合作，将产品内容化。自 2016 年起，亚朵IP酒店矩阵中的合作方共有9个，门店则有11个，包括与吴晓波合作推出"吴酒店"、与 SMG 合作打造国内首家戏剧概念酒店"THE DRAMA"、与网易云音乐合作打造音乐文化沉浸式体验并推出"睡音乐酒店"、与虎扑篮球合作推出中国首家篮球主题酒店"亚朵 S 虎扑篮球酒店"、与网易严选推出亚朵轻居网易严选酒店、与知乎联手打造"有问题"酒店、与上海美术电影制片厂推出亲子创作空间亚朵美影酒店等，几乎每一家 IP 酒店都代表了一种细分的生活方式。

正如耶律胤所倡导的，"酒店行业的未来，在于房的价值走向人的价值，实现人与人的连接。而 IP 是品牌与客群之间的连接点。酒店，已经不再是一个单纯功能性的产品，而是与内容、电商、生活美学相结合的立体化空间"。异质化的亚朵 IP 酒店仍旧秉持"人文、温暖、有趣"的文化理念，为产品赋能 IP 故事，并在独具设计感、体验感和娱乐感的酒店场景下，让每一类社群都感受到认可、尊重与归属。他们选择亚朵，其实是对"人文、温暖、有趣"生活的选择。

2. 服务特色

亚朵的服务理念旨在实现亚朵与用户的直接"共鸣感"，而这种"共鸣感"基于亚朵"人文、温暖、有趣"的文化真心。所以，当客人步入酒店的那一刻起，优质贴心的亚朵服务就已经开始了：

（1）"百分百奉茶"。

无论是否入住，只要进入酒店，无论是在 check in，还是在看书或是等朋友，酒店的服务员都会奉上一杯茶，冬天是一杯热茶，夏天可能是酸梅汤或是冷饮（图 16-3）。通过奉茶，客人就已经能够感受到亚朵的拳拳之心。

图 16-3　亚朵酒店的奉茶

（2）"信任待客"。

亚朵相信每一个爱书的人，在这里无论是否入住，任何人都可以借走喜欢的书，不用抵押也不用花费。3 分钟办理入住，最大限度减少客人等待时间，不需要押金，退房时只需要把房卡交给前台即可离店。

（3）"便签文化"。

亚朵提倡员工与客人愉快、温馨的面对面交流，也提倡书面便签的沟通形式。亚朵这一"便签文化"背后是基于标准化服务流程上的个性化服务，员工充分考虑客人需求（清洁、舒适、安全、美观），通过便签留言，搭建交流空间。可向客户送上生日祝福，或投诉致歉及调整方案，或主动配置儿童物品，无声胜有声，服务表关怀。

（4）"全员授权"。

在亚朵，每个员工都能够"自作主张"做出一些决定。亚朵酒店通过向员工授权，第一时间发现客人需求，并帮助客人解决困扰，在自己力所能及范围内无须请示。亚朵授信员工从 300 元到 500 元，一方面充分激发员工的主观能动性，另一方面能让客人时刻感受到被信任的美好。

下面这则故事生动描述了亚朵人性化的服务。亚朵酒店的一位一线员工有一天在帮客人办理入住时，听到那位客人跟自己的朋友说第二天很早就要出门，来不及吃早餐，但 7 点前酒店自助餐还没有开。这位员工第二天早上就守在那里，用饭盒给客人打包了一份早餐，让客人带在路上吃，客人非常感动。后来酒店就以这位员工的名字将这项服务命名为"吕蒙路早"。亚朵一直提供这项服务，只要客人告诉酒店需求，亚朵就会有一份打包的早餐让顾客带走。

（5）"十二节点"。

耶律胤在创立亚朵之初就从用户体验出发，设立了"十二节点"，以标准化"有限服务流程"，并赋能"员工服务无限力"：预定；当顾客第一次走进大堂看到的时刻；进房间后的第一眼；顾客向酒店服务咨询的时刻；吃早点的时刻；顾客在酒店等人或等车，需要找个地方待一下的时刻；顾客在中午或晚上想加餐的时刻；顾客离开酒店的时刻；离店后，顾客做出评价的时刻；想要再次入住亚朵的时刻；顾客疯狂向朋友安利亚朵的时刻；第二次入住酒店的时刻。清晰的服务蓝图不仅体现了亚朵的专业与用心，更是离不开其"人文、温暖、有趣"的文化初心。

（四）舒适物设施

亚朵酒店不仅在有限的"第四空间"内为用户提供最优质的舒适物设施，还为它们赋予了富有深意的名字：

"汗出"：亚朵酒店提供空间适中的健身空间。客人在这里可以尽情舒展身体，与这个城市的活力共呼吸，迎着朝阳在新的城市收放力量，配合身体的律动，感知心跳的脉搏，在亚朵收获健康与活力。

"出尘"：亚朵酒店24小时自助洗衣房。洗衣是客人旅行或出差途中的头痛问题，短暂的时间不足以等待衣服的晾晒。出尘专门为用户提供洗衣、烫熨等一系列清洁服务，从清洗到烘干熨烫都可以自助完成，解决旅行者途中脏衣服没地方处理的后顾之忧。

"相招"：亚朵酒店的自助餐厅。这里不仅拥有干净整洁的用餐环境，同时也为客人提供属地早餐，这些具有地方特色的早餐让客人在酒店就能尝到最具地方特色的美食，种类多样的当地美食让每一位客人都能在清晨感受到亚朵与这个城市的好味道。

"共语"：亚朵提供的会议空间。这里不仅提供网络会议设施、商务电话、复印和打印一系列设备，更有先进的高科技会议设施满足客人的演示需求。在现场，经验丰富的会务专员帮助悉心打理每一个细节，满足客人的会议需求。

"宿归"：亚朵命名的客房。每间客房保持了高标准的硬件设施，却表达着各不相同的设计感，在为客户提供舒适物设施同时，又烘托了美妙的体验感。值得一提的是，亚朵在"宿归"处最为注重酒店的基本——宿。因此，为打造良好的睡眠体验，亚朵花费了很大的精力在床品设施上：裸棉制品的床上四件套，加上高质普兰特床垫，打造零压睡眠，床单、被罩的洗涤也是用安全环保的方式。此外，亚朵与阿芙等品牌合作方为顾客提供优质的洗浴用品，只为让客户美梦归入心安处。

（五）社群

当亚朵进入4.0时代，酒店从"在路上"走到"你身边"，为"第四空间"注入更为丰富的主题和有温度的内容，连接各个兴趣社群连接。因此，社群成为亚朵空间的价值生产及流量活化的重要动力。近些年，亚朵酒店一直在社群化的道路上探索创新，并取得了卓越的成绩：

1. 以活动固社群

亚朵通过IP酒店矩阵进行会员共享，通过"阅读+"计划为会员创造优质服务体验，以及通过发起"321亚朵生活节"打造客户忠诚度与黏性，从而经营更加优质的第四空间。

2. 以流量引社群

亚朵与多个知名优质IP跨界合作并形成品牌矩阵，则借由合作IP流量基础，引入新社群血液。起初，亚朵与著名财经作家吴晓波合作推出"吴酒店"，在这个社群酒店中，吴晓波书友会的朋友可以成为亚朵的会员，亚朵会员也可以在吴晓波的私享课堂享受一定的折扣，甚至可以免费享受一些课程，双方的会员权益是互通的，从而社群被破壁、整合、再造。

3. 以众筹赋能社群

杭州亚朵新店建立之初，耶律胤打破常规，面向社群会员以回报众筹的方式与用户"价值共创"，实现产销合一。亚朵回馈社群的诚意十足，除了满足社群会员的理财投资之外，还提升了其社群价值，即成为终身高级亚朵会员，赠送亚朵会员卡、酒店全年免住宿费、全国往返机票头等舱等。此举一经推出，广受欢迎。亚朵以众筹短期举措内化社群长期性，一方面，提高了社群黏性，另一方面，更贴近社群，并更好地整合了品牌供应链及优化了线上线下场景。

（六）活动

亚朵善于通过丰富多彩的活动再造"第四空间"场景，传递"人文、温暖、有趣"的文化理念。亚朵自运营的"亚朵生活家"会定期举办沙龙活动，如读书会、美食分享、属地摄影展，让社群成员在活动中感受温暖。从 2019 年起，亚朵开始举办属于自己的品牌活动——321 亚朵生活节，为"第四空间"赋予全新的人文生活方式。

有趣的是，新的、有创意的玩法在这里层出不穷。有读书系列活动——"读行自在"阅读分享沙龙及流动图书馆活动，邀请文化大咖蔡志忠等作为领读者进行现场分享，邀请文化红人田艺苗分享古典音乐；也有"步量魔都"系列：朵友成为活动组织者，带领大家走向户外、体验城市，在充满娱乐感的体验下，唤醒社群对于亚朵设计中的城市线索，以人文构建连接，用温暖传递文化。

不得不提的是，在亚朵酒店官网上，活动作为"第四空间"的子板块被单独设立（图 16-4）。活动成为突破时空的微元素，成为社群的记忆黏合剂。活动板块中罗列了亚朵所举办的各类活动，如第四空间亚朵人文书系之戏剧——大戏看东方，亚朵默片剧场——希区柯克特辑，行摄会——如何拍出好滋味，影展 |Al！ ve- 城市与人等。

图 16-4　亚朵酒店官网的"活动"板块

（七）科技感

亚朵酒店对科技的探索从未止步，将它与产品、服务融合的尝试也未曾停歇。通过应用新科技，亚朵进一步优化了客户体验。例如，亚朵酒店依托腾讯云科技助力于北京东直门亚朵 S 酒店打造的三间智能体验房，是体现科技感的完美案例。虽然北京东直门亚朵 S 酒店沿用了亚朵一贯的设计风格，但客人一进大堂还是可以感受到浓浓的科技风。客人在酒店前台可通过扫码、确认订单、人脸识别、自动出卡，自助完成入住流程，从办理入住到打开房门完成入住，整个过程都为住客带来了非凡的体验。

酒店房间内配有由腾讯云所打造的一套智能服务系统，窗帘、音箱、灯光、空调、投影一切都在掌控中。住客只需找一个最舒服的姿势躺在床上，轻唤一声"Hi，小微"，便可下达指令。腾讯云小微还可以为住客查询天气、交通路线、新闻资讯。假如住客第二天有重要议程，可以用它定个 Morning Call。假如住客需要酒店客服帮助，可以用它呼叫前台。查询机票、播放音乐、观看视频等都可以仅通过语音实现。此外，房间内还配有一名勤奋的信息官——魔镜。当住客轻触镜面，它便能开启，魔镜最擅长的就是提供各类资讯，如天气、新闻、环境等（图 16-5）。

图 16-5　北京东直门亚朵 S 酒店

（八）设计感

设计感是亚朵最为骄傲的特点之一。从创立之初，亚朵就秉持着"与其更好，不如不同"的思想贯穿酒店设计。亚朵的每一家门店在秉持统一高品质的服务及产品基础上，会根据城市文化、城市用户画像及 IP 特性等维度进行针对性空间设计，使每个空间都与众不同。而且，在亚朵，每一座城市都有一部用影像构成的历史，着眼于日常生活的细枝末节却依旧活色生香。透过城市猎影者的镜头，让住客品味到这座城市的独特性格（图 16-6）。

例如，杭州黄龙亚朵酒店的庭院设计别具特色。竹居、餐厅、一层客房全部都有庭院部分的设计，日式禅境庭园造景，与西湖静谧的自然景观完美结合，营造了宁静清幽的氛围。

杭州亚朵 S 网易严选酒店的三层挑高大厅、文艺商品陈列区、冷淡风品牌墙，也十分夺人眼球。西安钟楼东亚朵 S 吴酒店的小道回廊＋匠心陈列墙＋大厅匠人作品展，上海武宁路亚朵 S 篮球主题酒店的大厅篮球场＋主题休闲区＋国际球星签名周边，成都亚朵网易云音乐轻居酒店的复古风格大厅＋网易云音乐乐评墙＋黑胶唱片墙，大理古城亚朵酒店的水中回廊＋360° 全透明书房＋超大景观阳台一眼望尽古镇风光，等等，都富有十足的设计感。

图 16-6　部分亚朵酒店体现出的设计感

（九）体验感

体验是亚朵撬动市场的重要杠杆。在亚朵 IP 酒店中，通过展示合作品牌元素和亚朵元素来为顾客创造体验情景，在这些酒店里会布置很多带有双方元素的景点来和顾客产生共振。比如，和网易云音乐共同推出的"睡音乐酒店"里面有乐评墙、黑胶墙等布置，通过这些去迎合并激发顾客自我表达的需求，从而激发他们的分享意愿。

此外，亚朵基于"创造增量价值"的使命，以用户体验地图为蓝本创造、挖掘"峰终体验"新价值。在有限的酒店场景内，无论是布局设计、舒适物设施，还是产品和服务、社群活动，亚朵都以使用户真切体验到人文关怀为原则；在无限的虚拟网络下，在媒体平台、媒介宣传、电商场景等聚合传播下，亚朵"人文、温度、有趣"的故事会唤醒用户体验记忆，强化与品牌的情感连接。

（十）娱乐感

亚朵的品牌理念是品牌即 IP，所以它热衷于与跨界品牌合作共创，将原本单 IP 空间加入了另一 IP 的象征物符号，多重元素与品牌思想碰撞、重构、组合，让用户具身其中，娱乐感十足。比如，"亚朵 × 同道大叔"联名的"慢一点"星座酒店，将酒店空间解放，将酒店内每个角落都设置同道大叔特有的、可爱又夸张的 IP 玩偶，形态各异，有趣搞笑，让住客在娱乐感中还可减压，享受慢下来的时光所带来的温暖。

亚朵酒店的属地摄影（Territorial Photography）是一种时光沉淀的娱乐感。对于亚朵目标人群商旅人士而言，行色匆匆是过客，脚步难停望城市。因此，在亚朵不落幕的摄影展览馆里，虽然照片很静、文字很短，但是想象很满——置身其中，心流驰骋，与这座城市某个时空下的人文情怀对话，感知它的温度，体验有趣的故事。

四、对酒店经营的启示

亚朵的诞生和发展极具历史意义，那个时代虽然是经济连锁酒店最鼎盛的时期，但也是其他类型酒店发芽的最好时机，不过亚朵成功了，其关键原因在于亚朵抓住了新兴中产目标人群。新中产消费者是在互联网时代成长起来的人群，有着新潮的思想，喜欢新鲜的事物和贴近生活的旅游方式。针对新中产消费目标群体，亚朵坚定地确立了阅读和属地摄影的人文主题，并率先提出"第四空间"构想，打破了住宿的边界，并与不同 IP 跨界合作打造了多家网红酒店，在行业中上演了一场跨界的"教科书"级别的操作。亚朵酒店的设计和运营能带给我国酒店诸多启示（表 16-1）。

表 16-1　亚朵酒店对我国酒店经营的启示

维度	主要启示	备注
文化引领	契合人文精神，以阅读、人文摄影与高品质服务为文化主题及特色；着力打造住客的归属感	
场景营造	除了最基本的住宿场景之外，针对客户的不同需求设置了其他不同的场景；不断优化和更新场景，提升住客对舒适度、健康性、趣味感的体验	

续表

维度	主要启示	备注
产品和服务	从传统的产品和服务升级为空间和内容以及对生活方式的经营	
舒适物设施	各功能区相得益彰；根据住客多样化的需要，设计和安排硬件设施	
社群管理	通过 IP 合作来打造社群；通过举行线上线下活动连接社群，打造无边界的社区	要注意合作双方文化元素的有机融合
活动组织	在官方网站上设立活动子板块，介绍相关活动；策划、组织各种各样丰富多彩的活动	
科技感	将科技融入其产品与服务中，打造智能化的酒店与住房；线下和线上融合	
设计感	设计感在酒店的整体设计以及内部陈设中得以体现；不同地域酒店的设计可以加入不一样的特色	
体验感	向顾客提供多维度沉浸体验；线上体验与线下体验相结合	
娱乐感	在酒店中加入娱乐元素，如摄影展览馆等，给予住客休闲、放松的体验	热衷于与跨界品牌合作共创

"起于酒店，但不止于酒店"，这是王海军对亚朵品牌的总体评价。诚然，当代的酒店不再只是为人们提供住宿，而应该是给客户提供一个空间。人们在这个空间里可以做更多的事情，不仅能够充分地休息，而且能够从容地面对自己、面对一切。在这种大背景下，我国酒店未来的发展趋势必然是向第四空间发展演进。第四空间，是家、办公室、社交场所的融汇与延伸。

参考文献

［1］亚朵官方网站，http://www.yaduo.com

［2］亚朵官方微信公众号（微信号：YaduoHotels）

［3］刘旷.刀口舔血的亚朵和东呈［EB/OL］. https://xueqiu.com/1197855557/126698146，2019-05-15

［4］亢樱青.城市里的"第四空间"：从住宿到贩卖中产阶级生活方式［J］.商学院，2017（8）：57-59.

［5］邱敏，王紫.从亚朵酒店看实体经济的体验式转型［J］.企业科技与发展，2019（8）：155-156.

［6］李倩说品牌.亚朵酒店是怎么红起来的？［EB/OL］.https://www.sohu.com/a/237332023_694324，2018-06-22.

［7］司欢.亚朵为何不设钟点房［J］.中欧商业评论，2019（12）：74-79.

［8］浙江旅科院.文旅新物种：亚朵酒店的精致体验是如何设计的？［EB/OL］.小镇乌托邦公众号，https://mp.weixin.qq.com/s/NJkxJtdEIraVyxbnMmIgUA，2020-11-29.

第 17 章

会议——TED大会

　　曾几何时，处于知识经济时代中的人们说，"你要保护如黄金般的知识，这是你唯一的价值"。但是，当全球都联系在一起时，游戏规则改变了，每个人都互相关联，一切都在快速发展。当知识传播出去后，会以最快的速度到达全球各地，得到反馈，得以传播，而它的潜在价值是无形的。(TED大会创始人克里斯·安德森（Chris Anderson），2001)

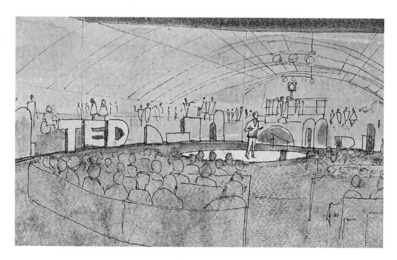

2019 年 TED 大会　　　（插图：杨荫稚）

　　TED 大会针对不同的主题演讲设计不同的大型幕墙背景的视觉及音响效果，使其与主题紧密联系在一起。2019 年 TED 大会主题演讲之一"连接"的幕墙是一幅充满欢乐和团聚的火车站梦幻般的场景，映衬着台前的 TED 三个红色字母雕塑，异常醒目。巨大的背景幕墙的音画效果将观众全身心地包围，给现场观众带来触动人心的沉浸式体验。

TED 创办人理查德·沃曼（Richard S. Wurman）曾经提出，这个世界正处于激烈的变化中，越是不需要把文字印在杂志上，某些杂志就会越成功；越是不需要去现场开会，等着参加优秀会议的名单就越长，如 TED。TED 大会最初是论坛性质的民间会议，现已成长为一个超越会议性质的世界品牌。究其缘由，主要在于它将"伟大的创意"以及"人际关系"这两点结合在了一起，将圈子、关系这两大社会构成要素发挥到极致，成为世界各地人们获取和共享知识、扩展社交、激发创意的第三空间。如今，会议正在从传统的、孤立的现场活动变成一个虚拟媒体生态系统的物理枢纽，TED 大会也正在向以主题文化为引领的第四空间迈进。

一、会议行业发展速描

传统会议的模式是众包（crowd-sourcing）和集中团队智慧，共同策划和执行。随着互联网的普及，创建共赢互利的生态圈以及开放包容的理念逐渐渗透到社会的各个方面。与此同时，去中心化、去组织化、去结构化的思潮大行其道。这些趋势极大地影响着会议行业的格局和商业模式变革。可以说，会议业的发展始终紧随社会潮流，同时受经济发展趋势的影响，也在不断地改变着原有发展模式。

20 世纪 60 年代以来，我国会议行业不断发展，数量和质量都有很大提升。随着我国经济实力日益增强、科技日益进步、基础设施日益完善，会议业将持续发展，在国际市场上占据更大份额。据国际大会与会议协会（ICCA）统计，1963—2017 年，中国会议数量呈现逐年增长态势，从 1963—1967 年数量为 0 至 1988—1992 年数量破百，2019 年数量增长至 539 个，排名全球第七。十几年来，五年期增长率维持在 3% 左右，参会者总数也随之快速增长。从城市举办的会议数量来看，2017 年北京位于全球第十四，香港紧随其后。就参会者总数而言，香港位于全球第十五，北京位于第十六。

在全球范围内，会议产业作为新时代的高端服务业态，深受各国重视。根据 ICCA 的统计数据，2010—2016 年，国际协会会议数量一直呈增长趋势，自 2017 年开始，数量开始下滑，其中 2018—2019 年的下滑趋势更加明显（图 17-1），但 ICCA 首席执行官塞德希尔·戈皮纳特（Senthil Gopinath）表示，"当时机成熟之后，会议行业将在全球复苏过程中发挥重要作用"。另外，诚如德国会议局（GCB）董事总经理马提亚斯·舒尔茨（Matthias Schultze）所言，"全球会议业正处于转折点"。面临会议业的变革，TED以及所有TEDx活动能在品牌参与和全球推广上取得巨大成功，其主要原因在于TED制定了有效的内容和"社区"（包括网络社区）战略。

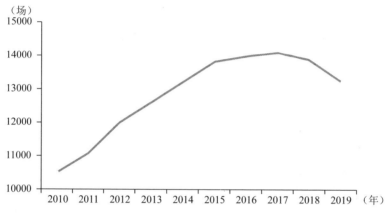

图17-1　2010—2019年全球国际协会会议数量变化趋势

资料来源：2011—2020年ICCA国际会议统计报告。

二、TED大会简介

TED（Technology，Entertainment，Design的缩写，即技术、娱乐与设计）是美国的一家私有非营利机构，该机构以其组织的TED大会著称，该会议的宗旨是"传播一切值得传播的思想"。TED诞生于1984年，起初是一个为期4天的会议，发起人是理查德·沃曼（Richard S. Wurman）。从2001年起，克里斯·安德森（Chris Anderson）接管TED，创立了"种子基金会"（The Sapling Foundation），并开始运营TED大会。每年春季，众多科学家、设计师、文学家、音乐家等领域的杰出人物汇集于北美，在TED大会上分享他们关于科技、社会等人类发展问题的思考和探索。

此外，TED于2009年衍生出TEDx项目，旨在鼓励世界各地的TED粉丝自发组织TED风格的活动。TEDx这种本地化的、自组织的活动，有助于把人们聚集到一起来分享精彩的观点，并获得类似于TED的经历和体验。

官方网站：https://www.ted.com.

三、TED大会的C-SPACE IDEA分析

（一）文化

回顾 TED 大会的发展历程，不难看出，开放、共享和富有创意的文化在其发展中至关重要。TED 大会在成立之初，标榜为"硅谷精英嘉年华"式的封闭式聚会，受众面极窄。2001 年，TED 大会的主题得以扩展，演讲范围不再局限于科技、娱乐和设计领域，对演讲者与演讲内容的限制因素大大减少。2006 年，TED 大会将录制多年的演讲库资源制作成 TED Talks，并上传至互联网，供全球的观众免费下载和观看。于 2009 年推出的 TEDx 连接起了 TED 演讲视频与本地嘉宾，通过这种方式在世界各地传播 TED 精神。

开放、共享的文化使得 TED 大会从濒临停止发展为享誉全球的品牌，它打破了原有规则，创造了一种新的共生生态体系。随着互联网的普及，TED 大会更是依托 iTunes、Facebook、Myspace、Twitter 等社交平台，形成网络社区，吸引大众追随、分享和交流，以"滚雪球"的方式来提升传播的有效力和品牌的影响力。时至今天，TED 大会已成为一个世界性的品牌以及一个虚拟媒体生态系统的物理枢纽。

除了开放、共享和富有创意之外，TED 大会每年都设有一个主题，演讲者需要围绕主题展开演讲（表 17-1）：

表 17-1　2008—2020 年 TED 大会的主题

年份	主题	备注
2008	大问题（The Big Questions）	举办地点：美国加州的蒙特利（Monterey）
2009	伟大的揭幕（The Great Unveiling）	TED 创办 25 周年 举办地点：美国加州的长滩（Long Beach）
2010	现在的世界需要什么……（What the World Needs Now...）	举办地点：美国加州的长滩（Long Beach）
2011	重新发现奇迹（The Rediscovery of Wonder）	
2012	全方位（Full Spectrum）	
2013	年轻、智者、尚未发现（The Young. The Wise. The Undiscovered）	

续表

年份	主题	备注
2014	下一章（The Next Chapter）	TED 创办 30 周年 举办地点：加拿大的温哥华（Vancouver）
2015	真相与勇气（Truth and Dare）	举办地点：加拿大的温哥华（Vancouver）
2016	梦想（Dream）	举办地点：加拿大的温哥华（Vancouver）
2017	未来的你（The Future You）	SpotMini 机器人在现场亮相
2018	惊奇的时代（The Age of Amazement）	举办地点：加拿大的温哥华（Vancouver）
2019	比我们大（Bigger than us）	举办地点：加拿大的温哥华（Vancouver）
2020	未知（Uncharted）	在线举办

（二）场景

在参加 TED 大会的代表中，比尔·盖茨（Bill Gates）、艾伯特·戈尔（Albert Arnold Gore Jr.）等具有全球影响力的重量级嘉宾可能很常见。此时，会议所面临的挑战为：当与会者希望能洽谈生意时，他们会去酒吧、咖啡厅或酒店，而不是待在会议现场。因此，"家具摆设和现场布置应该遵循一个设计原则——让与会者觉得他们在会议现场就能搞定一切，而不必离开会议中心"。鉴于此，全球办公家具行业的领导者 Steelcase 和 TED 合作，在会场提供了诸多舒适、安全和友好的工作环境。

同时，TED 大会不仅是一个传播思想的平台，更是一个社交场所。2019年 TED 大会设置了壁画创作场景，与会嘉宾们甚至可以共同参与创作壁画，或者为别人提出具体的创意建议（图 17-2）。参与者在这样开放、互动的空间里轻松交流、相互协作，激发彼此的创新灵感，这种设计充分体现了场景思维的社交化维度。

去中心化是场景思维中一个不可忽视的维度。近些年来，TED 大会的场景设计也在一定程度上体现了去中心化的理念。传统的会场布置大多会突出中心排位，而图 17-3 所展现的场景并未突出所谓的中心。与会者皆处于平等的排位，没有核心人物，也不一定非得有一个中心思想或遵循固定的程序，充分展示了去中心化。

图 17-2　TED 2019 现场的壁画创作场景

图 17-3　TED 2016 现场一角

　　此外，在会议场景设计中"个性化"也尤为重要。每年 TED 大会的场景设计都会围绕当年的主题进行个性化演绎。例如，富有视觉冲击力的色彩与形状为 TED 2019 的与会者带来了不一样的体验。整体设计采用插图风格，并运用了多样性的色彩学和不同形状，除了重新设计主舞台之外，12 个演讲主题的视觉效果呈现、标题和投影贴图都通过探索多样性设计来烘托"比我们大

（Bigger Than Us）"的主题。这种场景设计促使观众产生一种敬畏感——应该努力成为比自身大得多的事物的一部分（图17-4）。

图 17-4　TED 2019 的舞台与场景设计

（三）产品和服务

TED 如今已经成为一个超越会议性质的世界性品牌，除了 TED 大会、TEDx 等不同层次的会议和视频之外，还包含了各种各样的产品与服务。今天的 TED 不仅有 TED Talks，还衍生出几个子项目，包括独立运营的 TEDx；专为教育工作者设立的短视频课程 TED-Ed；TED 奖学金；TED 广播时间（TED Radio Hour）；TED 大奖；TED Books 等。

其中，TED Talks 为核心产品。2006 年，TED 做出了一个影响其未来发展的重大战略决策——将录制多年的演讲库资源制作 TED Talks，上传至互联网供全球观众免费下载和观看。此后，TED 大会演讲视频借助互联网迅速风靡全球，影响了数亿观众。演讲视频不仅源于最初的 TED 大会，还包含之后开展的 TEDx 活动、合作伙伴活动以及其他活动，并发表在 TED.com 上（图 17-5）。目前，TED.com 发布了 3300 多场演讲视频，每年被观看或收听超过 30 亿次，吸引了全球数百万的追随者。

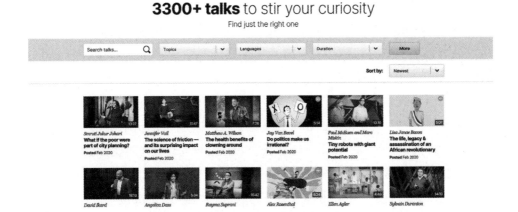

图 17-5　TED Talks 图书馆

2009 年，TED 大会推出线下社群活动（TEDx Events）和开放翻译计划（the Open Translation Project）。TEDx 是 TED 最具影响力的子项目，它让世界各地的个人、组织和社区举办类似 TED 的独立活动，以发现当地的新思想和新研究，并在当地社区和专业人群中引发对话（图 17-6）。迄今为止，已有超过 1.3 个 TEDx 活动在 150 个国家举行。开放翻译计划则邀请世界各地的志愿者为 TED 演讲配字幕。到目前为止，已经有 2 万多名志愿者用 100 多种语言翻译了 9 万多篇演讲稿。

图 17-6　TEDx Events

此外，近几年，TED 还通过组织各种创新项目，如梦想资助计划（TED Price）、青年社群（TED Fellows）、在线对话（TED Conversation）、在线社区（TED Community）等，不断扩展组织规模，吸引越来越多的学习者，同时树立品牌形象，提升口碑信誉，努力实现其创办宗旨：Ideas Worth Spreading（传播一切值得传播的思想）。

TED 大会视频授权官斯泰因表示，"一个群体、一个组织自愿通过教育的方式去改变世界，并建造与此相关的交流平台，这是一个新的模式，世上再没有类似这样的组织了"。如今，TED 大会正在推行的计划是将其散落在全球的社区通过网络连接起来，帮助人们通过 Ted.com 举行自己的讨论会。"伟大的创意"与"人际关系"的相互结合，正是 TED 大会成功的关键。

（四）舒适物设施

TED 大会的举办地并非一成不变。随着 TED 大会的不断发展、壮大，其举办地也发生过多次变迁，从早期的美国加州蒙特利到如今的加拿大温哥华。举办地变迁的背后，也体现出组织者致力于为与会者提供更为舒适、便利的环境的初衷。

早在 2013 年，TED 系列活动场地功能区的划分就已经十分丰富多样。例如，TED active 现场被划分为草坪、剧院、设计屋、学习屋、实验室等，分别承担不同的功能。草坪上有供与会者休息和交谈的帐篷与草垛座椅；剧院摆满各种座椅，甚至于躺椅，供与会者观看长滩演讲的直播；"设计屋"展示 3 位 TED 成员的互动作品；"学习屋"是用来学习的，不同主题的讨论每天轮换；在实验室里，则由不同的工作坊正在进行活动：做纸艺的纸积木、未来手机的讨论、一块巨大的微软多点触屏演示屏、用香蕉做行为艺术的艺术家等。此外，每晚温泉水池旁都会聚集许多与会者，于他们而言，此处便是 TED 聚会的主场。

"让与会者觉得他们在现场就能搞定一切，而不必离开会议中心"，这种设计原则在 TED 大会的舒适物设施安排中体现得淋漓尽致。在 TED 官方推出的指导开展 TEDx 活动的手册中明确指出，"要充分考虑如何利用主舞台区域之外的空间，这样与会者在不坐的时候也能有一个舒适（甚至刺激）的体验"。其中，空间可以划分为创新实验室（Innovation lab）、博主专区（Bloggers' alley）、同步直播会议室（Simulcast lounge）等。例如，Innovation lab 是供与会者展示新软件、工具、技术和其他产品的区域，也是寻求赞助商与合作伙伴的好地方。Bloggers' alley 是在主舞台外设立的专门博主区，放置桌椅和电源插座，方便博客达人写稿和工作。此外，会议期间餐饮和自由交流的地方也需要精心设计。

（五）社群

TED 大会以及所有 TEDx 活动在品牌参与和全球推广上取得巨大成功，其主要原因在于这一会议平台制定了有效的内容和"社区"战略（包括网络社群）。许多会议组织者的传统做法是众筹（crowd sourcing）和集中社群的智慧，共同策划活动，而 TED 成功激发了 170 多个国家成千上万的社群来生成内容，并用于自身的传播渠道，以支持标志性的年度活动。下面将 TED 大会的社群分为 5 类利益相关者做简要分析。

1. TED Speakers

TED 演讲人是思想家、实干家、创意家。他们在官方的 TED 大会上，或在独立组织的 TEDx 活动上，抑或是在另一个舞台上发表演讲。同时，其演讲视频被上传至 TED.com，供全球网友在线观看、学习。正是这些人，将 TED 带入了人们的生活。

2. TED Fellows

TED 研究员计划主要面向年轻的改变世界者、学者和开拓者，他们已经在各自的领域表现出非凡的成就和勇气。这些人包括科学家、学者、艺术家、活动家、企业家、医生、记者和发明家等，并通过申请、访谈和研究程序挑选出来。他们通过跨学科合作和分享新思想和研究，在世界各地创造积极的变化。

3. TED Translators

TED 的翻译人员贡献了他们的时间、精力和专业知识来帮助思想更自由地传播。他们为 TED 演讲配上字幕，使 TED 突破语言和国界的障碍。在他们的帮助下，TED 演讲有了 100 多种语言的字幕。

4. TEDx Organizers

TEDx 的组织者们在世界各地创建了民间的、当地的活动，致力于在他们的社区内外传播思想。

5. TED Community

在互联网及其在线平台的帮助下，TED 无缝地将其线下社区与虚拟社区结合起来，消除了由地理和种族所定义的传统社区概念。

TEDx 是形成线下社区的活动之一。正如 TEDx 执行董事杰伊·埃拉提所言，"许多地方社群都会出于连接人们、传播思想或给当地带来其他积极影响的目的而组织各类活动，而 TEDx 的使命就是为这些活动提供战略、结构、品牌识别和运营等方面的指导"。就线上社区而言，TED Conversation 使人们可以在网站上发起各种有趣的讨论，提出问题、交流想法、碰撞观点。

TED 社区的身份形成是 TED 全球网络和当地人之间思想交流和网络连接的结果，也是线上访问和线下参与相结合的结果。通过 TEDx，TED 大会有机会最大限度地扩大其全球媒体的影响，将其复制到地方层面，从而接触到更多的观众。换句话说，全球价值观影响到了当地人。与此同时，TEDx 为处于社会底层和边缘的当地人提供了一个交流平台，将他们的本地事业扩展到 TED 的全球网络。

（六）活动

在 TED 大会期间，各类活动琳琅满目，让人觉得睡觉是一种奢侈。正如一位博主所写的，"一个典型的参会者的状态是：早晨 7 点，起床参加晨跑；8 点半，开始打开小本子边听演讲边做记录；晚上 7 点，演讲结束去吃晚餐顺便搭讪与被搭讪；9 点后参加晚会，要杯极苦的 Stone 啤酒在小火炉边和新认识的朋友寒暄；11 点，如果还有精力可以移步设计屋或学习屋，找人深入探讨你感兴趣的话题，或是参与某个可以加深彼此了解的小游戏"（华琪，2014）。

除了 TED 大会之外，TED 还定期在全球举办各种形式的活动，包括 TED Global、TEDx 以及 TED Women 等各类专门活动，进一步推进了思想的传播。以下简要介绍 TED 的几种活动：

TED Global：是一个通过探索世界各地的想法、创新和创造力来庆祝人类聪明才智的会议。

TEDx：致力于通过 TEDx 活动，将 TED 的精神带到全球各地的地方社区。这些活动是由热心的个人组织的，他们寻求发现新的想法，分享他们在本地的最新研究成果，从而激发社区内的对话。TEDx 活动包括现场演讲和录制的 TED 演讲，并在 TED 的免费授权下独立组织。这些活动不受 TED 的控制，但活动组织者必须遵守 TED 的形式，并在策划、演讲者培训、活动组织等方面接受 TED 提供的指导。TEDx 的活动形式多种多样，包括 Standard event、University event、ED event、Youth even、Salon event、TEDxLive、TEDx Women、TEDx Business event、Internal event（为非营利组织、政府和医院创建）、Library event 等，正是这些丰富多彩的活动赋予了 TED 发展的生机与活力。

TED Women：是一个关于妇女和女孩成为创造者和改变者的力量的会议，演讲人、研讨会、活动以及大胆的讨论等一系列活动，已经引发了 TED 迄今为止最具标志性的一些时刻。

TED Monterey：是一个为期四天的、独特的、亲密的会议，它将聚焦于如何为每个人建立一个更光明的未来。该会议回到了 TED 开始的地方：加利福尼亚州的蒙特利。

TED Salons：邀请忠实观众参加，一般时长为一个下午或晚上，主题与全球问题相关。TED 沙龙是浓缩版的 TED 大会，其独特之处在于活动简短、对话机会多以及演讲者和观众之间可以互动交流。

TED Summit：聚集全球 TED 社区中最活跃的成员，在舒适、漂亮的环境中进行为期 5 天的头脑风暴、表演、工作坊、户外活动、以未来为中心的讨论，以及接近 TED 大会的折中活动方案。

TED-Ed Weekend：世界各地的学生领袖聚集在一起，在此交流、合作，并探索塑造地方社区和全球社区的想法。同时，为位于纽约的 TED 总部寻找人才。

TED Fest：专门为 TEDx 社区设立，其目的是为来自世界各地的 TEDx 策展人提供机会，让他们聚集在纽约，观看现场主持的 TED 活动，并充分利用 TED 总部所能提供的资源。

TED Youth：是为初中生和高中生举办的为期一天的活动，活动中有现场演讲、现场实践以及精彩对话。科学家、设计师、技术人员、探索者、艺术家、表演者等所分享的内容既是全球青年知识的来源，也是其灵感的来源（图 17-7）。

图 17-7　TED Youth 现场

（七）科技感

对于会展和活动产业，科技的应用有两个基本任务，一是优化参与者的体验，二是提升活动的效果。在科技应用方面，TED 大会同样付出了许多努力。于 2013 年开始应用的 TED Connect 是科技应用的重要体现，其推广和应用推动了与会者之间的交流与联系。该 App 不仅包含常见的会议功能，而且围绕"联系"这一概念增加了许多其他功能，从而能够帮助与会者提升社交体验，拓展面对面的联系。

通过 TED Connect，与会者可以实现以下功能：浏览与会者和演讲者的完整列表；给演讲者和其他与会者发信息；建立一个由新朋友、老朋友共同组成的 TED 网络；获知演讲者会议、午餐、聚会和其他活动的日程安排；查看场地和周边地区的地图；在活动空间内寻找其他与会者，并分享位置（仅在某些活动中可用，如 TED 2017）；用个人简历、照片和联系方式，建设个性化账户，并可以调整有权限浏览的对象（图 17-8）。

此外，针对不同类型的访问者，TED 官网设立了不同的板块，使访问者能够方便快捷地找到自己所需要的内容。网站首页还可以根据访问者的兴趣与需求，推荐相关的 TED 演讲视频。同时，TED 大会在 Facebook、Twitter、Pinterest、Instagram、YouTube、TED Blog 等社交平台上都发布了相关内容，方便其开展网络宣传，并与粉丝进行实时互动。

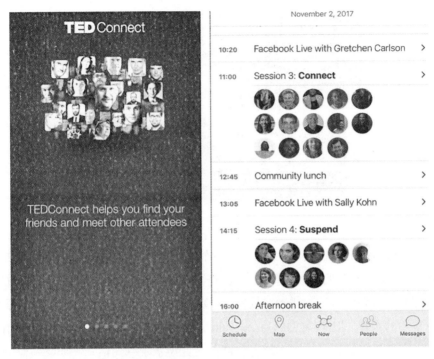

图 17-8　TED Connect 应用程序

（八）设计感

"设计和设计思维一直是 TED 的核心使命。毕竟，这是 TED 的'D'"，TED 的媒体总监琼·科恩（June Cohen）曾说过："这反映在我们所做的每一件事上，从组织、举办我们的会议，到拍摄和发布我们的演讲，到建立 TED.com 网站和我们的应用程序，到创建 TED-Ed 动画，再到帮助 TEDx 组织者举办独立活动。"毋庸置疑，TED 大会非常重视设计，并于 2013 年获得了国家设计奖，被誉为"塑造世界的重要人文工具"。

伟大的设计，就像伟大的写作和演讲一样，是帮助思想传播的重要工具，而舞台设计则是会议体验的重要组成部分。以 2019 年 TED 大会为例，舞台的色彩与造型多样，并对投影画布做了延伸，一直到舞台甲板，被舞台上的建筑造型分割开来。这种设计充分借鉴了古希腊经典的建筑形式——埃克塞得拉，这是一种半圆形的凹处，是开展公共讨论、对话的场所，可以说设计感十足（图 17-9）。

图 17-9　TED 2019 的舞台设计

不仅官方举办的 TED 大会富有设计感，各民间组织所举办的 TEDx 也充分继承了 TED 大会的设计思维。每个 TEDx 活动都是基于一个主题，而主题不仅通过演讲者来传达，舞台在提升 TEDx 演讲的纪念价值和主题价值方面扮演着重要的角色。比较典型的有 2015 年举办的 TEDx Bangalore，组织者用一个简洁而又深邃的方式来构建舞台。舞台设计展示了一句话——如果一棵美丽的植物能在贫瘠的岩石上生长，它就会全力以赴地生长，以此作为示例来阐明全有或全无的主题。这种设计既能很好地突出主题，又能使舞台的设计感扑面而来（图 17-10）。

图 17-10　2015 年 TEDx Bangalore 的舞台设计

（九）体验感

好活动是一场能激发灵感，令人身心愉悦的旅程。因此，营造好的体验是活动成功的关键。TED 大会取得巨大成功，与其注重各利益主体的体验密不可分。

TED 大会所呈现的体验感表现在视听、餐饮、社交等各个方面。其中，扬声器的设置便是重要一环。现有的扬声器往往高过头顶使得前排观众无法获得良好的听觉体验，而 TED 大会通过引入 Meyer Sound 的 UP4-Slim 扬声器，并将其置于沙发下，使其在不影响美观的情况下给观众带来优良的听觉体验（图 17-11）。同时，TED 大会还使用了 Meyer Sound 的其他音响设备，使小礼堂听起来像大教堂以及消除回声使大空间听起来很小。这种考量与设置充分体现了美观与实用的平衡，给与会者带来了更好的参会体验。

图 17-11　TED 2019 采用的 Meyer Sound 扬声器

屏幕的设计感在视觉体验中不可忽视。TED 大会会针对不同的主题演讲设计不同的视觉效果，以期给观众带来沉浸式的体验。例如，在带有"探索性"和"可能性"的主题演讲中画面呈现的是大量流动的色彩，而对艺术家、建筑师而言，正是这些流动的色彩创造出无数的可能性（图 17-12）。观众通过观看屏幕背景能更好地融入演讲主题，获得更加深刻的体验感。

图 17-12 带有"可能性"的主题演讲视觉效果图

在线上，TED 大会与访问者接触最多的点是 TED.com。因此，TED 对官网的设计十分讲究。TED.com 以一种简洁的方式将网站分为五大板块，并依据各方需求推荐相关内容。访问者可根据自身需要快速浏览。同时，网站设有直接通道，便于访问者快速找到 TED 在 Facebook、Twitter、Pinterest、Instagram、YouTube、TED Blog 等社交媒体上的相关内容。

（十）娱乐感

要让活动变得好玩，已成为活动策划的重要内容，因为"游戏化 / 好玩"有助于烘托主题，促进交流，凸显创意或强化教育。究竟在哪个环节植入娱乐元素（play-time），是一门学问。TED 大会很好地将游戏化融入其中（图 17-13）。

图 17-13 TED 2016 现场一角

　　每年 TED 大会上都有不少极具娱乐感的场所或环节。以 TED 2019 为例，主办方在温哥华会议中心（VCC）周围设立了 3 套数据收集门。每一套由一对并排的门组成，类似于机场的安全门。每天在每套门的上方都贴有不同的问题，一天设有三个问题，五天的问题各不相同。人们可以通过选择自己喜欢的答案来投票，当他们通过时，计数器的数字就会更新。通过选择大门对相关问题进行投票，既能为与会者省下额外的时间和精力，也能给与会者带来趣味性（图 17–14）。

图 17–14　TED 2019 现场一角

　　此外，通过引入微冥想设备，也使现场的娱乐感十足。人们只需花上 3 分 14 秒，就能体验到"4–D 转换冥想体验"。机器呈穹顶状，内部设有三张躺椅，体验者卧于躺椅上，便宛如置身于一个小型天文馆（图 17–15）。这里对于与会者而言无疑是一处富有趣味性的休闲胜地，在忙碌的与会过程中获得身心愉悦。不仅如此，此前所提及的合作创作壁画也为大会增添了趣味。TED 演讲者们在共同创作壁画的同时，感受到了欢乐与满足。

　　不仅 TED 大会如此，TEDx 也带给与会者愉悦的体验。最为典型的是 TEDX Youth，其主题主要是围绕想象力和玩乐。孩子们在获取专业知识的同时，也感受到了快乐，其他 TEDx 活动也或多或少会包括现场音乐创作、魔术表演、沙龙等娱乐性活动。

图 17-15　TED 2019 现场一角

四、对会议行业的启示

对于许多年轻人来说，TED 是一个新的获取信息的重要渠道，甚至在一定程度上替代了传统书本与阅读的部分功能。TED 大会已突破传统会议的众包模式，正从传统的、孤立的现场活动变成一个虚拟媒体生态系统的物理枢纽。这一转变对我国会议行业具有显著的现实指导意义（表 17-2）。

表 17-2　TED 大会对我国会议行业的启示

维度	主要启示	备注
文化引领	以主题文化为引领，利用互联网及各类社交平台整合资源，进一步提升会议的开放性与共享性	
场景营造	家具摆设和现场布置应该遵循一个设计原则——让与会者觉得他们在会议现场就能搞定一切，而不必离开会议中心；场景营造应充分考虑社交化、去中心化、个性化维度	场景化思维以体验为中心，包含社交化、个性化、去中心化这 3 个维度
产品和服务	依托现代科技将线下会议内容推广至线上平台，将散落在全球的社区通过网络连接起来；除了传统的会议项目之外，还力于推出多样化的产品与服务，更好地满足各种主体的需求	
舒适物设施	会议场地需为与会者提供舒适、便利的环境；设计与划分各功能区以满足与会者多样化的需求	

维度	主要启示	备注
社群管理	为不同国家和地区、不同需求的群体服务；依托翻译人员、全球社区等社群力量，进一步提升会议的知名度及影响力	激发社群力量来生成内容和提供更人性化的服务
活动组织	丰富活动形式，形成更加立体的与会体验；不同性质和类型的活动相得益彰	
科技感	利用 App 等科技手段将线下会议与线上交流相融合，进一步提升会议效果；建设会议官方网站，方便与会者了解会议日程等相关信息，并促进互动	
设计感	注重空间设计，在体现美感的同时也使场地布置与会议主题交相辉映	
体验感	视听体验于与会者而言十分重要，提升视觉、听觉效果能给与会者带来更好的体验；网站设计简洁、板块分明、富有人性化	
娱乐感	设法把快乐的事融入会议中，它能让参加会议的人表现得更好和更想成功；策划和组织一系列文娱活动	会议是人们走出日常生活的机会，当与会者感到兴奋和精力充沛时，有助于对所有其他强烈信息的吸收

温哥华会议中心（VCC）销售和营销副总裁克莱尔·斯密斯（Claire Smith）表示，"会议行业正面临的最严峻的挑战之一是传统的会议倾向于结构化。我们应该放松对与会代表的控制，而想办法让他们以对自己更有意义的方式去参加互动"。在互联网时代，会议本质及范式（what a conference is）的转变是大势所趋。

在这种大背景下，我国会议行业必须突破传统模式，充分认识到在线内容和社群运营在驱动全球性的观众接触和品牌传达方面的巨大力量。值得欣慰的是，国内已经有一批从业人员意识到了这种趋势，并开展了积极的探索。黄油青年会议、万有青年大烩、一席等会议充分借鉴 TED 大会的成功经验，致力于利用网站、社交工具等各种手段，对线下活动的时空进行拓展，获得了广大受众的认可与支持。

参考文献

［1］Ferica，I. Understanding TED as alternative media［D］. Faculty of Social Sciences，Media and Global Communication，University of Helsinki，2012.

［2］TED 官方网站，https://www.ted.com

［3］华琪. TED 大会：全球最潮灵感大会［EB/OL］. http://blog.sina.com.cn/s/blog_65b4b1400102v15e.html，2014–08–27.

［4］洪岩，梁林梅. 从精英到公众的开放资源：TED 的发展及启示［J］. 现代教育技术，2013（4）：12–15.

［5］姜杰，瞿丛艺. TED 智库运行机制及其对中国智库建设的启示［J］. 智库理论与实践，2018，3（4）：70–76.

［6］李格菲，李侠. TED 如何避免思想的平面化［J］. 高科技与产业化，2014（10）：22–27.

［7］https://107cine.com/stream/112877

［8］王妍，马弋飞. 网络社区传播：美国 TED 品牌推广策略的启示［J］. 记者摇篮，2012（4）：73–74.

［9］徐萱萱. 用思想的力量来改变世界［J］. 华东科技，2013（4）：46–48.

［10］郑阳鹏，蔡钰. TED 的开放哲学［J］. 中国企业家，2011，12：106–124.

第 18 章

展览会——亚洲宠物展（Pet Fair Asia）

这就是人生的一大陷阱：日子一天天过去，一年就这样过去了，而我们还是没有进行那场早该进行的对话，没有为我们的学生打造出那个峰值体验，没有领略北极光之美。本应在山脊上攀登的我们，却选择在平地上踏步。想要从这种惰性中解脱出来并不容易。对于尤金·奥凯利而言，一场不治之症才使他幡然醒悟。那么，有什么契机能够激励你去打造完美时刻呢？（——奇普·希思，丹·希思，2018）

亚洲宠物展（Pet Asia）　　（插图：杨荫稚）

　　亚洲宠物展每年都会举办各类宠物赛事活动，包括 CKU 上海优生繁育展、犬趣味跳水比赛、狗狗运动会、ICE 世界名猫赛等，在活动现场，观众不仅能看到各类世界级名宠，还可以带着自己的宠物参与形式多样的互动游戏。除体育赛事外，展会现场每年都推出"Pet Fashion Show"，以时装秀的形式，让宠物穿戴原创设计新品现场走秀，可爱而乖巧的形象吸引了大批观众。

奇普·希思（Chip Heath）和丹·希思（Dan Heath）在《行为设计学：打造峰值体验》一书中提到，在体验经济时代，人们关注的不仅是产品和服务，还有情感体验与自我实现。创造欣喜，激起认知，引发荣耀，鼓励连接，对于客户营销和品牌推广至关重要，会展活动也不例外。近年来，国内会展业发展迅速，但规模化、专业化、品牌化、国际化的一流展会仍显不足，如何通过产品、场景、活动等要素强化与客户之间的情感联系并打造愉悦的体验，成为会展主办方关注的焦点。一个展会要取得长足发展，除了主办方的经营管理水平之外，还依赖产业发展态势。

随着"撸猫""吸狗"成为一种风潮，宠物行业在我国悄然兴起。亚洲宠物展（Pet Fair Asia）经过 20 多年的历练，逐步成长为国际宠物行业的品牌展会。本章将聚焦亚洲宠物展，运用第四空间的理论框架分析其运营管理之道，力图为其他展会的持续发展提供经验借鉴。

一、展览行业发展速描

展览会的由来可以追溯到原始社会的古老集市，人们通过"以物易物"实现剩余产品的交换。随着产品类型和交换次数的增加，有固定时间、场地和以物品展示与交换为目的的集市逐步形成。14 世纪后，批发商的兴起和工业的发展推动了传统集市逐步演化为样品博览会和展览会；16 世纪"地理大发现"时代的到来，推动展览会从单纯的区域型转化为跨地区型，并开始出现一批粗具规模的国际展会与展览城市；18 世纪末，工业革命的爆发催生了一批具有影响力的工业类展会，现代展览业逐步形成，并走上规范化和市场化的道路。随着经济社会的快速发展，全球化趋势日益显著，展览活动在全世界范围内蓬勃发展，并逐步成长为落实国家战略、促进经贸发展和推动国际文化交流的重要产业。

2020 年 1 月 10 日，中国贸促会发布了《中国展览经济发展报告 2019》。数据表明：2019 年，中国境内共举办经贸类展览 3547 个，比上年下降 6.5%，其中，5 万平方米以上的大型展览占比达 57.6%，比上年提高 6.3 个百分点，展览总面积达 13048 万平方米，比上年增长 0.8%。总体而言，经过近 20 年的快速增长，中国展览业在展会规模和场馆数量上都取得了喜人的成果，但与展览业发达国家相比，展会质量不高、国际化程度较低、绿色发展不足等问题还普遍存在。

概括而言，国内许多展会在运营管理上还有较大提升空间：第一，需要采取更加市场化的运作机制；第二，需要通过运用科技及互联网手段，提升"一站式"服务，以更好地满足参展商和观众需求；第三，需要采用"线上＋线下"的营销方式，打造能触动观众感知的场景，并结合游戏化的互动方式，优化观众体验成为大部分展会亟须解决的问题；第四，需要更合理的社群运营管理方式，以增强客户黏性，创造商业收益。

二、亚洲宠物展简介

亚洲宠物展（英文为"Pet Fair Asia"，以下简称"亚宠展"）由上海万耀企龙展览有限公司主办，于 1997 年创立。经过 23 年的精心培育，已成长为集品牌展示、产业链整合、跨区贸易为一体的亚太地区宠物行业的综合性贸易平台，也是亚洲宠物行业唯一通过国际展览业协会（UFI）专业认证的品牌展会。亚宠展采用 2B 专业日（3 天）+2C 消费者日（2 天）的展览模式，将传统贸易洽谈渠道与公众市场宣传相结合，吸引了无数来自全球各地的参展企业、专业观众和宠物爱好者。

2020 年 8 月 19—23 日，第 23 届亚洲宠物展在上海新国际博览中心成功举办。新冠疫情并未阻挡宠物行业专业人士和广大宠物爱好者一年一度的相聚，相反逆势增长，22.5 万平方米的展出面积创历史之最，为期 5 天的展会，迎来了 1683 家参展企业、70849 名专业观众和 187732 位宠物爱好者。展会同期举行了多场峰会、论坛，其中，第十届国际宠物业高峰论坛——亚洲 CEO 峰会，以"后疫情时代的新消费变革"为主题，聚集了 30 多位全球演讲嘉宾，设置了全球连线、主题演讲、蓝皮书发布、首席对话、圆桌对话等多种形式。来自国内外的企业 CEO 及高层，1000 多位宠业决策者齐聚亚宠 CEO 峰会，共同畅谈宠物行业未来，分享品牌发展新趋势。

官网：https://www.petfairasia.com

三、亚洲宠物展的C-SPACE IDEA分析

（一）文化

亚宠展始终遵循"创造商机、引领趋势、服务行业"的理念。结合亚宠展官网信息与相关新闻报道，可以将亚宠展的设计思路整合为以下几个方面：（1）宠物消费不断升级要求展会应涉及宠物的生老病死、衣食住行全产业链，亚宠展的参展商覆盖了中国宠物行业的主流生产商、代理经销商、零售商以及海外参展团；（2）展会形式应根据企业和终端消费者的不同参观目的和消费需求进行灵活调整；（3）受各地经济发展水平影响，我国宠物市场具有明显的区域差异，这要求展会应实现旗舰与区域联动，根据地区优势合理定位；（4）同类展竞争的加剧对展会服务提出了更高要求；（5）宠物行业品牌与产品的快速迭代要求展会应成为行业发展的风向标。

总体而言，亚宠展的文化核心是以推动宠物行业成长为目的，打造兼具高质量 B2B 贸易洽谈与强体验 B2C 公众消费的综合性空间。这种文化内涵决定了亚宠展的运营模式、展区划分、活动设计和宣传推广等各方面的工作。例如，亚宠展的基本定位是专业展，但出于行业特性，又特增设了两天观众开放日，以满足终端消费者的采购需求；亚宠展为宠物专设宠物通道，并要求宠物持证进入，既体谅观众爱宠心切，又保证了展会秩序；主办方特别推出"InnovAction 宠物新风尚"尊享计划，为参展商在展会期间发布新产品、新技术提供推广方案。

（二）场景

在场景时代，充分运用各类社交媒体是必不可少的，通过与大数据、传感器和定位系统等技术相结合，展会主办方可以准确预测顾客的消费偏好和行为需求，并以推文、海报、Vlog 等线上营销方式，让顾客随时随地处于消费场景之中。在开展前 3 个月，亚宠展会陆续以推文、媒体新闻、大 V 直播等方式开展线上推广，海报设计以卡通形象为主，彰显宠物的活泼可爱与活动的趣味性（图 18-1）。

图 18-1　2019 年亚宠展的部分宣传海报

　　线下场景会直接影响顾客体验，对展会而言，场馆分布、展台设计、互动游戏等元素会直接影响顾客的参观感受。第 22 届亚宠展共 14 个展馆，占地面积 185000 平方米，展区按产品类别分区，涵盖宠物食品、玩具配饰、医疗保健等多个领域。同时，针对消费者的独特喜好和消费需求，特设猫产品馆、小宠—水族—爬虫馆。为满足观众的打卡需求，亚宠展还在展会入口处特设了合影留念区，供观众拍照分享（图 18-2）。

　　Gum（2017）基于服务场景的概念提出了展台场景，指在展台内为观众创造体验感的场景，包括展台设计、展台工作人员、展品和展台活动 4 个维度。亚宠展以四面开口的岛形展台为主，对展商而言有更多的发挥空间。2019 年亚宠展的大部分展商都对展台进行了区域规划，结合灯光、饰件、气味等元素呈现出风格新颖多变的展台造型，给观众带来了直接的感官冲击（图 18-3）。

图 18-2　2019 年亚宠展入口处的合影留念区

图 18-3　2019 年亚宠展的部分展台

　　展台工作人员一般是企业内部人员，有时产品的设计者也会亲临现场，对展品的设计理念进行讲解，能给观众留下深刻印象。展品是展台的核心，既要在限定的展区范围内尽可能多地展出旗下产品，同时，也要利用包装或生产技术凸显产品特色。亚宠展现场允许宠物进入，许多展商与宠物大 V 达成合作意愿，在展台内引入各式各样的"网红萌宠"，既吸引了大批宠物爱好者光临，又活跃了展台现场气氛（图18-4）。此外，网红主播也会进行现场报道，实现线上线下同步宣传。

图18-4　2019年亚宠展上的部分"网红萌宠"

（三）产品和服务

根据官方发布的展后报告，第22届亚洲宠物展共吸引了来自海内外的1591家参展商，汇集20000多个宠物品牌，涵盖宠物行业的完整产业链。观众总数达271036人次，其中，专业观众人数为67163，且71.55%为公司高层或采购管理人士。活动现场特设InnovAction展区，展示了数百件国内外知名品牌新品以及还未上市的产品，并举办多场新品发布会和宠物时装秀。超过90%的展商表示达到了预期参展效果，并在现场预订来年展位。虽然受新冠疫情影响，但2020年亚宠展的展出规模仍扩大至上海新国际展览中心17个展馆，超过20万平方米。

观众在参观展会时经常会遇到以下几个问题：第一，商品太多，眼花缭乱；第二，无法准确找到自己心仪的展位；第三，持续提升的疲劳感；第四，产品的售后与保障；第五，宠物的安全健康。针对上述问题，亚宠展提出了一系列解决对策。首先，为方便商品选择和展位查询，主办方在门票上印有二维码，观众扫描即可获得参观指南。其次，在亚宠展小程序上也可以看到展商目录、新品推荐和展会平面图（图18-5）。

图 18-5　亚宠展的微信小程序

为了在专业日提供更好的贸易氛围和洽谈环境，亚宠展禁止携带宠物或儿童入场。但在消费日，观众可以凭票从携宠绿色通道进入，同时，为保障展会秩序和其他观众的安全，携宠物者需提前进行在线登记，携犬只者还必须出示相关证件。考虑到展会人流众多，宠物可能会出现身体不适，主办方还在每个展馆设有宠物饮水点和医疗点，配有医生护士及急救用品，场外配有救护车。

此外，为满足消费日非专业观众的采购需求，主办方特推出《汪星人扫货指南》和《喵星人扫货指南》，有针对性地推介商品和展位，帮助观众尽快找到心仪的商品（图18-6）。而且在展会结束后，一旦出现任何质量问题，亚宠展会有专门的工作人员协助顾客与商家进行沟通。

图 18-6　亚宠展的扫货指南和门票

为了营造健康的展出环境和提高展会的专业性，亚宠展在展会现场设立了知识产权办公室，一旦接到侵权举报，会立即派工作人员赶赴展台，就侵权问题进行考察。如果确定侵权事实，会立马撤封展台，并帮助展商处理后续问题。

（四）舒适物设施

上海新国际博览中心作为亚宠展的举办场馆，总展览面积达 30 万平方米，设有 3 个兼具观众注册、信息咨询、开幕式、商务中心、咖啡厅、餐厅以及衣帽间等多功能的附属入口大厅，17 个标准化展馆，20 个直接通入各个展厅的卸货区，以及 51 个可用于举办中小型会议的附属会议室。展馆内部还设有 21 家风格各异的餐厅，能为展会餐饮提供全方位保障。

除使用展馆基础设施外，亚宠展为方便参展商开展贸易洽谈和进行来年展会预订，在展会现场设立了主办办公室、销售办公室和 VIP 接待室，内部均设有舒适的桌椅和丰富的餐点茶饮，并安排专门的工作人员提供业务办理和咨询服务。第 22 届亚洲宠物展的观众总人数超过 20 万，为有效疏散人流和保证展会秩序，亚宠展现场开放了 3 条普通观众通道、3 条携宠绿色通道和 3 个登录大厅。乘坐地铁或公交前往展会的观众可以从大厅北入口进入；乘坐出租车的观众将被引导至大厅南入口进场；选择自驾出行的观众，车辆集中停放在 P1 多层停车场，将从东入口进入展会。此外，为缓解观众逛展所产生的疲惫感，主办方在每个展馆内部均设有休息区，并设置接驳车往返接送（图 18-7）。

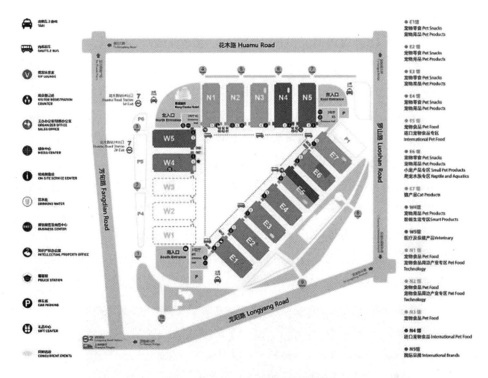

图 18-7　2019 年亚宠展平面图

（五）社群

《社群运营的艺术：如何让你的社群更有归属感》一书的作者查尔斯·沃格（Charles Vogl）提出，社群是一个由彼此关心对方福祉的个人所组成的群体，并提出了 7 项原则，即界限原则、入会原则、仪式原则、"神殿"原则、故事原则、符号原则和内圈原则。亚宠展主办方联合宠物行业数十家领头企业于 2019 年正式成立了亚宠会（Asia Pet Alliance，APA）。从社群角度进行分析，APA 的运营管理有不少值得借鉴的地方：

第一，APA 符合界限原则，作为发起人要满足一定的门槛。第二，入会要有仪式感，要让成员明显感受到自己是社群中的一员。APA 成立后，于 2019 年 6 月召开了首次发起人大会，现场授予了徽章并签署倡议书，同时还进行了工作委员会委员选举。第三，APA 在 2019 年 8 月与亚宠展同期举办了第一次发起人会议，并在 CEO 峰会现场面对上千名业内人士进行了宣誓，这些仪式能帮助成员在社群找到归属感和存在感。第四，APA 是以亚宠展为联系形成的社群，社群成员既是 APA 发起人，也是亚宠展的展商。因此，对于 APA 成员而言，亚宠展是富有特殊意义的圣地。第五，APA 强调，其宗旨是推动中国宠物行业的发展和创新，并通过和全球区域市场间的交流，让中国宠物行业成为世界宠物行业的领军者。第六，符号原则，APA 有自己专属的 LOGO 和徽章。第七，APA 在章程中对不同类型的成员有明确的划分和规定，同时会举办一系列活动强化社群联系。

例如，2020 年在新冠疫情暴发后，APA 及时发布了宠物行业联合行动倡议书，并邀请专业人士开展有关宠物的科普教育，一方面尽可能减少疫情带来的行业损失，另一方面也以活动的形式强化社群联系，帮助社群成员在行业中树立良好的企业形象，让成员意识到加入 APA 后可以与社群一起成长（图 18-8）。

图 18-8　APA 宠物行业联合行动倡议书

（六）活动

第 22 届亚洲宠物展同期举办了国际宠物业高峰论坛——亚洲 CEO 峰会、中国宠物医院管理层年会、中国宠物食品论坛和东南亚宠物用品展新闻发布会（图 18-9）。其中，亚洲 CEO 峰会的规模自 2011 年举办以来持续扩大，峰会人数已超过 1200 名。亚宠展同期会议涵盖宠物行业多个领域，聚焦热点话题，为行业带来发展新动力，同时也提升了展会的专业性。

图 18-9 国际宠物业高峰论坛——亚洲 CEO 峰会现场

针对宠物行业的人才供需问题，2019 年亚宠展特别推出了"招兵买马"活动。从展前 2 个月开始筹备，以"线上＋线下"的形式进行推广。线上在自媒体平台进行重点职位信息推送，线下则在展会现场设置独立展板，发布有关宠物行业的人才招聘信息，岗位涉及宠物生产、品牌、经销代理公司、美容师、店长、美容助理、兽医等各个类型（图 18-10）。针对人才培养问题，亚宠展与 CKU 合作开展华东区宠物美容师资格认证考试，并邀请国际权威审查员进行现场考核。

针对社群管理，亚宠展每年会举办"PFA Awards 年度大奖评选"，为在宠物食品、用品和医疗等领域做出突出贡献的企业颁发奖项，包括经典品牌大奖、年度爆款、年度医疗服务大奖、年度设计大奖、年度中国质造大奖等八大奖项。以颁奖典礼的形式，将行业内具有影响力的企业家齐聚一堂，一方面，鼓励中国宠物行业持续创新进取，另一方面，强化业内交流和情感联络，稳固以亚宠展为核心的社群体系。

图 18-10 亚宠展"招兵买马"活动

上述活动都是在亚宠展展期内举办的。在非展期时间，亚宠展也会组织一系列商务考察和培训活动。自 2013 年起，亚宠展开始发展全国巡回商学院，邀请资深讲师为行业人士授课。此外，为探访不同区域的行业市场，亚宠展还以游学团的形式组织品牌商、零售商和经销商前往当地进行考察交流。这一系列商务活动，不仅凸显了亚宠展作为专业展的代表性和国际性，也体现了亚宠展的社群属性，以活动为渠道，强化成员关系，从而形成更紧密的社群。

（七）科技感

亚宠展针对展商实行"展商证"人脸识别系统，展商只需提前进行线上预登记，便可快速扫脸进入展馆。同时，为在最大限度上保证展会的秩序性和专业性，展商证是限制出入次数的，所以展商无法外出将观众接入现场（图 18-11）。针对专业观众，亚宠展鼓励进行线上预登记，并提供了微信快速预登记、PC 端官网预登记和团体报名预登记 3 种方式，观众在基本信息填写完成后会收到组委会发出的"参观注册确认码"，现场携带 2 张名片或预登记时上传的相关证明资料方可入场。

图 18-11　亚宠展的人脸识别系统

　　亚宠展官网支持中、英、日、韩 4 种语言，在微信小程序上可以浏览到有关展会的最新信息、新品推荐、展商名录、展会平面图和同期活动等相关信息。此外，展商可以直接在小程序上进行展位预订，观众也可以进行预登记并获得电子参观证。

（八）设计感

　　无论是展会环境还是展台，其设计都应当与产品相结合。作为宠物类展会，亚宠展从 LOGO、海报到展板的色调设计都保持一致，以蓝绿色为主，不禁让人联想到绿地与海洋，彰显了自然与生物和谐共处的理念。根据不同的活动，配上可爱的宠物卡通形象，让人感觉清新而又不失可爱。同时，亚宠展以喵星人和汪星人的形象推出了限量版亚宠纪念公仔，并以客户礼物和互动礼品的形式送出。

　　亚宠展在出入口处设立了多个醒目的通道指引展板，方便参观者根据自己的需求选择合适的通道进入。同时将普通观众与展商、展商客户、VIP 客户的通道相区分，这既是对展商和重要客户的特殊照顾，也有利于维护展会正常秩序。登录大厅主要由观众登记处、展馆服务、综合服务中心和检票通道入口组成，每个区域都安排了专业人员给予指导，帮助观众快速登记和进入展馆。展馆现场铺设有不同颜色的地毯，与展台相衔接处都用胶布进行了黏合，方便人员走动。以国家展团形式参展的展台，区域上方会设置明显的国家标志，帮助观众进行快速区分。

展台的设计应当以产品为核心，将展台造型、色彩元素和灯光设计相融合，并根据产品特性将展台区域进行合理划分，打造有形环境与无形氛围相融合的兼具艺术性与商业性的展台（王春雷、汪祥，2018）。以亚宠展 N2-M51 展台为例，展台设计以暖色调为主，分为心跳猫盒墙、罐头福利区、爆款拉杆箱、猫盒展示区、KT 板拍照区和 TA 领养区，既以商品为导向进行了区域划分，方便顾客快速找到心仪商品；同时也考虑到顾客的分享意愿，专设了 KT 板拍照区；此外，展商还与公益组织进行合作，推出 TA 领养区，在塑造良好企业形象的同时，有利于进一步实现口碑营销。

此外，随着宠物行业的兴起，同类商品之间的竞争越来越激烈，参展企业要想在展会平台上脱颖而出，除了产品质量过硬、种类丰富之外，还需要在产品理念和包装设计上进行革新。以亚宠展上推出的"故宫爵宴"高端猫零食为例，该展台以宫廷食盒的形式作为包装设计，以故宫宫门、宫墙作为主创语言，同时搭配以故宫猫为原型的原创手绘插画，将文化创意设计与宠物食品相结合，进行跨界创新，颇具吸引力（图 18-12）。

图 18-12　亚宠展上的特色展品（爵宴）

（九）体验感

在体验经济时代，每个企业都有必要转换营销方式，更多地关注客户体验。Schmitt 在 1999 年提出了著名的"战略体验模块"，其中第一个部分便是感官营销。人最基本的五种感官是视觉、听觉、嗅觉、触觉和味觉，感官体验将直接影响顾客的参观和参展感受。

（1）在视觉方面，亚宠展现场以特装为主，从展台的设计、色彩搭配和灯光效果上看，大部分展台让人感觉视觉舒适，并颇具新颖感。

（2）在听觉方面，为维护和谐健康的参展环境，亚宠展现场对展位音量有明确的规定：在专业观众日期间，各展位不得使用音响、话筒等高分贝设备，一旦发现将下发整改通知书警告，如警告无效，将实行拉闸限电措施。主办方严厉的执行态度有利于防止和减少音量攀比等恶劣行为的产生，可以更好地保障客户在展会期间开展业务交流。

（3）在嗅觉方面，虽然亚宠展在炎热的 8 月举办，人流拥挤，并且现场有很多宠物，但由于空气流通和展馆内部冷气充足，现场几乎没有任何异味。

（4）亚宠展作为宠物爱好者的盛会，最深刻的触觉体验应该是在现场与宠物进行的互动，即所谓的"撸猫""吸狗"。实验表明，通过与小动物互动，有利于缓解情绪和释放压力。允许展会现场带进宠物，不仅有利于展品推广，还可以通过触觉体验提升顾客的参观满意度和对展会的整体印象。

（5）由于亚宠展的特性，与味觉相关的产品大多是针对宠物的。根据《2019 宠物行业白皮书》中的统计数据，食品消费在整个宠物消费结构中所占比例最高，达到 61.4%。据了解，影响宠物主产品购买的因素，除价格外，宠物的饮食偏好也是重要原因之一。因此，亚宠展的许多展商在现场安排了试吃环节，这有利于提升宠物的味觉体验，从而带动宠物主的购买欲望。

（十）娱乐感

每年的亚宠展都会举办各类宠物赛事，包括 CKU 上海优生繁育展、犬趣味跳水比赛、狗狗运动会、ICE 世界名猫赛等。在活动现场，不仅可以看到各类品种纯正的世界级名宠，还可以带着自己的宠物参与形式多样的互动游戏（图 18-13）。

图18-13 亚宠展部分活动现场

除体育赛事外，主办方每年都会推出"Pet Fashion Show"，以时装秀的形式，让宠物穿着或佩戴原创设计新品进行现场走秀，可爱而乖巧的形象吸引了大批观众。为保障宠物在开展活动时的健康安全，宠物活动区内会专设围栏，进行区域隔离，并铺设地毯或草地，以及准备各类防护措施。

各类活动不仅可以烘托展台气氛，还可以拉近展商和观众之间的距离，通过互动，增强观众对展商和品牌的印象。概括而言，在亚宠展现场，展商的互动方式主要有以下几种：第一，扫码关注获得小礼品；第二，线上或现场抽奖；第三，参与游戏获得奖励，如以跳远的距离来换取折扣价格或者转动幸运大转盘；第四，邀请品牌代言人来到现场进行互动，利用明星效应吸引观众；第五，以有趣而绚丽的场景为依托，设置专门的"打卡"区域，满足大众对拍照分享的需求；第六，参与式体验，让观众参与设计样品，打造属于自己的独一无二的商品。

四、对展览会经营的启示

国际领先的展会组织者已经广泛接受了一个观点——当前的展览业务模式普遍需要改进；不断变化的客户期望、市场动态和数字技术要求展览从业人员重新思考展览会的目的和过程。在此背景下，AMR Int'1公司提出了

Exhibition 2.0（展会 2.0 模式）。该模式的本质是 O2O2O，而打通线上线下的关键在于持续生产和传播高质量的内容，它要求展会组织者改变自身的角色：从销售渠道供应商（sales channel purveyor）到 365 天的行业价值创造者（365 industry value creator）。

　　作为一个已经有 20 多年历史的宠物行业品牌展会，亚宠展正努力朝向展会 2.0 模式发展，并取得了显著成效，其设计和运营之道能带给国内其他展会许多思考（表 18-1）。

表 18-1　亚宠展对我国其他展会的启示

维度	主要启示	备注
文化引领	以产业需求为导向，灵活调整展会内容和形式，打造具有行业引领性的综合性服务空间	
场景营造	用科技挖掘顾客偏好，结合多种媒体平台进行线上营销；展会合理布局，并专设留影区域；展台造型新颖亮丽，结合现场互动与"网红效应"，活跃现场气氛	
产品和服务	产品涵盖行业完整产业链，观众和企业数量皆可观；推出小程序和扫货指南，方便观众参观；根据不同主体分设通道，并配有安全防护措施；为知识产权提供保障	亚宠展允许宠物进入，因此分为普通观众通道、展商通道和携宠绿色通道
舒适物设施	多样功能区满足展商与观众的餐饮、会务及休闲需求；提前采取措施分散人流	
社群管理	限定社群门槛；精心设计入会流程；通过仪式活动增强归属感；以展会为核心，打造行业"圣殿"；强调共同的价值观和愿景；设计专属的徽章和 LOGO；设计活动，强化社群联系	社群运营的 7 个原则：界限原则、入会原则、仪式原则、"神殿"原则、故事原则、符号原则和内圈原则
活动组织	聚焦热点话题，与展会同期举办行业会议；展会现场举办丰富多彩的活动；以社群为核心举办活动；展期外组织商务考察或学习交流活动	
科技感	现场引入人脸识别系统，提高展的效率和专业性；多种方式提供注册登记服务	
设计感	与展会定位相一致的设计理念；人性化的展馆分布和参观及参展服务；展台以产品为导向进行外观设计和内部布局，将有形环境与无形氛围相融合；展品质量、种类与外观设计兼顾	

续表

维度	主要启示	备注
体验感	通过感官设计，实现体验营销；严格控制展位音量，保证良好的展会环境；注意空气流通；增强展商与观众之间的互动	战略体验模块（SEMs）包括感官、情感、思考、行动和关联体验
娱乐感	根据展会特性举办各式各样的赛事活动；展台结合"明星效应"、场景体验、趣味游戏等多种互动方式，进行产品推广	

之前的会展项目应该在某一行业内形成以内容和数据服务为支撑的规模效应和平台效应。诚然，在互联网发展、体验经济、代际变化等多种因素下，当今的中国会展业要解决的重要问题之一是把会展项目从传统的参展企业的销售渠道转变成真正的整合营销平台。未来，展览主办者将是产业媒体生态系统的运营者，会展业的产业价值链需要重塑，供应商类型将更加多样，原来的场馆、展示设计与搭建等传统服务商将面临更多的竞争。

总体来看，线下会展活动将成为虚拟媒体生态系统的物理枢纽。目前，国内许多会展公司、会展项目正在努力探索，积极寻求未来发展之路。相信，不久以后便会取得成效，逐步向新趋势靠拢。

参考文献

［1］Schmitt B. Experiential marketing: A new framework for design and communications［J］. Design Management Journal（Former Series），1999，10（2）：10-16.

［2］Woo G J, Jun J K. How to create a profitable boothscape？［J］. International Journal of Contemporary Hospitality Management. 2017，29（3）：966-985.

［3］Pendry P，Vandagriff J L. Animal Visitation Program（AVP）Reduces Cortisol Levels of University Students：A Randomized Controlled Trial［J］. AERA Open，2019，5（2）：1-12.

［4］查尔斯·沃格. 社群运营的艺术：如何让你的社群更有归属感［M］.

北京：华夏出版社，2017.

　［5］狗民网，http://news.goumin.com/a/2019–08–19/0011566259434.html

　［6］罗伯特·斯考伯，谢尔·伊斯雷尔. 即将到来的场景时代［M］. 北京：
北京联合出版社，2014.

　［7］奇普·希思，丹·希思. 行为设计学：打造峰值体验［M］. 北京：
中信出版社，2018.

　［8］上海新国际博览中心官方网站，http://www.sniec.net

　［9］王春雷，汪祥. 展台场景设计对展览会观众行为的影响研究［J］. 旅
游论坛，2018，11（1）：1–17.

　［10］亚洲宠物展官方网站，https://www.petfairasia.com

　［11］张健康. 会展学概论［M］. 杭州：浙江大学出版社，2013.

　［12］中国国际贸易促进委员会. 中国展览经济发展报告 2019［R］. 2020.

第 19 章

俱乐部——财富关系俱乐部（FC Club）

　　俱乐部是具有某种相同兴趣的人进行社会交际、文化娱乐等活动的团体和场所。俱乐部是过去几十年间最具意义的文化现象之一，它建立在仪式、典礼、娱乐和文化美学之上，使人们得以逃离日常生活环境、享受短暂的精神狂欢。同时，不同的阶层身份与社会角色在这里充分流动。俱乐部旨在建立会员间的圈层文化、群体精神及归属感。（Christina Goulding，2011）

上海外滩悦榕庄 TOPS 露天酒吧 （插图：杨荫稚）

　　FC Club 财富关系俱乐部针对每期活动主题，寻找迎合主题氛围的场所，以增加参加者的体验。2020 年 8 月 29 日，FC Club 外滩悦榕庄露台派对在上海外滩悦榕庄 TOPS 露天酒吧举办，该酒吧拥有 180°无遮挡全江景宽敞露台，将陆家嘴金融中心鳞次栉比的摩天大楼和天际江景尽收眼底，大大增加了参与者的愉悦感和满足感。

从功能的角度来讲，当代的俱乐部往往是一个集交流、学习、娱乐、服务于一体，并强调增强用户体验和参与度的平台。因而，全国各地的俱乐部已经成为其会员开阔眼界、增长见识、扩大交际圈的第三空间。但随着信息化发展及大众对休闲生活品质的注重，现有俱乐部的运营模式已不能满足新的需求，未来的俱乐部一定是共享化、信息化，并具备综合功能的交互平台。它会超越空间限制，从俱乐部文化、多维度场景设计和活动管理等角度出发，打造成会员的第二个家。

一、俱乐部行业发展速描

俱乐部文化起源于 17 世纪的英国，当时，英国的社会结构发生巨大变化，一些以前锦衣玉食的贵族，城堡被夺、田地财产缩水、佣仆们四散，于是便四处相邀集结资金，寻找合适的地点并请专人打理，建立一个可供不再风光的王公贵族聚会联谊的场所。也有观点认为，现代意义上的俱乐部实际上源自英国的一家咖啡馆，它兴起于一个世纪前，一群有着相同兴趣爱好的消费者在某个午后聚在一起，他们相谈甚欢、彼此相见恨晚，于是决定组成一种联盟。刚开始时，联盟并不对外开放，并由会员筹款共建会员部来作为定期聚会的场所。后来，为了满足每次活动的各项开销，专门的"会费"产生了；联盟也逐渐对外开放，允许外部人员加入，俱乐部的规模由此逐渐发展壮大。

随着这一理念的盛行，很多志同道合的团队决定组织他们自己的俱乐部。从伦敦早期的简陋咖啡馆发展为今天的一种普遍现象，现代俱乐部成为具有相同兴趣的人们聚集在一起进行社会交际、文化娱乐等活动的团体和场所。然而，俱乐部发展至今仍面临着许多挑战。初期，由于物价水平的提高，会员们缴纳了大笔的会费用于日常活动开支。然而，运营效率低下、管理费用冗余使得俱乐部管理者用于筹备工作的会费占比逐渐缩小；线下场所选择的不适宜、忽视场景氛围或主题文化的打造等因素都在一定程度上导致了会员流失。长此以往，许多俱乐部只能倒闭。

目前，国内许多俱乐部都面临着上述困境。本章所讨论的财富关系俱乐部（Fortune Connection Club，简称 FC Club）曾经是俱乐部发展中较好的范例。它的创始人在运营过程中一直秉承着把顾客体验放在首位的理念，并颠覆了传统的盈利模式，使得俱乐部取得了稳步发展。因此，探讨 FC Club 对国内俱乐部甚至是整个俱乐部产业发展都有所裨益。

二、财富关系俱乐部（FC Club）简介

财富关系俱乐部是一家致力于在亚洲部分中心城市举办活动的商务社交平台，每月举办的职业发展活动聚集各行各业的商界精英。它主要面向全球专业人士，包括外籍人士、有海外经验或想要与世界各地专业人士建立联系的人。经过近 20 年的发展，FC Club 现已成为亚洲最大的英语交流、领先的商业网络组织之一，服务于一个拥有超过 200000 名活跃成员的社区。

自 2002 年起，FC Club 每年举办 200 多场活动，更有超过 2.5 万名客人参与其中。俱乐部组织的社交网络活动形式多样，包括商业和金融之夜，媒体、销售和营销之夜，职业发展之夜，时尚和奢侈品社交晚会，领袖社交晚会，酒店社交晚会，供应链和物流社交晚会等（图 19-1）。此外，FC Club 的成员通常都是 30~50 岁的高级管理人员，其中 80% 以上是企业 CEO、总经理和部门主管，他们大多处于职业生涯中期，受过良好的教育，有上进心并且思维活跃。由于懂得弱关系在职场或个人发展中的重要性，会员们尤为注重社交以外的社会关系发展，FC Club 无疑就充当了一个绝佳的交流平台角色。

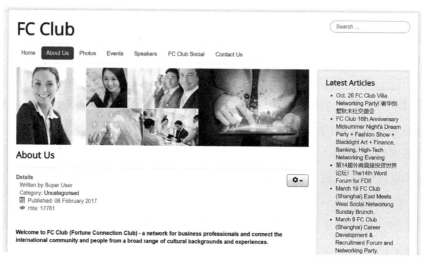

图 19-1　FC Club 的官网首页（部分）

对于广大会员来说，FC Club 拥有许多有吸引力的功能和优势，能带来的价值主要表现在以下方面：

（1）与世界各地的专业人士见面，扩大当地社区的人脉关系；

（2）参与线下社交活动；

（3）创建个性化的职业身份；

（4）联系和扩大专业社交圈；

（5）帮助联系业务，寻找新的业务或职业机会，结交国际朋友；

（6）增长和分享经验，并接受有经验的专家与成员的建议。

官方网站：http://www.fcclub.com

三、财富关系俱乐部的C-SPACE IDEA分析

（一）文化

正如掌众财富总裁朱宇所言，"我们把用户当作朋友来服务，满意是起步，感动是标准"。FC Club 一直围绕以顾客为中心的理念经营俱乐部，其创始人 Linda Xu 以满足会员体验为基本原则，并在俱乐部中着力打造家一般温暖的氛围，不仅让会员满意，而且希望能让会员发自内心地感动。俱乐部顾客第一的理念也并非纸上谈兵。无论是场地的选址还是空间场景的设计，他们都从细节出发，站在会员的立场，考虑如何让参与聚会的所有人都能用心交流，激发他们想要的商业灵感或是引起共鸣。

此外，FC Club 每期都设有特定的主题，并根据主题邀请行业中的知名人士作为演讲嘉宾，给会员分享行业的前沿知识。国际化、金融、商界精英等标签，同时融合着会员的自我文化认同。由此观之，以这些主题文化为引领，FC Club 正朝向第四空间转型升级。

（二）场景

正如《场景：空间品质如何塑造社会生活》一书里所提到的，当一个社区变成一个场景时，它就超脱了物质层面，成为生产文化与意义的场地。作为新的空间生产要素之一，场景对 FC Club 的持续发展也至关重要。

以 2017 年 11 月 29 日在上海市浦东新区东园路 18 号中国金融信息中心 9 层举办的关于职业发展的俱乐部活动为例，这次活动所在场地与东方明珠隔岸

相望。活动参与者可沿途观赏黄浦江岸边的景色，直至入口，再乘电梯上9楼到达活动场所。室内整齐摆放的座椅、复古漆皮的沙发与柔和多变的光线彼此交织，整体布局协调又淡雅，徜徉其中给人以心灵上的洗涤（图19-2）。

图19-2　2017年FC Club某次职业发展活动的举办场地

从细节来看，大厅的不同角落散落着几个书架。三三两两的书籍、俱乐部所获的荣誉证书和杰出前辈的画像摆放于其中。再往内就是厨房与茶歇休息室，电冰箱、热水器、微波炉等设施明亮整齐地摆放其中。拿着茶点回到主场，坐在舒适的座椅上与业内同行闲聊几句，随意而又温暖的氛围蔓延其中，幸福与舒适感皆备。

总体来看，活动的场景设计十分注重参与者的体验，并围绕着参与者的需求和实际情况来考量。同时，散落点状的场景并未设置出一个明显的中心区位，在保证参与者有足够的互动空间之余，也体现出了社交化与去中心化的场景思维。

（三）产品和服务

FC Club是一个为商务人士而设的社交网络平台，将拥有不同文化背景和经历的人们与国际社会联系在一起。其实质是作为一个中介机构，把有着共同需求的人们聚集在一起，并邀请行业中的杰出人士与参与者分享前沿知识。同时，针对每期的不同主题，在不同的场景下为会员们提供有区别的定制化产品与服务。概括而言，FC Club 向客户提供的核心产品就是表现为各式各样活动的社交平台。它所举办的活动多种多样，有行业精英的社交之夜，有时尚、艺术、金融、汽车之夜，也有圣诞、新年的节日庆祝之夜，更有各类知识分享的沙龙会等，活动内容和形式层出不穷。

理所当然，FC Club 的服务聚焦于所举办的各式活动中。以 2016 年 9 月 8 日 FC CLUB（上海）投融资互动研讨及交流酒会为例，财富关系俱乐部邀请了东玖资本创始合伙人 Jerry Lin、现金巴士创始人兼 CEO 唐阳、Tripint and Pushr 创始人兼 CEO 高铭键、MagicStick 创始人兼 CTO Davide Cali 以及 AceBridge 创始人曹清作为演讲嘉宾参加此次交流会（图 19-3）。活动当晚，除主讲嘉宾发表主题演讲外，主办方还邀请了行业专家解读投融资大势，邀请知名投资人分析投资之道，邀请创业家分享创业经验。同时，FC Club 安排了提问解答环节，让现场观众有机会与特邀嘉宾进行互动交流，解决自身困惑。这些都是 FC Club 在本次活动中为参与者提供的产品与服务。

图 19-3　2016 年 9 月 8 日 FC CLUB（上海）投融资互动研讨及交流酒会

针对不同主题和不同形式的活动，FC Club 所提供的产品与服务也不尽相同。例如，于 2019 年 9 月 21 日举办的秘密花园室内露台社交之夜与上述活动就有所差异（图 19-4）。组织者在此次活动中为参与者提供了一个别具一格的场所——坐落于酒店露天花园的沁园，并设置了秘密空间。这是一个设计师的时尚角落，与会者可以试戴设计师品牌帽子，享受专业摄影师所拍摄的大片。同时，FC Club 还邀请了乐队来助兴，并为参与者提供酒水。

图 19-4　2019 年 9 月 21 日 FC CLUB（上海）秘密花园室内露台社交之夜

　　由此看来，FC Club 所提供的产品和服务会因活动、主题等而有所差异，但综合来看都是为会员提供社交平台，因而社交是 FC Club 产品与服务的核心要素。

（四）舒适物设施

　　FC Club 会根据不同的活动主题选择不同场地，并试图为参与者创造既符合情境又别出心裁的场景。综合来看，FC Club 所选取的活动场地多为一些大型酒店、创意酒吧，这样的场地选择使活动得以配备一些基础的舒适物设施，如停车场、休息区等，从而保证了大部分参与者的基本需求。场内的其他便利设施或特殊设备，则进一步通过良好的场景设计实现串联，使参与者达到满意。

　　FC Club 在选择场地的同时，也十分注重其功能区的划分，以进一步提升活动参与者的体验。以 2020 年 4 月 30 日所举办的全行业精英春暖花开商务社交之夜为例，FC Club 将此次活动场地——健力士醇黑坊分为五个区域，包括精品店、酒吧、露台、餐厅及 VIP 贵宾空间（图 19-5）。参与者可根据自身需求，前往不同的区域。

　　总体来看，FC Club 所举办的活动不仅设有基本的舒适物设施，更有一些个性化、多样化的设施，以此来满足参与者多层次的需求。

图 19-5　2020 年 4 月 30 日 FC Club 全行业精英春暖花开商务社交之夜

（五）社群

FC Club 不同于传统意义上的体育活动等俱乐部，它定位于提供一个舒适惬意场所，让素不相识但对商业或社交感兴趣的业界人士面对面，随心所欲地聊一聊对中国经济发展前景的看法，并为促进俱乐部会员之间的联系、相互交流财富管理经验提供机会。俱乐部会员由企业高管、普通员工、业余爱好者组成，企业高管在整个企业运营中起着举足轻重的作用。基于此，FC Club 秉承社群思维，精心打造了和谐的会员关系，下面将分三类利益相关者做简要分析。

1. 面向企业高管

鉴于企业高管是主力军，FC Club 致力于聚集大量国内外商业杰出人物分享时代前沿知识，如未来中国经济是衰退还是繁荣，大中小型企业将如何应对等。这些大中小企业高管难得拥有机会，能够在俱乐部精心安排的派对里面对面交流，探讨行业发展趋势，并达成行业共识、寻找商业机会。

在活动中他们不断交流学习，如讨论财富管理与传承、资产配置与风险防范、金融产品、企业人才培养等多个话题，在相互建立友好关系的同时，也为彼此如何破解企业发展的"瓶颈"问题、实现转型升级与创新发展而倾囊相授。

2. 面向企业普通员工

FC Club 能够给普通员工提供接触行业大佬的机会，了解行业最新动态、开阔眼界。同时，在一些活动中专门设计了现场提问解答环节，能够让这些普通员工勇于提出自己在平时工作或学习中的疑惑。由此可见，FC Club 能够从各类利益相关者的角度考虑，以优化参与者的体验。

3. 面向业余爱好者

业余爱好者每次都能够在派对酒会中现场聆听业内人士关于经济发展前景的不同看法，增长基本的管理财富知识，掌握一些基金股票的购买小技巧。在这样舒适愉悦的氛围中，免去了工作日的辛劳，既充满娱乐性，又能实现个人投资回报。

（六）活动

点击 FC Club 官方网站，俱乐部会员可以通过"活动"（Event）专栏了解近期已经举办的以及未来一段时间即将举办的活动信息，几乎所有活动都有非常详细的内容介绍，包括举办时间、地点、价格以及主题等（图 19-6）。同时，在官方网站的右上角处可自由切换中英文界面，方便国内外的俱乐部会员报名参加。

图 19-6　FC Club 官网的"活动"专栏

FC Club 针对不同人群举办不同主题的活动，活动类型涵盖社交之夜、知识分享会、节日狂欢派对等。在每次活动中，都有各种参与性的环节穿插其中，如抽奖、游戏、时装秀等。正是这些多样化的活动吸引了无数的会员，推动了俱乐部的持续发展。

（七）科技感

FC Club 对科技感的应用主要体现在两个方面：互联网平台的宣传推广以

及活动场地的科技感打造。

　　俱乐部官网设立了 7 个不同的主题板块，使对 FC Club 感兴趣的会员与非会员都能够便捷地访问，以了解俱乐部及其举办活动的信息。此外，FC Club 还设有微信公众号、微博等社交平台，多渠道宣传其活动，吸引参与者。例如，FC Club 订阅号会发布每场活动的预告信息，并在活动结束后刊登活动的照片回顾，进一步扩大活动的影响范围。此外，参与者可选择线上报名，便捷又环保。这些举措充分依托了互联网平台，无疑也是 FC Club 及其活动对科技感的体现。

　　另外，FC Club 对科技感的追求也体现在活动场地选择与场景设置上。例如，2019 年 12 月 21 日"鎏金蜜色"圣诞幻红之夜选择在上海世贸皇家艾美酒店举办，这家酒店位于上海浦西之巅，整体设计十分具有科技感，巨大的落地窗可以让驻足的参与者从 100 尺的高度俯瞰整个外滩 CBD 全景（图 19-7）。

图 19-7　2019 年 12 月 21 日 FC Club"鎏金蜜色"圣诞幻红之夜举办地

（八）设计感

FC Club 举办活动的场地往往设计感十足，给参与者带来一场场视听盛宴。例如，2020 年 1 月 11 日，FC Club 外滩时尚、艺术、汽车奢华社交之夜在 Mercedes me 外滩体验店举行。Mercedes me 外滩体验店犹如一座"灵感之屋"，闪耀黄浦江（图 19-8）。这座建筑承袭了奔驰"感性·纯粹"的设计哲学，采用"新豪华主义"设计语言勾勒出的现代建筑前卫大气、明快简洁，与上海海纳百川、中西结合的城市气质相得益彰。

图 19-8　2020 年 1 月 11 日 FC Club 外滩时尚、艺术、汽车奢华社交之夜举办地

又如，2020 年 1 月 17 日举行的 FC Club 全行业精英春节外滩社交之夜，俱乐部选取 Barbarian 北外滩店作为活动场地（图 19-9）。该场地具有很强的设计感，有着质朴的洞穴式内饰，装饰与整体布局都呈现出野蛮的设计风格。整个酒店在霓虹灯映照之下氛围十足，从酒店的一面还可以看到海景。

这样的例子还有很多。综合来看，注重活动场地的设计感以提升参与者的感官体验，是 FC Club 取得成功的重要因素。

图 19-9　2020 年 1 月 17 日 FC Club 全行业精英春节外滩社交之夜举办地

（九）体验感

FC Club 与传统俱乐部不同，甚至并不拥有自己的空间，它主要是为了促进人们的思想交流与商务联系。FC Club 举办活动的目的是促进会员的思维迭代，而传统的俱乐部，如商业健身俱乐部，则是在专业教练的规范指导下，为会员锻炼身体提供场所。两者都可以提高会员的体验感，只不过 FC Club 更注重的是精神层面。

在体验设计方面，FC Club 一直在不断努力。比如，它会针对每期主题，最大限度地找到能够符合主题氛围的活动场所。以 FC Club 在 2019 年 12 月 13 日举办的金色圣诞时尚社交派对＋时尚走秀为例，举办地点选在星空酒吧。星空酒吧位于上海新世界丽笙大酒店顶层 47 楼，风格独特，是上海最高档的酒吧之一（图 19-10）。来到这里，会员仿佛置身于午夜星空穹顶之下，可以俯瞰上海都市全景。在星光闪烁的月夜下品尝上等佳酿，伴随着曼妙的现场演奏与时尚走秀，沉醉于光影交错的都市夜景中。身临其中，愉悦感和满足感不约而同汇聚于一刻。

图 19-10　2019 年 12 月 13 日 FC Club 金色圣诞时尚社交派对

（十）娱乐感

FC Club 作为商务型活动的举办者，自然少不了安排娱乐活动，来增加活动的趣味性与互动感。小型时装秀、专业歌手演唱等应有尽有，如果遇到一些特殊节日，也会有专门的惊喜环节。以 2019 年 12 月 13 日举办的金色圣诞时尚社交派对与时尚走秀为例，在这次聚会中，娱乐感主要体现在以下几个方面：

1. 时尚秀（Fashion Show）

MISSARDI 于 19 世纪 40 年代创立于艺术之都意大利佛罗伦萨，经历 170余年的发展，成为意大利知名奢侈品品牌。19 世纪 80 年代，MISSARDI 与世界知名奢侈品品牌 GUCCI、AMANI、PRADA 均建立了裘皮成衣设计、生产合作关系，其全球裘皮成衣设计创作大部分由米莎迪艺术设计大师完成。在场的与会人员能够大饱眼福，欣赏时代前沿的艺术创作——时装秀（图 19-11）。

图 19-11　FC Club 金色圣诞时尚社交派对上的时尚秀（Fashion Show）

2. 圣诞礼物（Christmas Gift）

在这场聚会开始前，FC Club 的主办方就倡议：欢迎大家带一份圣诞礼物，活动中设有礼物交换的互动环节。同时，俱乐部也准备了很多精美礼物赠送给参与者（图 19-12）。

图 19-12　FC Club 金色圣诞时尚社交派对上的圣诞礼物

3. 破冰游戏（Ice Break Activity）

与会者可选择不同颜色的手环来代表当前不同的状态（红色＝商务交流、结交朋友；黄色＝还未决定；绿色＝单身贵族）。这个红黄蓝小游戏极大地活跃了现场气氛，让场内彼此不相识的人慢慢熟悉起来（图 19-13）。

图 19-13　FC Club 金色圣诞时尚社交派对上的红黄蓝小游戏

4. 现场乐队（Live Band）

主办方在活动现场还安排了乐队表演，与会者聆听着美妙动听的音乐，享受着音符跳动的美感，熟悉的老朋友彼此交流情感，原本不认识的人也在试着了解对方，或者分享自己对某一个问题的独特见解，谈谈目前的经济形式、所面临的问题，好不惬意（图 19-14）。

图 19-14　FC Club 金色圣诞时尚社交派对上的乐队表演

5. 圣诞老人神秘礼物及抽奖

FC Club 还为在场的每个人精心准备了一份小礼物，希望圣诞老人能给每个人带去好运、平安。这应该算是一个暖心的环节，让参与者的体验直线上升，并为俱乐部与参与者赋予某种紧密的情感联系，会员的忠诚度也随之得到强化（图 19-15）。

图 19-15　FC Club 金色圣诞时尚社交派对上的圣诞老人和神秘礼物

四、对俱乐部经营的启示

虽然现在俱乐部的形式呈现多样化，健身、体育、商业等各种俱乐部应有尽有，但是大多数俱乐部存续时间不长，究其原因在于管理者仍然采用传统的盈利模式，没有把客户体验放在第一位。正如恒天财富俱乐部助理总裁夏海峰（2017）所说："当下财富管理机构的传统盈利模式迎来变局，在客户服务方面进一步深耕细作的差异化竞争策略已成为机构发展的普遍选择。对于真正以客户为中心的财富管理机构来说，应加强此方面的投入并逐步提升客户体验管理的专业度。"

FC Club 以其独特的盈利模式，充分考虑提升客户体验，使其在短短十几年时间内就跻身卓越俱乐部的行列。其发展模式能够给众多俱乐部的转型带来一些借鉴（表 19-1）。

表 19-1　FC Club 财富关系俱乐部对我国俱乐部的启示

维度	主要启示
文化主导	延伸俱乐部责任，将举办的每场活动作为一个平台，整合俱乐部的商务、交友、学习和休闲等多种功能
场景设计	场景布置要注重参与者体验，并围绕参与者的需求和实际情况来布置；场景设置可体现社交化和去中心化的场景思维
产品和服务	利用俱乐部的客户资源，把他们聚集在一起，邀请业内专家分享行业前沿知识，并提供舒适、便利的服务
舒适物设施	活动场地的选择需设有基本的舒适物设施，并根据实际情况提供个性化、多样化的舒适物设施，以满足参与者多层次的需求
社群管理	主要面向企业高层、普通员工和业余爱好者等不同细分市场提供专业的服务；会员制和非会员制相结合
活动组织	官网上设置"活动"（Event）专栏，方便人们了解近期已经举办以及未来一段时间即将举办的活动信息；活动的内容、形式尽可能丰富多样
科技感	注重互联网平台的宣传推广以及活动场地的科技感
设计感	注重活动场地的设计感，以提升参与者的感官体验
体验感	根据每次活动的不同主题挑选合适的场地，以优化参与者的体验
娱乐感	添加时装秀、乐队演唱、串场小游戏等环节，为参与者带来更多娱乐感

诚然，在科学技术快速发展的今天，俱乐部不再是仅为客户提供服务的传统营利机构，更需要把客户体验放在至关重要的位置上，创造独特的品牌价值。令人高兴的是，国内已经有越来越多的俱乐部凭借敏锐的嗅觉，对自身进行改革，并取得了不错的成效。

以恒天财富客户私享俱乐部为例，成立 6 年以来，凭借自身优质的产品采选能力、科学严谨的准入流程、严格全面的风控体系、持续优化的客户服务体系，收获了良好的客户口碑，也奠定了财富管理行业领头羊的地位。2017 年年初，恒天财富——"恒乐汇"经升级后再次亮相，它的线下高端私享俱乐部主题条线活动，为客户打造极致尊享服务；线上互联网社区平台的在线交易、资产查询、积分商城、拟人恒小天等实用功能，则能助客户把财富管理一键式融入日常生活中。

参考文献

［1］Goulding C，Shankar A. Club culture，neotribalism and ritualised behaviour［J］. Annals of Tourism Research，2011，38（4）：1435–1453.

［2］FC Club 官方网站，http://www.fcclub.com

［3］慢财经官方网站，http://toutiao.manqian.cn/wz_XQU6DXwwh.html

［4］胡小明，张军献，夏兰 . 休闲娱乐理论与体育俱乐部的发展［J］. 体育学刊，2005（2）：5–9.

［5］张林 . 职业体育俱乐部运行机制［M］. 北京：人民体育出版社，2001.

［6］庄巍 . 我国商业健身俱乐部发展路径探析——基于社会分层的视角［J］. 广州体育学院学报，2020（4）：34–37，75.

项目策划：段向民
责任编辑：段向民　武　洋
责任印制：孙颖慧
封面设计：武爱听

图书在版编目（ＣＩＰ）数据

第四空间 ： 如何为公众创造更好的微目的地 / 王春

雷著 ． -- 北京 ： 中国旅游出版社，2021.4

　　ISBN 978-7-5032-6657-7

　　Ⅰ．①第… Ⅱ．①王… Ⅲ．①旅游地－网络营销－研

究 Ⅳ．① F590.82

中国版本图书馆 CIP 数据核字（2021）第 029007 号

书　　名：第四空间——如何为公众创造更好的微目的地

作　　者：王春雷　著
出版发行：中国旅游出版社
　　　　　（北京静安东里6号　邮编：100028）
　　　　　http://www.cttp.net.cn　E-mail:cttp@mct.gov.cn
　　　　　营销中心电话：010-57377108，010-57377109
　　　　　读者服务部电话：010-57377151
排　　版：北京旅教文化传播有限公司
经　　销：全国各地新华书店
印　　刷：北京明恒达印务有限公司
版　　次：2021年4月第1版　2021年4月第1次印刷
开　　本：720毫米×970毫米　1/16
印　　张：26.75
字　　数：419千
定　　价：59.80元
ＩＳＢＮ　978-7-5032-6657-7